재네는 딱 노력한 만큼 받을 팔자야

흙수저의 서울 아파트 입성 발품 임장 에세이

자네는 딱 노력한 만큼 받을 팔자야

문학소년 지음

글라이더

프롤로그

지금은 당신이 발품을 팔아야 할 때…

2023년 하반기 부동산 시장은 조정에서 벗어나고 있다. 조정 직전 융자를 끼고 매입한 분들은 어려운 시간을 보냈을 것이고, 무주택자 분들은 언제 매입해야 하는지, 무주택을 계속 유지해야 하는지, 전세를 월세로 전환해야 하는지 고민할 것이다. 청약통장이 있다면 어디에 청약해야 하는지, 1주택자라면 갈아타는 시기와 물건을 고민 중이고, 다주택자라면 언제 어떤 물건을 매도해야 할지, 아니면 하나를 더 살지 계산기를 두드리고 있을 것이다.

25년간 몸담았던 금융권을 퇴직하고, 강의를 제안받을 시점에는 금리 인상 태풍이 대한민국을 강타하는 와중이었고, 자산가치는 급격하게 감소하고 있었다. 고민 후, 살림살이를 보관이사에 맡기고, 차도 팔고, 보유한 모든 주택을 월세 놓고 와이프와 함께 타슈켄트(우즈베키스탄의 수도)행 비행기를 타기 며칠 전에 10회 브런치북 출판 프로젝트 특별상을 받게 되었다는 소식을 전달받았다.

이곳 타슈켄트는 최근 몇 년간 집값도 2배 이상 올랐고, 전쟁으로 임대료가 폭등했다. 이곳의 평균 임금은 백만 원이 안 되는데 이 금액을 뛰어넘는 월세를 내고 아파트를 임차하게 되었다. 계약하면서 이 가격이 말이 되는 가격인지를 중개업자에게 물어봤고 그는 내가 잠시 잊고 있던 재테크와 부동산의 본질을 다시 깨우쳐 주었다.

"그래도 돈 많은 사람들은 많으니까요, 저만 돈이 없더라고요."

얼마 전 '재벌 집 막내아들'을 보며 와이프에게 이 드라마처럼 모든 기억을 가지고 우리가 결혼한 해로 돌아가면 무엇을 하고 싶은지 물었다. 애플이나 삼성전자 주식을 사거나 어떻게 해서든 여의도나 성수, 강남 아파트를 살 거라는 대답을 기대했지만 대답은 의외였다.

"나는 그때로 돌아가고 싶지 않아. 학비 벌고 집에 생활비 갖다주느라 너무 힘들었어. 나는 죽으면 그냥 무(無)가 되고 싶어. 우리 결혼하고 힘든 적도 있었지만 충분히 하고 싶은 거 하면서 원 없이 살았어. 다시 태어났는데 고아로 자라거나 최빈국에서 태어날 수도 있잖아? 지금 대학생들이나, 사회 초년생들은 부모님이 경제적으로 여유가 없으면 자리 잡기 힘든 세상이기도 하고, 돈 많은 부모를 만나지 않는 이상, 지금 우리 수준보다 경제적으로 잘 살 수 있을 거 같지 않거든."

부모로부터 경제적 지원을 받지 못하는 20대와 막 결혼한 30대 신혼 부부가 부동산 재테크를 시작해야 한다면 어떻게 해야 할까? 가정이 있는 무주택자라면 부동산으로 재산을 불리기 위해서 어떻게 해야 할까? 집 하나 가지고 있지만 남들 오를 때 같이 오르지 않아서 속상한 사람이라면 어떻게 해야 똘똘한 1주택으로 갈아타고, 성공적인 부동산 재테크를 할 수 있을까? 지금은 지방에 살지만 언젠가는 서울 핵심 아파트를 장만하고 싶은데 어떻게 해야 할까?

이 책은 이 질문에 대한 해답을 얻기 위해 오랜 기간 서울 핵심 지역을 구석구석 발품 팔아가면서 고민했던 나의 흔적과 내 인생의 희노애락(喜怒哀樂)이 담긴 이야기다. 어디가 가격이 올라갈 거니까 사라고 찍어주기보다는, 서울 핵심 부동산을 설명하고, 주요 교통과 핵심 일자리와의 관계, 주변 인근지역, 학군이나 전반적인 분위기 등도 같이 파악하면서 그동안 겪었던 시행착오를 가감 없이 나의 삶이 녹아든 에세이와 함께 보여주고자 했다. 또한, 부동산 기초용어, 좋은 부동산을 확보하기 위한 청약과 구축의 매입 방법과 2023년 하반기 이후 분양 예정인 서울 주요 청약지역에 대한 내용도 소개하였다.

아무쪼록 이 책의 부동산 정보가 많은 분들의 자산 증식에 도움이 되고, 내 인생의 희노애락(喜怒哀樂)이 담긴 에세이가 모든 분에게 진솔하게 다가갈 수 있기를 진심으로 바란다.

차례

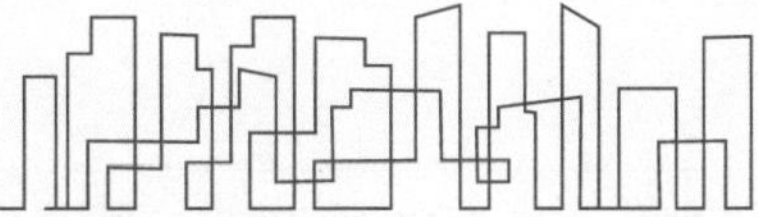

2부 : 기초 (서울핵심부동산/청약/신도시/담보대출)

1부

자네는 딱 노력한 만큼 받을 팔자야

강남이 왜 비싼지 이해를 못하겠다면 일단 강남에 가봐야 한다

강남구

강남은 지하철과 버스노선이 구석구석 거미줄처럼 연결된 차 없이 다니기 좋은 교통의 요지다. 강남구 임장을 할 때는 강남의 주요 동 들이 어떻게 맞닿아 있는지를 알아야 하는데, 자녀 교육 때문에 강남을 선택한 학부모들에게 아이가 안전하고 빠르게 대치동 학원가를 걸어서 혹은 학원버스를 이용해서 갈 수 있는지의 문제가 걸려있기 때문이다.

강남구 아래쪽에 위치한 개포동을 기준으로 위로는 도곡동과 대치동이, 그 위로 역삼동과 삼성동, 그 위로 논현동과 신사동, 그리고 마지막으로 한강에 맞닿아 있는 압구정동과 청담동이 있다. 촘촘한 지하철과 왼쪽 경부고속도로, 오른쪽에는 단군 이래 최대 규모로 개발 예정인 영동대로 라인까지 사방팔방 빈틈없이 교통망과 개발 호재로 채워져 있는 곳, 이곳이 바로 강남이다.

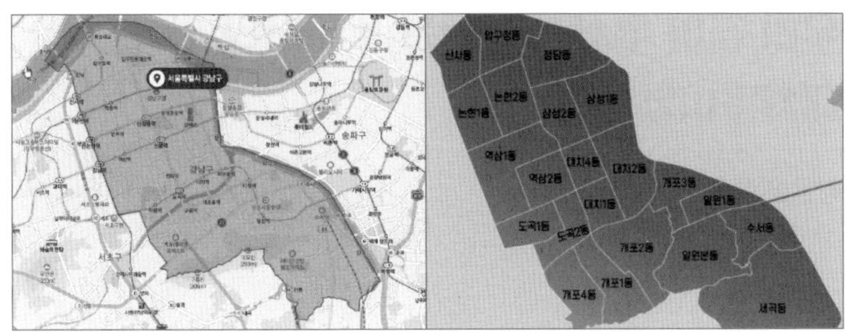

출처 : 네이버 지도　　　　　　　　　출처 : 강남구청 홈페이지

강남구 임장을 할 때에는 2023년 6월 이후 분양 예정인 아래의 3개 주요 재건축 단지의 위치와 주변 환경도 함께 체크하자.

아파트명	상세 주소	건설사	전체세대	공급규모	분양 예정
청담동 청담르엘	청담동 134-18	롯데건설	1,261	176	2023.06
도곡동 래미안레벤투스	도곡동 540	삼성물산	308	133	2023.11
대치동 디에이치 대치에델루이	대치동 1012-56	현대건설	282	79	미정

우리 집이 우시장 독산동이 아니라 대치동이었다면…

강남구 개포동/대치동

나의 어릴 적 독산동 시절 기억 한편에는 집 옆에 자리 잡고 있었던 우시장이 있다. 그때는 현재와 같은 걸어 놓은 고기만 파는 곳이 아니라 우리가 생각하는 그 도축 시장이었다. 수업을 마친 후 친구들과 같이 우시장 근처로 놀러 가면 삶이 얼마 남지 않음을 직감한 소들의 비명과 바닥에는 시뻘건 피들이 넘실넘실 한강을 이루고 있었다. 당시 조그마했던 초등학생의 기억 속에는 그 새빨간 피와 고깃덩어리들이 얼마나 충격으로 다가왔겠는가?

세월이 흘러 부동산 공부를 하면서 가장 먼저 관심이 있던 지역 중 하나는 강남구 대치동이었다. 비싼 가격 때문에 사지 못하지만, 어린 시절을 보낸 독산동과 어떠한 차이가 있는지 궁금했기 때문이다. 처음 이곳에 왔을 때 독산동 우시장이 생각났다. 이곳 대치동 애들은 공부하고 학원 다니느라 바쁜 게 눈에 보이니, 우시장을 놀이터 삼아 돌아

다녔던 나의 유년 시절과 비교가 되는 건 사실이니까. 도곡역에서 나오는 순간 대치동만의 분위기를 느낄 수 있었다.

내가 만약 독산동 우시장 옆이 아닌 대치동 학원가에서 어린 시절을 보냈다면 인생이 달라졌을까? 이때 와이프가 한 마디 했다.

"깔고 앉아 있는 우리 집값이 달라졌겠지."

[강남구 개포동] 개포동 임장기

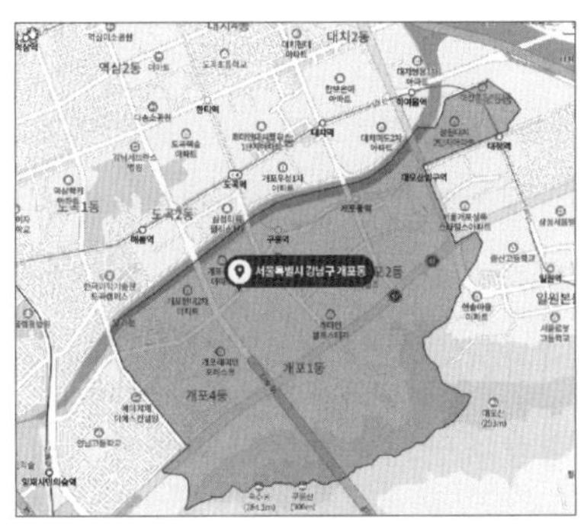

강남 임장은 개포동을 먼저 보는 것이 효율적이다. 강남의 초기 모습을 아직 가지고 있기 때문에 상징적 의미가 있다. 강남 초창기 주공아파트 단지에서 난개발을 거치지 않고 바로 상전벽해와 같이 미래로 탈바꿈하고 있다. 바로 앞이 도곡동과 대치동이고, 온통 낡은 주공아파트에 재건축 공사장, 입주를 막 마친 곳도 있다. 주요 지하철역에서 핵심 일자리인 강남·여의도·광화문·용산·판교까지 30분 정도면 갈 수 있다. 여의도와 용산도 교통의 요지지만 개포동도 만만치 않다. 뛰어난 교육환경, 직주근접, 훌륭한 문화시설은 물론 과천과 같은 천혜의 자연환경도 있다.

개포동 임장은 분당선 개포동역 5번 출구로 나와 천천히 걸어가며 살펴보자. 재래시장이 이 비싼 강남땅에 아직 남아 있는 줄 몰랐을 것이다. 대치동 은마아파트 지하상가의 규모도 상당하고 역삼동에 위치한 재래시장 역시 마찬가지다.

개포주공 5·6·7단지는 총 3천 세대로 된 재건축 중인 아파트로 조만간 디에이치 자이처럼 변모할 것이다. 개포주공 5단지는 재건축을 앞두고 있으며, 6단지와 7단지는 통합 재건축 추진 중이다. 앞 양재천에 뒤로는 대모산이 있는 배산임수 지역이다.

개포동 바로 옆 일원동에 있는 디에이치자이는 2021년 7월에 입주한 아파트로 앞서 본 주공 5·6·7단지들의 미래 청사진이다. 바로 3분 거리인 일원 우성 7차(개포우성 7차)는 방금 본 디에이치자이 옆 3호선 대청역 근처 일원동에 위치해 있다. 입구동은 역까지 1~2분에 갈 수 있고 재건축 추진위 설립을 마치고 재건축에 박차를 가하고 있다. 개포동에서 3호선을 이용하기에는 여기만큼 좋은 데가 없다. 분당선은 주요 일자리를 한 번에 갈 수 없기 때문에 출퇴근시간이 아쉬운 샐러리맨들의 직주근접으로는 한계가 있다. 바로 뒤 개포한신(일원동)도 우성 7차와 맞붙어서 3호선 대청역을 이용하기 수월하고 대치동 학원가와도 인접해 있어서, 학원을 왔다갔다 하는 학생들이 매우 많다. 3분 거리에 위치한 래미안 개포 루체하임(일원동)으로 오는 길은 중간에 중·고등학교가 많다. 여기는 3호선 대청역과(8분) 분당선 대모산 입구역(15분)

이 인접한 역세권이기 때문에 인기가 높은 아파트다.

30분 정도 걸어가면 주공 4단지가 재건축을 마친 개포자이 프레지던스에 도착한다. 재건축 직전에 10평 아파트가 15억 원까지 했었지만 당시 용적률이 80%였다. 10평짜리 아파트를 가지고 있으면 30평대 강남 아파트가 나오는 구조였다. 지금과 같은 물가에서 이 정도 수준으로 다시 지으려면 분담금이 엄청날 것이다. 이제 경기여고와 개포 고등학교를 거쳐 래미안 개포 주공 2단지가 재건축이 완료된 블레스티지로 가보자.

수도공고에서 10분 더 걸어가면 나오는 래미안블레스티지(개포주공 2단지)는 2019년 신축 아파트로 수영장·골프·사우나 등 커뮤니티센터가 우수하다. 수도공고 앞 디에이치아너힐스와 개포공원을 사이에 두고 마주 보고 있는 대단지 숲세권 아파트다. 이 두 아파트 모두 대치동의 편의시설을 그대로 이용할 수 있고, 바로 옆 개포주공 1단지가 개발이 완료되면 더 큰 시너지 효과가 날 것이다. 역이 좀 멀다는 게 단점이다.

개포주공 1단지는 재건축 전에 5천 세대가 넘었던 아파트로 '개포 디에이치퍼스티어 아이파크'라는 이름으로 지어지는 재건축 단지다. 개포주공 1단지 옆에 위치한 개포동 우성 9차는 포스코건설에서 '개포더트리에'로 1:1 수평증축 리모델링 공사가 2021년 12월에 완료되었다.

모든 개포동 아파트들이 재건축만 기다리는 거는 아니다. 동 2개, 용적률이 250%에 달했기 애당초 재건축이 힘들다고 판단 후, 리모델링으로 진행했고 좋은 선택이었다.

연이어 보이는 개포동 우성 3차·현대 1차·개포동 경남 아파트는 통합 재건축 추진 중이다. 이 3개를 합치면 약 1,500세대이고 용적률은 모두 170% 정도여서 통합이 가능했다. 바로 아래의 개포 현대 2차는 용적률이 156%로 조금 더 낮아서 따로 가는 게 더 실익이 크다고 판단한 모양인지 앞의 단지들과 같이 통합 재건축을 진행하지 않았다.

매봉역 쪽으로 이동하면서 보이는 개포동 현대 2차는 양재천 변 근처의 조용한 아파트로 대중교통을 이용하기 쉽지 않다. 분당선 구룡역이나 3호선 매봉역 까지는 도보로 약 10~15분 정도가 걸리기 때문에 날씨가 좋으면 천천히 걸어올 수 있다.

[강남구 대치동] 대치동 임장기

도곡역(3호선·분당선) 3번 출구로 나오면 재건축을 추진 중인 대치동 개포우성 2차→대치 선경 1차·2차→한보미도맨션 1·2차가 보이는데 여기가 바로 '우선미'라 불리는 단지들이다. 도곡역 우성에서 시작해서 대치역, 학여울역 대치 미도 2차까지 이어지는데 여기부터 시작해서 은마아파트까지가 대치동 학원가다. 길거리의 수많은 학생들은 학원가로 향하는 아이들이 다. 뒤 양재천, 앞 학원가로 유해환경이 없어 맹모들이 모이는 이유다. 우선미 안쪽으로 가면 조용한 양재천 산책로가 있다. 우선미에서 나가서 기나긴 도전 끝에 재건축 심의를 통과한 은

마아파트 쪽으로 걸어가자. 이곳은 1979년에 지어진 아파트다. 낡은 외관에 비해서 생각보다 실거주 만족도가 낮지 않다. 대치역과 학여울역을 양쪽에 끼고 있는 역세권에, 강남 대치동에 재건축만 완료되면 가격상승이 눈에 보인다.

대치동 학원가 정중앙에 위치해 있는 대치현대는 용적률이 342%이기 때문에 재건축은 힘들겠지만, 삼성동 GBC 개발 수혜도 있기 때문에 리모델링이 완료되면 가치를 더 인정받을 수 있을 것이다. 조금만 더 가보면 2014년 입주한 대치래미안 하이스턴이 나오는데, 대치동 학원가 근접 아파트로 위로 올라가면 삼성역이 나온다.

은마에서 10분 정도 걸어가면 나오는 대치동 선경 3차는 가로주택정비 사업으로 현대건설이 재건축 예정이다. 단일평형 1동 아파트이지만 결국 재건축이 되고 있다. 이게 바로 강남구 대치동의 힘이다. 대치 SK

뷰는 2017년 입주한 신축 아파트이나 세대수가 적어서 커뮤니티 시설에는 한계가 있다. 주차장도 넓고 각 세대별로 지하 개인 창고를 준다.

바로 옆 노빌리티 빌리지는 대치역과 한티역 이용 가능한 더블역세권으로 14가구밖에 안 되지만, 프라이버시가 보장된다. 바로 뒤 대치삼성 1차~3차는 하나의 단지 같다. 2차는 대형 평수 위주지만 3단지 모두 리모델링 가능성이 있다. 대치동 학원가 최근접의 평지에 초역세권 등을 감안하면 리모델링 후 그 가치는 올라갈 것이다. 5분 거리에 위치한 래미안 대치 팰리스 1·2단지는 대치동 학원가와 가까우며 코엑스 및 각종 편의시설이 인근인 2015년도 입주한 아파트다. 대치삼성 1~3차 리모델링이 되면 래미안 대치 팰리스처럼 변모할 것이다.

한티역으로 가는 길에 위치한 대치 동부 센트레빌은 한티역과 도곡역 더블 역세권일 뿐 아니라, 지하철이 아파트와 연결되어 있다. 대치 아이파크 역시 도곡역 역세권으로 3호선과 분당선의 더블 이용이 가능하며, 대치롯데캐슬리베는 단일평형으로 이루어져 입주민들끼리 협의가 잘 되는 편이다. 여기서 한티역(분당선)으로 가면 대치동 임장이 끝난다.

회사는 망했고 와이프는 말없이 지갑에 오만 원을 꽂았다

강남구 역삼동

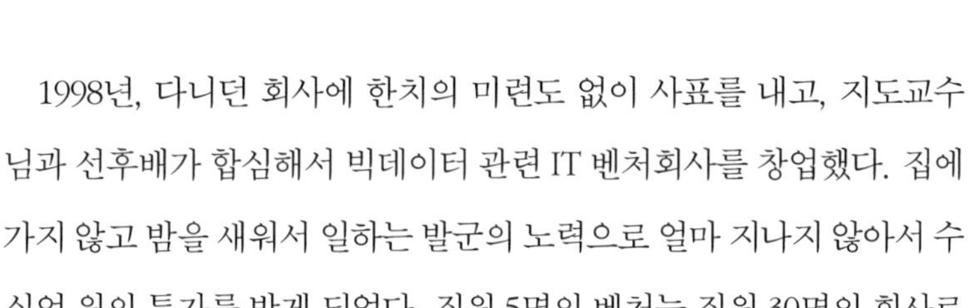

1998년, 다니던 회사에 한치의 미련도 없이 사표를 내고, 지도교수님과 선후배가 합심해서 빅데이터 관련 IT 벤처회사를 창업했다. 집에 가지 않고 밤을 새워서 일하는 발군의 노력으로 얼마 지나지 않아서 수십억 원의 투자를 받게 되었다. 직원 5명의 벤처는 직원 30명의 회사로 성장했고, 역삼동의 번듯한 사무실로 옮겨 갔다. 월급은 얼마 안 되었지만 희망이 있었다. 꽤 많은 지분이 있었으니까.

회사는 스멀스멀 코스닥 상장 이야기가 나왔고, 교수님과 창업 멤버 중 가장 맏형이었던 선배는 어린 후배들이 회사가 상장한 후 큰돈을 만지게 되어서 인생을 망칠까 봐 조심스러워했다. 코스닥 상장의 꿈에 부풀어 있던 이 무렵 첫사랑이었던 와이프에게 연락을 하고 결혼도 했다. 월급은 얼마 안 되었지만, 와이프도 내가 가진 지분의 존재를 얼추 알고 있었다.

신혼여행을 갔다 온 후, 회사의 분위기가 이상해졌다. 심혈을 기울인 프로젝트는 무산되었고, 솔루션 개발에 투자된 회사 자금 상당 부분이 허공으로 사라졌다. 사장님을 포함한 창업 멤버 모두 프로젝트 실패와 자금 손실을 포함한 모든 책임을 지고 회사를 나오게 되었다. 퇴직금도 절반 정도밖에 못 받고, 가지고 있던 지분은 헐값인 대략 두 달 치의 월급으로 새로 부임하는 사장에게 넘겨야만 했다. 사장님 겸 교수님은 회사 자본금의 원천이었던 강남 아파트를 날리고 학교로 다시 돌아가셨고, 나는 집으로 가게 됐다. 때는 바야흐로 호기 있게 결혼식을 올리고 3개월이 막 지나는 시기였다.

마지막 출근 날 얼마 안 되는 짐을 가지고 사무실을 나왔다. 그리고는 정처 없이 역삼동 주변을 맴돌았다. 이때 알았다. 벤처 사무실만 있는 줄 알았던 역삼동에도 사람이 사는 아파트가 있었다는 사실을….

결혼 3개월 만에 실업자가 된 나에게, 이혼을 하자고 요구할 줄 알았던 와이프는 덤덤했다. 잘 되겠지, 걱정하지 말라는 말과 함께 받아야 했던 퇴직금이나 가지고 있던 지분에 대해서 아무것도 물어보지 않았다. 이력서를 제출할 회사를 알아보기 위해서 주섬주섬 옷을 챙겨 입고 PC방으로 나서는데, 와이프가 나를 불러 세웠다.

"잠깐 지갑 좀 줘 봐."

내 지갑에는 PC방 이용료와 점심으로 편의점에서 500원짜리 컵라면 하나 먹을 5,000원이 있었다. 와이프는 자기 지갑을 열고 오만 원을 꺼내서 내 지갑에 꽂아줬다. 안절부절못하는 나와 말없이 오만 원을 지갑에 넣어주던 와이프의 눈이 마주쳤다.

"밥 굶지 말고."

앞에서는 내색을 못 했지만 현관문을 나오고 문이 닫히니 눈물이 쏟아졌다. 이런 모습 보여주려고 결혼한 게 아닌데, PC방에서 이력서를 제출하고 얼마 지나지 않아, H 카드 대리로 스카웃되었다.

내 20대 후반을 바쳤던 회사가 망하고 역삼동 주변을 정처 없이 돌아볼 당시, 나는 안산에 5,000만 원짜리 전세에 살고 있었다. 당시 내 재산으로는 택도 없는 역삼동 아파트를 보면서 그 아파트를 사고 싶다는 생각조차 들지 않았다. 실업자가 된 마당에 아파트는 무슨 아파트. 그때 그 무심코 지나쳤던 역삼동 아파트를 어떻게든 샀다면 얼마나 좋았겠느냐만 누구나 그렇듯 현실은 녹록치 않다.

"여보, 그때 내 지갑에 꽂아준 오만 원으로 컵라면 말고 자장면 곱빼기 사 먹고 힘내서 지금 이렇게 잘살고 있어, 고마워!"

[강남구 역삼동] 역삼동 임장기

많은 분들이 역삼동에 대단지 아파트가 있냐고 생각한다. 그러나 선릉역(2호선, 분당선)으로 나와서 동부 센트레빌에 도착하면 생각이 달라질 것이다. 역삼동 인근만 보면 대형빌딩과 유흥가가만 보이지만, 이곳만큼 사무단지와 주거지가 완벽하게 분리된 곳도 찾아보기 힘들다.

아이들이 대치동 학원가를 걸어서 갈 수 있다는 것도 장점이다.

동부센트레빌은 인근 대단지 아파트 가격이 오르면 갭 메우기를 하는 나홀로 아파트다. 이어지는 개나리 SK뷰(5차), 테헤란 아이파크, 현대 까르띠에 710, 역삼 자이(개나리 6차 재건축) 모두 도성초·진선여중·진선여고·선릉역·한티역을 손쉽게 이용할 수 있는 아파트이며, 인근의 개나리 4차가 역삼센트럴아이파크로 재건축 완료된 것을 확인하자.

이어지는 삼성래미안 펜타빌·개나리래미안·역삼 푸르지오·개나리 푸르지오·역삼 e편한세상 모두 역삼동의 대표 아파트들이며, 역삼역 인근의 번잡한 사무실만을 본 사람들이라면 여기가 과연 역삼동인지 헷갈릴 것이다. 이들 모두 도성초·진성여중·진성여고·선릉역·한티역에 초인접했으며, 마트와 재래시장도 인근에 있다.

역삼 래미안·역삼 2차 아이파크·래미안 그레이튼 3차~2차를 합치면 2천 세대에 달하는 대규모 아파트로 역삼중학교와 역삼 재래시장이 인근에 있어서 생활에 편리하다. 래미안 그레이튼 2차에서 6분 정도 걸으면 한티역에 도착하고 역삼동 임장을 마칠 수 있다.

청담자이 살면서 주말에 맛있는거 사주는 엄마는 없지만…

강남구 청담동

결국 학원은 망했다. 와이프가 학원을 차리기 전, 당시 우리의 전 재산은 경기도 외곽의 한 아파트였다. 결혼 후 열심히 대출을 갚아나갔다. 당시 잘 나가는 학원 강사였던 와이프는 학원 창업을 결심했다. 학원이 자리를 잡으면 나를 유학 보낼 생각이었고, 나도 의지가 있었다.

1억 담보대출이 있던 2억 5천만 원짜리 아파트에 추가 대출을 받았다. 집 가격의 70%까지 대출이 나오던 때였고, 말 그대로 집을 담보로 최대한의 대출을 받고 신용대출까지 합친 영끌한 돈으로 와이프는 학원을 차렸다. 처음에는 학생 수가 금방 늘고 학원이 잘됐다. 와이프도 곧 학원이 자리 잡고 나를 유학 보낼 생각에 들 떠 있었다.

그런데 몇 개월 후 와이프는 도시락을 싸서 출근하기 시작했고, 귀가 시간이 부쩍 늦어지기 시작했다. 야근 후 집에 오면 아무도 없었다.

기다리다가 잠이 들어 출근을 하기 위해 눈을 뜨면 내 옆에서 와이프는 세상모르게 곤히 잠든 상태였다. 아내는 학원이 어려워져서 학생들을 집에 데려다주는 미니버스를 운영하지 못할 정도가 되어, 궁여지책으로 직접 아이들을 태워서 집까지 모두 데려다주고 오느라 퇴근이 늦어졌던 것이었다.

"몇 개월만 더 해보고 학원 접을까 봐. 미안해. 우리 전 재산 내가 날렸네. 자기유학 어떻게 하지?"

순간 나는 내 자신이 너무나 한심스러워졌다. 전 재산을 투자한 학원이 망하는 것을 막아보기 위해서 고군분투하는 아내를 못 알아보고, 한가하게 미국 유학 타령이나 하고 있었구나. 마지막 지푸라기를 잡아보겠다고 장모님에게 SOS를 쳤다. 당시 이자도 거의 안 나오는 통장에 수억 원을 그냥 넣어두고 계시던 장모님에게 담보대출 이자율인 7%를 드릴테니 오천 정도만 빌려달라고 했지만, 장모님은 우리에게 20% 사채 이자를 달라고 요구하셨다. 장모님의 20% 이자 요구가 진심이었음을 알고 와이프는 울면서 장모님 집에서 뛰쳐나왔다. 2개월 뒤 와이프는 누적된 적자를 버티지 못하고 드디어 학원을 접었다.

충격이 컸는지 와이프는 집 밖을 나가지 않고 하루 종일 집에만 있기 시작했다. 나는 나가서 바람도 쐬고 친구들도 만나라고 했다.

"내가 전 재산을 다 날려먹었는데 무슨 염치로 자기가 힘들게 버는 돈을 써."

괜찮다고 했지만, 와이프는 그 후 1년 정도 사회와 단절을 했다.

은행에서 일하던 당시 한눈에 보기에도 귀티가 나고 매사에 무척이나 당당했던 한 여성 과장이 있었다. 어느 금요일 퇴근 직전, 습관적으로 주말에 뭐하냐는 질문을 했는데, 내 귀에 박힌 말이 있었다.

"주말에 청담동 엄마 집에 가서 놀려고요. 엄마가 맛있는 거 사준다고 했어요."

생각해 보니 학원이 망하고 집 밖으로 나오지 않고 1년이 다 되어가는 순간까지 와이프는 매일 삼시 세끼 집밥을 혼자 먹고 있었다. 반찬이야 김치 하나 달랑 놓고 형편없는 밥을 먹고 있을게 분명했다. 자기밖에 모르는 장모님은 우리가 그토록 힘들었던 시기에 그 흔한 밥 한 끼 사주면서 위로해준 적이 없었다. 우리 부모님 역시 마찬가지였다. 그 날부터 나는 회사에서 점심이든 저녁이든 회식이든 맛있는 걸 먹으면 핸드폰에 저장해 두었다가 돌아오는 주말에 와이프를 데리고 다시 왔다. 돈을 생각하지 않고 내가 맛있게 먹었던 같은 음식을 사줬다.

"어차피 한 번 사는 인생. 인생 뭐 있나. 가끔 맛난 거 먹고 수다 떨고 그러는 게 다지."

어느덧 와이프는 내가 다니던 은행이 있는 종각과 광화문 인근의 모든 맛집을 꿰뚫게 되었다.

그래. 너에게는 청담자이 살면서 맛있는 거 사주는 엄마는 없지만, 회사 근처 종각에서 맛있는 식당 발견하면 주말에 쪼로로 달려가서 사주는 남편이 있잖아.

[강남구 청담동] 청담동 임장기

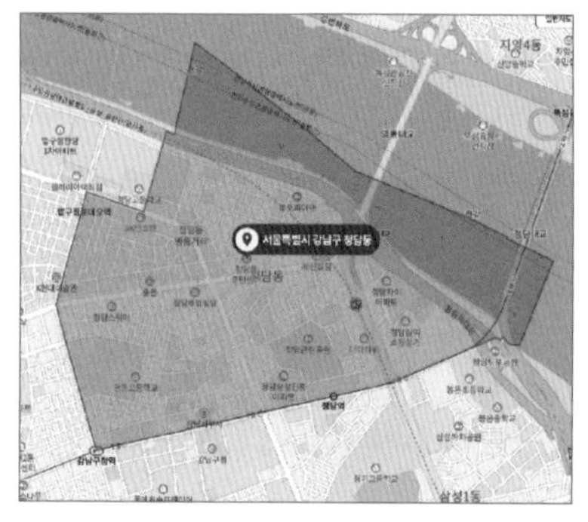

청담역 7호선을 나오면 1분 초역세권이면서 청담 근린공원 이용이 편리한 청담 삼성진흥을 만날 수 있다. 바로 앞 청담 현대 1차를 지나면 30~50평형 위주의 조용한 아파트인 청담 e편한세상 1차와 4차를 지나게 된다. 청담 e편한세상 2차는 약간 언덕에 위치해 있으며, 7분 정도 떨어진 청담 현대 2차는 주차대수 1.0으로 주차가 조금 힘들다. 12분 정도 떨어진 청담 래미안은 용적률이 345%이나 강남구청역 초역세권으로 교통이 편리하며, 평균 대지지분 14평으로 향후 리모델링 가능성이 있다. 바로 옆에 청담 우방과 청담 e편한세상 3차는 각각 1동짜리 아파트다.

그 옆 한신 오페라하우스는 63세대 2개 동으로 주차 공간이 거의 2대다. 20분 정도 걸어가면 나오는 청담삼익은 곧 청담르엘로 재건축이 완료 예정이다. 이어지는 청담 자이→청담 래미안 로이뷰→청담 아이파크 모두 영구 한강 조망이 가능한 청담동 신축 아파트다. 여기서 15분 정도 거리에 위치한 올림픽대로 진입이 매우 용이한 청담 현대 3차와 청담 건영을 거쳐서 다시 청담역으로 되돌아오면 청담동 임장을 마칠 수 있다.

타워팰리스 사세요?
저도 거기 사는데

강남구 도곡동

S 은행의 경력 호봉직 차장으로 채용된 직후였다. 은행에서 근무하면서 느꼈던 것 중 하나가 내 나이 또래 혹은 그 이상의 은행원 중에는 잘 사는 분들이 많다는 것이다. 딱 봐도 그분들의 부는 물려받은 거라는 걸 직감할 수 있었다. 또한 젊은 직원 중에는 초중고를 강남에서 보내고 유학을 갔다 온 소위 '강남 토박이'들의 비중이 매우 높다는 것도 내색할 수 없는 놀라운 점이었다.

첫 출근 후 며칠이 지나지 않아서 옆 팀 직원이 내가 어디에 사는지를 물었다.

"독산동의 서초 파레스에 살고 있습니다."

독산동 한가운데 위치한 그 아파트의 이름은 공교롭게도 '서초 파레스'였다. 내 발음이 부정확했는지, 듣는 분이 거리가 있어서 잘못 듣고 착각을 했는지 바로 응대를 했다.

"강차장님도 타워 팰리스 사세요? 저도 거기 사는데."

이 질문에 내가 뭐라고 답변했는지 정확하게 기억은 나지 않는다. 그러나 한 가지 확실한 건, 내 얼굴이 벌게졌고, 물어본 그분도 나의 대답을 듣고 민망해하면서 한동안 서먹서먹했던 기억만 남았다는 것이다.

[강남구 도곡동] 도곡동 임장기

양재역(3호선·신분당선) 4번 출구로 나오면 6분 거리에 언주초등학교가 있으며, 바로 옆 도곡 쌍용예가는 2015년 리모델링된 아파트이기 때문에 층고가 신축에 비해서 낮지만 리모델링의 공통 단점이다. 바로 옆 1개 동으로 이뤄진 한라비발디는 2016년에 지어졌기 때문에 주차 공간이 넉넉한 편이며, 옆으로 이어지는 도곡한신·도곡 경남·도곡 현대그린·현대(도곡 현대)는 지하철역이 좀 멀다는 단점이 있으나 '도곡'이라는 이름 때문인지 가격은 높다. 바로 옆 역삼 우성은 재건축이 순조롭게 진행 중이다. 도곡 현대 아이파크 2차와 3차는 2006년과 2007년에 입주한 대형 평형 단지로 주차 공간이 2.5대 이상으로 넉넉하다.

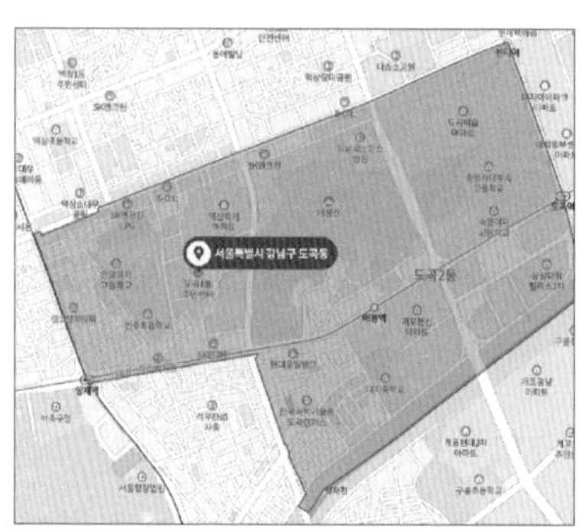

역삼럭키는 1995년에 지어진 용적률 248% 아파트로 향후 리모델링

가능성이 있다. 재건축이 진행 중인 도곡삼익과 2007년 입주한 도곡 아이파크 1차는 매봉산을 끼고 있어서 공기가 좋다. 세브란스 병원 앞 '래미안 레벤투스'로 재건축중인 삼호아파트를 확인한 후, 10분 정도를 걸으면 도곡래미안카운티로 이어진다. 바로 뒤 도곡렉슬은 3천 세대가 넘는 대단지로 층간소음이 좀 있다는 평이 있지만 아이들이 많으니 그럴 수 밖에 없을 것이다.

중앙사대부고와 숙명여중·고를 지나 약 10분 정도 걸어가면 도곡역과 매봉역 더블역세권인 도곡동 삼성래미안이 나오며 옆에는 타워팰리스 1·2·3차가 위풍당당하게 서 있다. 1차와 2차는 용적률 919%와 923%이지만 3차는 791%로 낮다. 옆 대림아크로빌도 용적률 936%의 고급 주상복합이며, 그곳에 거주하는 입주민들은 가격에 일희일비하지 않고 실거주 만족하며 살고 있다.

이어서 3분 정도 거리에 있는 재건축 중인 도곡동 개포 한신을 지나 양재천변에 위치한 조용하게 재건축 추진 중인 도곡동 개포 우성 4차와 5차를 거쳐서 매봉역(3호선)으로 오면 도곡동 임장을 마무리하게 된다. 인근에는 최고의 공대인 카이스트 도곡 캠퍼스가 있는, 말 그대로 교육 특구 1번지인 강남구 도곡동의 위상을 제대로 확인할 수 있다.

자네는 딱 노력한 만큼 받을 팔자야!

강남구 논현동

은행으로 옮긴 지 몇 년 안 되었을 때였다. 뭘 해도 잘 안됐는데, 와이프의 학원도 망하고, 돈이 모일 만하면 사라지고, 또 모일 만하면 사라지는 일들이 반복되었다. 남은 건 빚뿐이었고, 우리 둘 다 흙수저라서 양가의 지원은커녕 오히려 용돈을 계속 지원해야 하는 상황이었다. 탈출구 없는 이 상황을 도와줄 수 있는 곳은 어디에도 없었다.

어느 날 와이프가 강남 사모님들 사이에서 꽤 유명하다는 논현동의 용한 역학자를 찾아냈다. 그 역학자는 이미 몇 개월 치 예약이 꽉 차 있는 상황이었다. 수개월을 기다린 끝에 와이프는 그렇게 유명하다는 그 역학자를 드디어 만나게 되었다.

"사주팔자 보러 왔습니다."

와이프는 우리 둘의 이름과 생년월일 그리고 태어난 시각이 적힌 종이를 역학자에게 건네줬다.

"어디 보자…. 신랑이 대단한 사람인데? 아…. 아니구나. 안타깝네."

"네? 무슨 말씀이세요?"

"처음에 내가 얼핏 봤을 때 당신 신랑이 판검사나 고위 공무원 아니면 유명한 교수인 줄 알았지 뭐야. 그런데 하나가 부족하네. 지금 잘해봤자 광화문 근처에 있는 은행원 정도일 거 같은데, 혹시 신랑 뭐 해?"

와이프는 소스라치게 놀랐지만 침착하게 다시 물어봤다.

"아까 하나가 부족하다 하셨는데 그게 뭔가요?"

"노력하지 않으면 아무도 안 도와줄 팔자야."

"그런데 누구나 다 노력해야 잘 사는 거 아닌가요?"

"부모 복이 없다고. 심지어 형제자매 복도 없어. 부모가 날개를 달아줬으면 날아올랐는데 날개를 안 달아줬어. 그리고 자네도 마찬가지야."

"저도요?"

"어. 자네도 아무도 안 도와줘. 모든 것을 스스로 해야 해."

와이프는 깊은 절망에 빠졌다.

"그럼 이제 저희는 어떻게 해야 하나요?"

"그래도 노력하면 돼. 남편은 딱 노력하는 것만큼 받을 팔자야."

"무슨 팔자가 이런가요? 딱 노력하는 것만큼만 받을 수 있다니요."
와이프는 한숨을 쉬었다.

"무슨 팔자가 이러냐니! 세상에 노력을 죽도록 해도 뜻대로 안 되는 사람들이 얼마나 많은데!"

역학자는 버럭 화를 냈다.

"이 정도면 나쁘지 않아. 노력하면 된다니깐. 가만히 노력하지 않아도 알아서 주변 사람들이 도와주는 횡재 운이 없다는 거지! 부모 복이 바로 횡재 운인 거야. 아무 노력하지 않았는데 돈 많은 부모 만나는 거니까. 너무 걱정하지 말아. 자네 신랑 끊임없이 노력하는 사람이야. 자, 다음 사모님 들어오세요."

방을 나가는 와이프 옆으로 횡재 운이 철철 넘칠 것 같은 강남의 사모님들이 우르르 방으로 들어오고 역학자분의 방문은 닫히고 있었다.

그 역학자 분의 말이 맞았는지 우리 부부는 여전히 노력하고 있다. 그래도 후퇴는 하지 않고 한 발 한 발 더디게 앞으로 나가는 중이다. 그 역학자 분이 이야기한 것처럼 횡재 운 따위는 여태껏 없었지만, 남에게 손 벌리지 않고 잘살고 있다.

[강남구 논현동] 논현동 임장기

논현동은 아이가 초등학교 저학년까지 살다가 고학이 되면 교육을 목적으로 대치동으로 이사 가는 경우가 많다. 논현동과 압구정의 주요 지하철역에서 강남·여의도·광화문·용산·판교까지는 대부분 35분 내외이다. 40분이나 35분이나 큰 차이가 없을 것 같지만, 아침마다 출근 시간에 쫓기는 샐러리맨이라면 1분 1초가 중요할 것이다.

임장은 7호선 강남구청역에서 출발한다. 역에서 5분 정도 걸어가면 나오는 동양 파라곤은 언덕이지만 조용한 분위기에 수영장과 같은 커

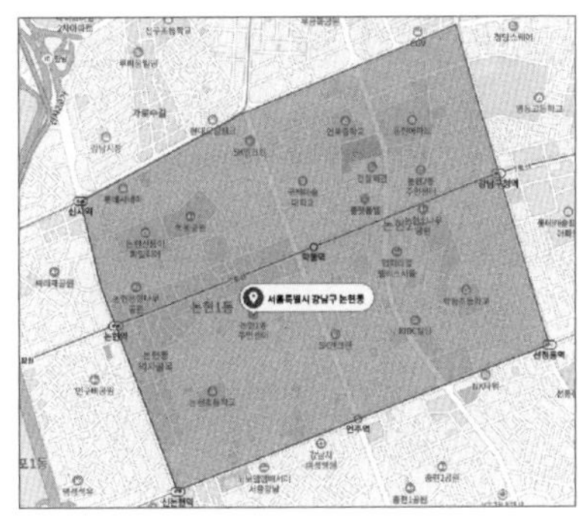

뮤니티센터가 유명한 아파트이다. 총 203세대(총 4개 동)에 세대당 주차 2.81대이니 가구당 3대 정도의 차는 기본이다. 바로 옆 논현 두산위브 1·2단지는 강남구청역(7호선)·선정릉역(7호선·분당선) 이용이 편리한 더블 역세권이며, 방금 본 동양파라곤을 포함하여 고급 주택가 인근이라 매우 조용하다.

논현동의 주요 초등학교인 학동 초등학교를 지나면 논현 동부 센트레빌이 보이는데 아파트 연식 대비 구조가 좋다는 평을 듣고 있다. 이제 2분 거리인 아크로 힐스 논현은 9호선과 신분당선 더블역세권으로 '아크로'가 들어간 만큼 초고가 아파트지만 예상외로 368세대 중 공공임대 34세대가 포함되어 있으며, 총 4개 동으로 이루어진 단지다.

논현 아이파크 역시 주상복합이며, 인근 학동역까지 11분으로 다소 멀기 때문에 출퇴근하는 샐러리맨들이라면 체크를 해 봐야 하나, 논현동은 샐러리맨들이 월급만 모아서는 살 수 없다. 이 지역 주민들은 지하철 이용률도 높지 않다. 10분 정도 거리인 학동역(7호선)이나 15분 거리인 선정릉역(9호선·분당선)으로 이동하면 논현동 임장을 마치게 된다.

아버님이 돌아가시면서 압구정 아파트를 남겨 주셨어요

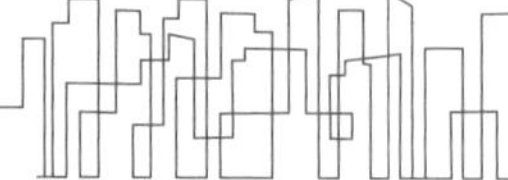

강남구 압구정동

얼마 전 지인의 부친상에 문상하러 가서 이런저런 이야기를 나누던 중 지인의 아버님이 물려주신 재산에 대한 이야기가 있었다.

"아버님이 돌아가시면서 압구정 아파트를 남겨 주셨어요."

"압구정 어디, 몇 평이요?"

속물인 내 눈이 번쩍 띄어 나도 모르게 평수를 물어봤다.

"압구정 현대 1차 50평 대요."

나도 모르게 내 손은 스마트폰의 네이버 부동산을 검색하고 있었다. 당시 압구정 1차의 50평대 시세는 30억 원을 훌쩍 넘긴 상황이었다.

"대박!"

흥분한 나는 나도 모르게 큰 실수를 범하고 말았다.

"죄송합니다. 아버님 돌아가신 지도 얼마 안 되셨는데 제가 큰 실수를 했습니다."

"괜찮아요. 거기서 초중고를 다녔는데 그 후, 파신 줄 알았는데 아직

안 파셨더라고요."

"그렇군요. 그나저나, 그 정도면 상속세가 좀 나올 텐데, 그 집 파실 예정이세요?"

"아니요, 와이프랑 이야기해서 그 집은 나중에 아들에게 주기로 했어요. 저는 압구정 재건축을 못 들어가겠지만, 우리 아들은 압구정 새 아파트에 들어가서 살 수 있지 않을까 해서요."

이분은 이미 강남의 70평대 새 아파트에 살고 있었다.

나는 그날 그동안 소문으로만 듣던 몇 가지 사실을 직접 확인하게 되었다.

압구정 아파트는 예전부터 강남의 부자들이 모여 살던 곳이라는 것, 강남에 사는 사람들도 압구정 아파트의 위치와 향후 전망이 가장 좋다고 생각한다는 것, 압구정 아파트는 재건축이 안 되면 파는 게 아니라 자식에게 물려주는 거라 생각한다는 것.

압구정은 계유정난을 통해서 단종에게 왕위를 빼앗아 수양대군을 왕으로 만드는 데 공을 세운 한명회의 호인 친할 압(押), 갈매기 구(鷗)를 따서 지은 이름이다. 벼슬을 버리고 강가에 압구정이라는 정자를 지어 갈매기와 친하게 지낸다는 의미였기에 지금과는 다른 압구정의 유래다. 당시 한명회가 이곳 압구정에 정자를 지은 이유는 바로 '한강뷰' 때문이었다. 오죽했으면 명나라 사신들도 한명회의 압구정 정자에 와서 한강변의 풍경을 보고 싶어 할 정도였을까.

[강남구 압구정동] 압구정동 임장기

압구정은 강남의 구 중에서 한강 이용이 편리하고 압구정로를 중심으로 유흥가와 아파트 단지가 완벽하게 차단된 그들만의 삶의 주거 공간으로 가격은 상상을 초월한다.

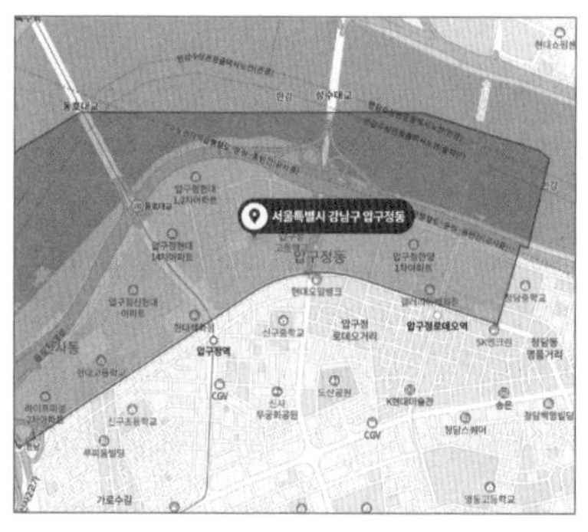

압구정역(3호선) 6번 출구로 나오면 현대 백화점 압구정점이 보인다. 현대고등학교→신사중학교를 지나 10분 정도 걸어오면 라이프 미성 2차와 1차가 보인다. 이곳은 1차(153%)와 2차(233%) 간 지분 차이가 크다. 두 아파트의 통합 재건축은 어려울 것으로 보이며, 주차장도 확실하게 구분해서 운영 중이다. 세대당 주차는 둘 다 모두 1.19로 1980년대에 지어진 아파트들에 비해 넓다. 이어지는 압구정 신현대(현대 9·11·12차)는 초중고 모두 도보로 이용이 가능한 교육 아파트지만 대로변 인근이기 때문에 일부 동은 소음이 있다. 20분 정도 걸어가면 나오는 압구정 현대 14차는 나무가 매우 많으며 가을과 눈이 오는 겨울에는 운치가 제법 있고 무엇보다 압구정 아파트 30평대 중 보기 힘든 계단식이다.

가장 한강변에 위치한 압구정 현대 1·2·3차는 대한민국 최고 한강변 아파트다. 압구정 초등학교 쪽으로 이동하면 용적률 124%를 자랑하는 초품아 아파트인 압구정 현대 4차가 나올 것이다. 2분 정도 걸어가서 269C㎡ 이상의 대형 평형으로만 구성된 대림 아크로빌(현대 65동)을 볼 수 있는데 이곳 압구정의 재건축 단지들이 모두 이러한 대림 아크로빌과 같이 변모할 날을 압구정 주민들이 기다리는 중이다. 아크로빌을 지나면 압구정 현대 8차와 압구정 한양 6차가 나오는데 이곳은 주차가 그나마 수월한 단지로 꼽힌다.

갤러리아 백화점 쪽 압구정 한양 3차를 지나 압구정 한양 1차 방향으로 움직여 보자. 압구정 한양 1차는 1977년이라는 어마어마한 연식에도 불구하고 굉장히 관리가 잘 되는 아파트다. 바로 옆 압구정 한양 2차 역시 1978년에 입주한 대형 평형 위주의 아파트고, 압구정 한양 5차는 갤러리아 백화점 바로 뒤라서 쇼핑이 편리하다는 장점과 백화점의 혼잡한 단점을 동시에 갖춘 단지다.

3분 정도 걸어가 208㎡ 이상 대형 평형 위주의 아파트 압구정 한양 8차와 114A㎡ 이상 단지인 압구정 한양 7차를 지나 청담 고등학교와 갤러리아 명품관을 거치면 압구정 로데오역(9호선·분당선)에 도착하고 이로써 압구정 아파트를 둘러볼 수 있다.

모든 개발이익은 승자에게, 그대 이름은 강남구 삼성동

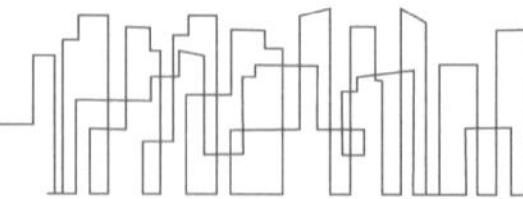

강남구 삼성동

그동안 일했던 벤처, 카드, 캐피탈, 은행에서의 업무는 대부분 비슷했다. 빅데이터 분석을 기반으로 한 리스크 분석과 금융상품개발, 고객 세분화, 영업점과 고객 포트폴리오 분석 등을 25년 이상 했다. 이 업무만 하다가 나중에 퇴사하면 어쩌지? 그때 내가 할 수 있는 게 뭐가 있을까? 다양한 경험치가 부족해서, 급변하는 사회에 적응을 못 하고 결국 쓸 글이 없어지지 않을까? 나는 팀을 옮기기로 했다. 옮길 팀의 조건은 아래의 세 가지였다.

①회사 외 사람들을 업무시간 중에 아무 때나 자유롭게 만날 수 있어야 할 것.

②나는 심약하니까 남들에게 싫은 소리를 하고 거절하는 법을 배울 수 있어야 할 것.

③세상이 돌아가는 이야기를 들을 수 있도록 다양한 분야의 사람들을 만날 수 있을 것.

승진을 목전에 두고 있던 나는 상기의 조건에 맞는 팀을 찾았고, 모두의 만류를 물리치고 은행에서 필요로 하는 모든 상품과 서비스를 제공하는 수많은 회사들을 찾아서 협상을 하고 계약을 하는 팀으로 옮겼다. 인테리어 및 전기공사부터 건물 방수공사 및 비상발전기 배터리 공사, 미디어 광고 및 온라인 광고 대행사, 일반 소규모 이벤트 회사를 비롯해서 IT 하드웨어 및 소프트웨어 납품 등 다양한 분야의 사람들을 만나기 시작했다. 일을 하면서 그분들의 다양한 삶을 들여다보기 시작했다. 그중 나의 기억에 강하게 남은 건 꽃다발 업체였다.

당시 작은 플라워샵 여러 개가 꽃배달을 은행에 제공하고 있었는데, 효율적인 관리를 위해 여러 개의 꽃배달 회사를 하나로 통일해야 했다. 공정한 과정을 거쳐 비용이 저렴한 유명 꽃배달 업체가 새로운 납품업체로 선정됐다. 남은 것은 다음 달부터 꽃다발을 납품하지 못하게 된 탈락한 작은 플라워샵 사장님들께 그동안 고마웠다고 전달하는 것이었다. 심호흡 후 전화기를 들었다.

전화로 그동안 거래를 해줘서 고마웠고 앞으로 거래를 못 하게 되었다고 하니, 대표님은 이제 자기는 어떻게 사냐고 하소연했다. 우리가 거래를 끊으면 살길이 막막해 보였다. 사장님은 다음 날 기어코 나를 찾아오셨다. 회사 1층에서 기다릴 테니 무작정 만나 달라고 사정했다. 1층으로 내려가서 사장님을 만났고 무거운 마음으로 돌아왔다. 변경되는 건 아무것도 없었다. 은행이 거래를 끊는 사장님은 이제 살길이 막막해지겠지만 어쩔 수 없었다.

[강남구 삼성동] 삼성동 임장기

강남구청역 초역세권인 서광 아파트는 774%라는 용적률 문제로 재건축 대신 리모델링이 추진 중이며, 옆 삼성래미안 2차는 2007년 입주한 약 300세대의 아파트로 저층의 경우 일부 일조권 및 조망이 문제가 있을 수 있으니 반드시 낮에 여러 번을 방문해서 해가 드는 방향과 시간을 체크해야 한다. 옆의 삼성동 현대 아파트는 한 동짜리 아파트이며, 롯데캐슬 프리미어 아파트는 조경이 매우 예쁜 아파트로 언주중학교가 바로 붙어 있다.

삼성 중앙 하이츠 빌리지는 조용하고 관리가 잘 되는 300세대의 소규모 아파트지만 대형 평수 비중이 높아서 소형평은 매물이 잘 나오지 않는다. 삼성동 힐스테이트 1단지는 청담역을 5분에 이용이 가능한 조용한 단지이고 삼성동 상아 2차 래미안은 2020년 입주한 새 아파트로 청담역과 삼성중앙역 이용이 편리하다. 이어지는 삼성동 센트럴 아이파크와 삼성동 힐스테이트 2단지 모두 청담역과 삼성중앙역

이용이 편리하며 경기고와 봉은사 뷰가 가능하고 코엑스 이용이 매우 편리해서 실거주 만족도가 높다. 여기서 봉은사와 경기고등학교 방향으로 천천히 30분 이상 도보로 이동하면 삼

성동의 느낌을 제대로 받을 수 있다.

삼성중앙역에서 봉은사역을 거쳐 청담동 쪽으로 30분 정도 걸으면 삼성동 현대 아이파크(아이파크 삼성)에 도착하는데 여기도 경기고와 봉은사 뷰가 가능하다. 청담역 1분 초역세권인 청구 아파트와 재건축 중인 청담 삼익(청담르엘)과 아크로 브랜드로 1:1 재건축 추진 중인 청담 홍실 아파트를 지나 청담역 7호선에 도착하면 삼성동 임장을 마치게 된다.

삼성동 개발 핵심은 GBC(Global Business Center)로 현대자동차 그룹에서 본사 건물과 업무, 숙박, 문화시설 등을 만드는 사업이다. 우여곡절 끝에 착공을 했고 2026년 준공 예정이다. 초고층 빌딩과 숙박업무시설(호텔 및 오피스텔), 문화시설로 구성된 GBC가 들어온다는 것을 상상하면서 둘러봐야 한다. 이외에도 영동대로 지하공간 복합개발, 국제교류 복합지구 도로 개선, 올림픽대로 및 탄천 통로 지하화, 국제교류 복합지구 지역 교통개선, 국제교류 복합지구 보행축 정비 등 개발 호재가 차고 넘친다.

전통 부촌의 원조, 방배동의 귀환과 잠실 돈가스

서초구

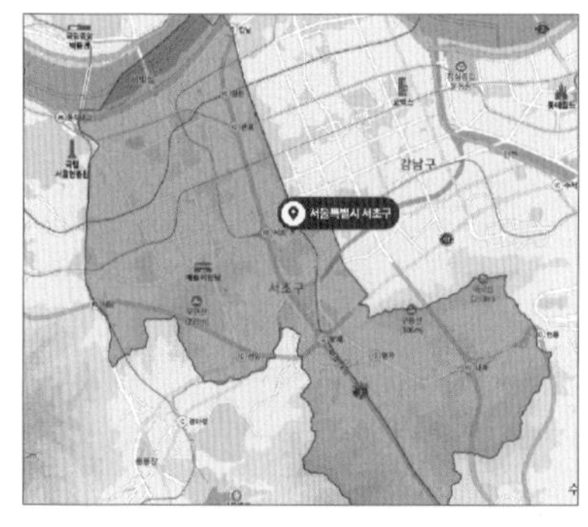

서초구 지도를 보면 한남 IC→서초 IC→양재 IC를 거쳐서 대전과 부산으로 이어지는 경부고속도로가 보인다. 아파트들은 서초 IC 북쪽에 몰려 있다. 지하철은 왼쪽 끝으로 4호선이 용산에서 내려와서 사당동을 지나 과천으로 빠지고, 3호선이 신사역에서 잠원동으로 들어오면서 서초동 중앙을 관통한 후, 서초 IC를 거쳐 'ㄷ' 자로 양재역을 거쳐 도곡동으로 빠져나간다. 사이사이로 7·9·2호선이 서초구 북쪽을 촘촘하게 지나고 있다. 즉, 서초구 임장은 방배동→반포동→서초동을 먼저 살펴본 후, 잠원동을 보면 된다.

서초구 임장을 할 때에는 2023년 6월 이후 분양 예정인 다음의 10개 주요 재건축 단지의 위치와 주변 환경도 함께 체크하자.

아파트명	상세 주소	건설사	전체세대	공급규모	분양 예정
프레스티지바이래미안 (반포주공 3 주구)	서초구 반포동 110	삼성물산	2,091	537	2025년
반포동 래미안원펜타스	서초구 반포동 12	삼성물산	641	292	2023년 하반기
반포디에이치클래스트 (반포주공 1,2,4 주구)	서초구 반포동 810	현대건설	5,002	미정	미정
방배동 아크로리츠카운티	서초구 방배동 1018-1	DL이앤씨	721	166	2023.11
방배동 래미안원페를라	서초구 방배동 818-1	삼성물산	1,097	497	2023년
방배동 방배7재건축	서초구 방배동 891-3	미정	276	미정	2024년
방배동 디에이치방배	서초구 방배동 946-5	현대건설	3,080	1,686	미정
서초동 아크로드서초	서초구 서초동 1333	DL이앤씨	1,340	236	미정
잠원동 신반포21차재건축	서초구 잠원동 59-10	포스코 건설	275	108	2024년
잠원동 신반포메이플자이	서초구 잠원동 60-3	GS건설	3,307	236	2023년 하반기

잘 늙고, 잘 놀고, 재테크까지 완벽했던 방배동 그분

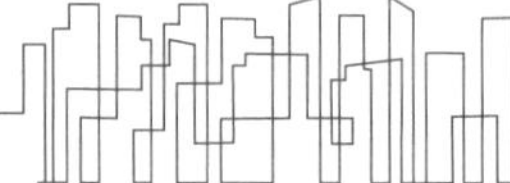

[방배동 1동, 2동]

600년 조선시대를 통치한 이 씨 왕조 중 가장 잘 늙고, 잘 놀고, 재테크도 잘한 분은 누구였을까? 조선을 건국한 태조 이성계였을까? 형제를 죽이고 왕을 차지한 태종 이방원이었을까? 아니면 세종대왕? 조선 후기의 영조나 정조? 개인적으로 생각하기에 태종의 둘째 아들이면서 세종대왕의 형인 효령대군이다. 그는 왕위를 동생 세종에게 양보한 후, 세종-문종-단종-세조-예종-성종 6대에 걸쳐 왕실의 원로로서 조선 최고의 권력은 물론 92세 장수까지 누린 사람이었다. 1395년에 태어나 1486년 세상을 떠났으니, 지금으로 쳐도 왕권 도전에 대한 스트레스 없이 천수를 다하고 평생 돈 걱정 없이 살다가 오늘날까지 번창한 집안을 만들었다.

조선시대 최고로 행복한 삶을 살았던 효령대군의 묘소와 위패는 현재 그 비싼 금싸라기 땅인 서초구 방배동에 있는 '청권사'에 모셔져 있는데, 이는 조선 후기 영조가 중국의 옛 고사에서 따온 '청권'을 효령대군의 사당에 하사한 것으로 서울시 유형문화재 제12호로 지정되었다.

이러한 효령대군의 묘소와 위폐가 있는 청권사는 현재 사단법인이고 문중의 명의로 강남과 도심에 엄청난 부동산을 소유하고 있다.

방배동을 지나는 주요 지하철은 4개가 있는데 서울 주요 일자리까지 모두 30분대다. 아직 아파트보다는 다세대나 단독이 많고 각 아파트들이 띄엄띄엄 떨어져 있는 지역이라 도보로 임장하기 힘들지만, 빌라들과 다세대 건물, 단독주택 등을 눈여겨보자. 이곳도 개발 바람이 불고 있다. 방배동 임장은 아래와 같이 4호선 총신대(사당동) 인근 지역과 2호선 방배역 인근 지역의 두 곳으로 나눠서 진행하는 것이 효율적이다.

[방배동-1] 4호선 총신대 (사당동)에서 7호선 내방역 임장기

4호선 총신대입구역(이수) 1번 출구로 나오면 바로 보이는 초역세권 아파트인 방배 현대 1차(방배 현대홈타운 1차)는 4호선·7호선 더블역세권인 이수역을 쉽게 이용할 수 있고 대로변에 위치했으나 소음이 적고 평지에 있어서 버스 이용과 거주 편의성이 좋은 곳이다. 특히 명문학군인 서문여중·고가 인근이어서 학부모들에게 인기가 있으며 남학생의 경우 신반포중, 서울고, 상문고로 배정이 가능하다.

7분 정도 거리에 위치한 방배 현대 홈타운 2차는 1차 바로 옆 단지로 반포와 강남이 바로 인접해서 강남의 인프라를 효율적으로 이용할 수 있다. 이어지는 방배 현대 홈타운 3차도 역세권이나 방금 살펴본 1·2

차 보다는 역에서 좀 멀지만 32평 이상 중형 평형 이상으로만 이루어진 조용한 아파트로 거주민들의 연령대도 높다. 3차 바로 옆 방배 아이파크 역시 34평 이상 평형으로 이루어졌으며 앞서 본 홈타운 1·2·3차에 비해서 아파트 연식이 2006년으로 좋은 편이다. 방배 아이파크에서 이수 교차로 한강변으로 가보자. 방배 빌라 밀집 지역을 통해 10분 정도 걸어가면 롯데캐슬 헤론에 도착하는데, 구석구석 맛있는 커피를 맛볼 수도 있고 운치도 제법 있다.

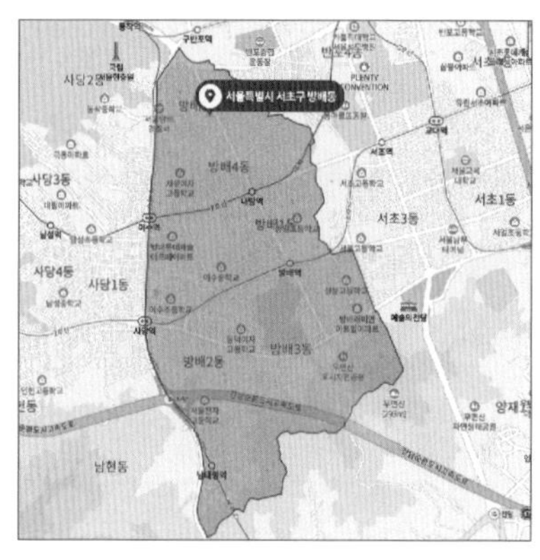

방배 롯데캐슬 헤론은 주상복합으로 45평 이상 대형으로만 구성된 337세대의 고급 주상복합으로 명문 세화여중·세화여고로 배정받을 수 있어서 여학생을 둔 학부모들에게 인기가 좋다. 고층은 한강이 보이고 자차로 직장을 다니면 방배동의 위치상 직장으로 출퇴근하기도 좋고 주차 공간도 2.32로 매우 탁월하다. 그러나 이수역까지 20분은 대중교통을 주로 이용한다면 고려해야 한다.

옆 1분 거리에 있는 방배(대림) 아크로리버는 222세대(총 4개 동)의 주상복합으로 중층 이상은 한강 조망이 된다. 앞에 보이는 개천이 '반포천'이고 여기를 건너면 반포다. 저기 보이는 재개발이 한창인 낡고 거대한 아파트 밀집촌이 바로 그 유명한 '반포주공'이다. 그 옆이 명문 세화여중고이며 잠실운동장보다는 작은 반포 종합운동장도 바로 옆에 있다.

3분 거리에는 삼호 3차가 있는데 작다고 무시하면 안 된다. 여기는 47평 이상 대형 소규모 아파트라서 재건축이든 리모델링 일사천리로 진행될 수 있다. 조용하고 주차 공간이 매우 여유가 있다. 옆 동부 센트레빌 역시 49평 이상 2004년에 지어진 소규모 남향 아파트다. 앞서 본 삼호 3차가 리모델링이든 재건축이든 되기만 하면 이곳 동부 센트레빌 이상의 거주지로 변모할 것이다. 5분 거리의 삼호 1차와 2차는 재건축 추진 중이다. 옆 쌍용예가 클래식은 2007년 리모델링을 했지만, 주차장 이용이 조금 협소하고 리모델링 시 기존 작은 평수의 기둥과 뼈대를 이용해서 실내 기둥이 약간 애매하다는 평이 있다.

여기에서 10분 정도 거리에 있는 방배 e편한세상 3차는 192세대의 작은 아파트임에도 불구하고 쾌적해 보인다. 70평대 이상이고, 세대당 주차대수 무려 3.3대의 대형 평형 아파트이기 때문이다. 지하철만 빼곤 최고인데 엄밀히 이야기해서 방배동 70평대 이상 아파트에 사는 사람들이 매일 지하철을 이용할지를 생각해 보면 지하철역 거리는 의미 없다.

20분 정도 걸어오면 보이는 방배 롯데캐슬 로제는 내방역 역세권에 61평 이상으로 이루어진 대형 평형 아파트로 서리풀 터널 개통으로 강남으로 이동이 더욱 편해졌다. 그 옆 10분 거리에 있는 대우 유로카운티 아파트 또한 40~80평대 이상의 대형 평형 아파트다. 이 근방이 방배동 고급빌라가 밀집해 있는 전통적인 방배동의 부촌 지역인 셈이다. 사실 방배동은 어르신들이 이야기하는 전통적인 부촌 중 하나다.

방배 e편한세상 2차는 서리풀 공원 바로 옆에 있는 아파트로 89세대(총 1개 동)이고 경사가 있다. 4분 정도 걸어서 내방역으로 도착하면 방배동-1 임장을 마치게 된다.

[방배동-2] 9호선 내방역에서 2호선 방배역 인근 임장기

내방역 8번 출구에서 6분 정도 거리에 있는 황실 자이→방배 e편한세상 1차를 살펴보자. 방배 자이는 다소 언덕에 위치한 내방역 역세권의 50~60평대 이상의 대형 아파트들이라서 지하철 이용률이 높지 않다. 바로 옆 3분 거리에 있는 방배 서리풀 서해 그랑블은 2019년 12월 입주한 방배동 신축으로 방일초를 품고 있는 초품아 아파트다.

5분 정도 걸어가면 방배 서리풀 e편한세상이 나오는데 이곳은 2010년 입주한 아파트로 젊은 학부모들로부터 인기가 좋다. 또한 서리풀 인근으로 산책하기 좋고 방배역도 5분 정도면 도보 이용이 가능하다.

바로 뒤 서리풀공원과 효령대군 묘인 청권사가 위치해 있는데 이는 이 근방이 '명당'이라는 것을 증명한다고 주장하는 사람들도 있다. 효령대군 묘소를 올라가 보면 그 비싼 서초구 방배동을 한눈에 내려다볼 수 있다.

청권사를 둘러본 후, 포스코 건설이 '오티에르 방배'로 재건축 예정인 신동아 아파트를 가보자. 바로 옆에 깔끔한 신축이 있는데 2018년 입주한 방배 아트 자이로 깨끗하고 커뮤니티시설도 매우 우수하다. 옆의 낡은 곳은 방배 삼익으로 재건축 예정이다. 6분 정도 거리에 있는 588세대(총 10개 동)의 방배 래미안 아트힐에서 보면 예술의 전당이 보일 것이다. 방배 래미안 아트힐도 46평 이상의 대형 평형 아파트고 방배역까지는 멀지 않지만, 오르막이라서 조금 불편하다. 그러나 앞이 우면산과 예술의 전당이다. 생각보다 많은 분들이 이곳에 와보고 고즈넉한 분위기에 깜짝 놀란다.

5분 정도 걸으면 방배 임광 3차와 1·2차를 볼 수 있다. 단지가 조용하고 운치가 있으며 다 합치면 약 800세대의 대단지 아파트인데 3차와 1·2차의 용적률이 229% 와 184%로 판이하다. 입주민들의 합의를 이루기 힘들겠지만, 재건축은 언젠가 될 것이다. 마지막으로 방배 경남(방배 그랑 자이)를 거쳐서 방배역으로 걸어가면 10분 정도 걸린다.

학생, 요리 좀 하게 생겼는데 호텔 돈가스 배워볼래?

송파구

1993년, 와이프와 한창 연애 중이었던 나는 늘 돈이 부족했다. 겨울 방학이 다가오자 나는 벼룩시장을 뒤져 아르바이트를 찾았다.

'잠실 롯데 식당가 일식 돈가스, 설거지 아르바이트 모집'

전화를 걸었더니 당장 와서 일하라고 했다. 세상에, 그 비싼 호텔 식당가에 사람들이 그렇게 많이 와서 먹어댈 줄 상상도 못 했다. 그 비싼 등심가스, 안심가스, 믹스가스, 생선가스를 사람들은 미친 듯이 먹어댔다. 사람들이 먹어댈수록 설거지 양도 미친 듯이 늘어났다. 당시 평일 매출액은 오백, 주말에는 천에서 천오백을 찍었던 기억이 난다.

거의 백도에 달하는 뜨거운 물이 콸콸 쏟아지는 것도 신기했고, 뜨거운 물에 접시를 담가 문지르면 지저분했던 기름기가 싹 씻겨나가고 깨끗해지는 것에 희열을 느꼈다. 설거지가 끝나고 쉬는 시간이 되면 나는 총괄 주방장 옆으로 뽀로로 달려가서 그분의 현란한 양배추 썰기 신공을 마술 보듯이 쳐다보곤 했다. 타타 타탁 몇 번에 양배추는 실같이 가

느다란 양배추 채로 변모했다. 어느 주말, 나를 물끄러미 보던 총괄 주방장이 한 마디를 툭 던졌다.

"거기 설거지하는 학생, 자네 요리 좀 하게 생겼는데…. 어때, 나에게 좀 배워 볼래?"

그는 돈가스 고기를 다듬는 기초부터 해서 튀김옷을 만들고 알맞게 튀기고 소스와 장국을 만드는 방법까지 하나하나 차근차근 나에게 가르쳤고 나는 그분의 노하우를 스펀지처럼 빨아들였다. 우리 둘은 케미가 잘 맞았다. 3개월 뒤, 어느덧 나는 그 주방의 No.2가 되어 있었다. 내 밑으로 설거지를 담당하는 분을 포함해서 두 명의 아르바이트생이 더 고용되었고, 어느덧 겨울방학은 끝나가고 있었다. 어느 정도 지갑이 두둑해졌고 나는 다시 와이프랑 놀기 위해서 아르바이트를 그만뒀다. 총괄 주방장님은 내가 그만두는 것을 무척이나 아쉬워했다. 마지막 날, 그분은 한마디를 했다.

"혹시 공부가 안 맞으면 이 길로 와도 될 거 같은데."

당시 돈가스 식당에서 아르바이트를 해서 번 돈으로 부모님께 내복을 하나 사다 드렸었고, 형광 주황색의 조끼를 두 개 사서 하나는 여자 친구에게 선물로 줬다. 나는 그 조끼를 매우 마음에 들어했고, 1년 내내 입고 다녔다. 그런데 섭섭하게도 당시 와이프는 나와 만날 때 그 조끼를 한 번도 입고 나온 적이 없었다. 나중에 세월이 흐른 뒤 그때 왜 안 입었는지 추궁하니, 와이프가 마지못해 대답했다.

"쪽팔리잖아. 형광 주황이 뭐니."

송파구 간략하게 확인하기

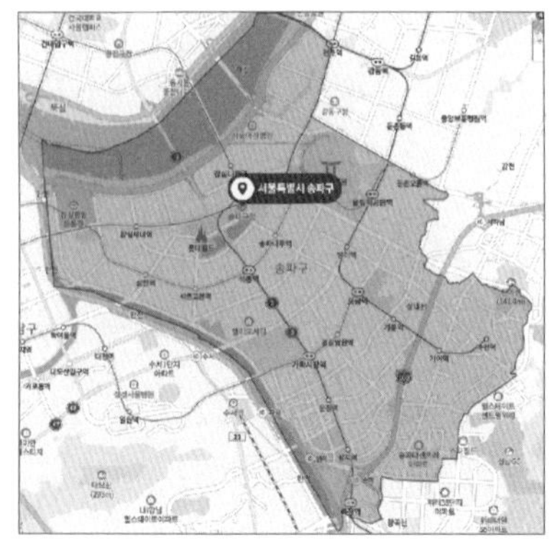

잠실의 핵심은 종합운동장역 인근의 한강변 대단지 아파트들이다. 단지 수가 5천 세대에 육박해서 단지 초입부터 끝까지 걸어가기가 힘이 들 수 있다. 잠실을 포함한 송파구 주요 지하철에서 주요 핵심 일자리는 40분대에 갈 수 있다. 완벽한 직주근접은 아니지만 출퇴근 10분 더 들더라도 잠실의 대단지 아파트는 거주 메리트가 있다. 송파구 임장은 종합운동장, 올림픽공원, 아시아선수촌 인근의 3곳으로 나누어서 진행하는 것이 효율적이다. 세 루트가 거리가 좀 떨어져 있기 때문에 한 번에 진행하기 위해서는 대중교통도 이용해야 한다. 그리고 2023년 6월 이후 분양 예정인 아래의 3개 재건축 단지의 위치와 주변 환경도 함께 체크하자.

아파트명	상세 주소	건설사	전체세대	공급규모	분양 예정
문정동 힐스테이트 e편한세상문정	송파구 문정동 136	현대엔지니어링/DL이앤씨	1,265	296	2023.06
신천동 잠실르엘	송파구 신천동 17-6	롯데건설	1,910	241	미정
신천동 잠실래미안아이파크	송파구 신천동 20-4	삼성물산/HDC 현대산업개발	2,678	578	2023년 하반기

와이프가 사랑하는 그 남자의 집과 회사를 찾아갔습니다

잠실

열심히 재테크 공부와 부동산 임장을 하는 내 옆에는 와이프도 같이 동행한다. 동행만 할 뿐 부동산 공부를 한다거나 아파트에 대해서 확인하지는 않는다. 모든 임장 루트는 내가 짜고 안내한다. 와이프가 나를 따라다니는 가장 큰 이유는 임장 중에는 맛있는 맛집에서 밥을 먹고, 맛있는 커피를 마시기 때문이다. 나의 머리 한 구석에는 각 구별로 맛집 리스트들이 무수히 저장되어 있다.

우리는 서로의 취미와 좋아하는 일을 최대한 존중한다. 나는 커피숍에서 아메리카노 한 잔을 시키고 자리에서 글을 쓰는 것을 좋아하는데 그럴 때 와이프는 옆에서 조용히 책을 읽거나 카톡으로 친구들과 수다를 떤다. 오죽하면 해외여행 중에도 커피숍에 멍때리고 앉아 있는 것을 좋아한다. 반면 와이프가 좋아하는 건 영원한 어린 왕자, 가수 이승환의 모든 공연 따라다니기와 굿즈 모으기다. 오죽하면 해외투어를 하는 이승환의 공연장까지 따라다닌다. 어느 날이었다.

"내일 잠실 간다고 했지?"

"어, 올림픽공원 근처와 헬리오 시티 인근을 보고 오려고, 피곤하면 집에서 쉴래?"

와이프가 피곤해서 이번에는 따라오지 않으려나 했다.

"아냐, 나도 갈게, 그런데… 아니다."

"응? 뭐 할 말 있어?"

와이프는 뭔가 할 말이 있는 듯하였다.

"저기, 혹시… 올림픽공원 갔다가 우리 승환 오빠네 집 앞과 드림팩토리 건물 앞에서 기념사진 좀 찍으면 안 될까?"

아… 나는 잊고 있었다. 와이프가 어린 왕자 가수 이승환을 얼마나 사랑하는 열혈 팬인지를 말이다.

"그래, 그게 뭐라고, 당신은 어린 왕자 이승환을 사랑하지만 그분은 당신에게 관심이 없지. 이 얼마나 안타까운 현실이야. 당신이 아무리 승환 옹을 사랑한다고 해도 그분은 눈 하나 깜짝하지 않을 거야. 내일 올림픽공원 갔다가 환갑이 곧 되는 이승환이 사는 집 앞에 가서 기념사진도 찍어주고, 드림팩토리 건물 앞에서도 찍어줄게. 그게 뭐라고, 그저 당신의 이런 사랑이 이뤄질 수 없음에 안타까울 뿐이야."

그날 나는 어린 왕자 이승환이 산다는 송파구의 그의 집 앞과 이승환의 회사인 드림팩토리 건물 앞에서 와이프 기념사진을 찍어줬다. 세상에, 비싼 돈을 들여 해외여행을 갔을 때보다 더 행복한 표정이었다.

와이프는 특히 올림픽공원을 좋아했는데 그 이유는 밤늦게 가끔 이승환이 자기 강아지들을 데리고 올림픽공원에 산책을 나간다는 거였다.

"여기가 우리 승환 오빠가 강아지들 데리고 산책 나온 곳이야."

"여기가 우리 승환 오빠가 자리에 앉아서 사진 찍고 SNS에 올린 곳이야."

[송파구-1] 잠심의 핵심, 잠실 종합운동장 인근 임장기

잠실새내역 5번 출구에 있는 잠실엘스는 5,678세대(총 72개 동) 대단지로 종합운동장역과 잠실새내역 모두 이용 가능한 초역세권으로 한강뷰가 가능하고 잠일초와 잠일고가 단지 중간에 위치해서 학부모들이 선호하는 아파트다. 종합운동장의 인프라를 마치 아파트 커뮤니티 시설처럼 이용할 수 있다. 이곳 잠실은 종합운동장 내의 국가가 관리하는 수영장 등을 가까운 거리에서 저렴하게 이용할 수 있기 때문이다.

6분 정도 걸어가면 나오는 잠실 리센츠는 5,563세대(총 65개 동) 대단지로 잠실초·중·고가 단지 가운데 위치한 아파트로 고층은 한강뷰도 잘 되는 잠실 새내역 초역세권 아파트다. 이어지는 트리지움(3,696세대, 총 46개 동)은 버들초·영동일고등학교가 단지 내에 위치한 잠실새내역·삼전역 초역세권 아파트로 학부모들의 인기가 높다.

레이크 팰리스 역시 송전초등학교가 단지 가운데 위치한 잠실역·삼전역 역세권으로 이 중에서 석촌호수 인근 동은 롯데월드 뷰가 매우 뛰어나고 석촌호수를 자유로이 이용 가능한 장점이 있다.

15분 정도 걸어가면 그 말도 많고 탈도 많았던 잠실주공 5단지가 나온다. 이곳은 잠실에서 가장 입지가 좋은 재건축 아파트인 것은 누구도 부인할 수 없다. 큰길 건너 위치한 장미 1차→장미 2차 역시 잠실주공 5단지와 더불어 최고의 한강 조망이 가능한 재건축 중인 대단지 아파트다. 장미 1차와 2차가 각각 2,100세대, 1,302세대 대단지인 반면 바로 옆 장미 3차 맨션은 120세대로 소규모 단지지만 단일 대형 평형이다.

'잠실 르엘'로 재건축 중인 잠실 미성, 크로바는 잠실역·잠실나루역 초역세권으로 석촌호수, 올림픽공원, 한강공원을 모두 아파트 단지 공원처럼 이용이 가능하고, '잠실 래미안 아이파크'로 재전축 예정인 잠실 진주는 몽촌토성역 초역세권으로 올림픽공원 이용이 편리하다.

5분 거리의 파크리오는 올림픽공원 이용이 편리하지만 6,864세대 (총 66개 동) 대단지로 너무 넓어서 동에 따라 전철역 편차가 크다. 아침잠이 많은 직장인이라면 선택하는 동에 따라서 매일 지각하느냐 하지 않느냐의 문제가 달려있다. 10분 거리의 잠실 올림픽 아이파크는 2019년 11월에 입주한 새 아파트로 방금 본 파크리오 건너편 풍납동에 위치한 아파트다.

12분 거리에 있는 한강 극동과 현대리버빌 1지구는 몽촌토성 공원으로 둘러싸인 자연 친화적인 아파트며, 송파 현대 힐스테이트와 풍납 현대아파트는 강동구청역 이용이 편리한 초역세권 아파트이나 풍납 현대의 경우 세대당 주차 면적이 0.53대로 좁다. 올림픽 공원 쪽으로 이동하면 보이는 쌍용아파트→극동아파트를 거쳐서 올림픽공원을 산책해 보자.

[송파구-2] 올림픽공원과 헬리오시티 인근 임장기

잠실의 상징 올림픽공원에서 방이역과 가락동을 거쳐 헬리오 시티 인근을 돌아보자. 헬리오시티에 가는 길이 거리가 있어서 지하철을 타고 움직여야 한다. 대단지 아파트가 많은 지역이며 대부분 재건축 예정이고 그 첫 스타트를 헬리오 시티가 찍었다.

5호선 올림픽공원역 2번 출구로 나가면 바로 뒤에 보이는 5,540세대(총 122개 동)의 대단지 아파트 올림픽 선수 기자촌이 보일 것이다. 이곳은 올림픽공원역 초역세권에 단지 안에 성내천이 흐르는 대규모 신축 아파트로 탈바꿈될 예정으로 정밀 안전진단 통과 후, 현재 정비계획 수립을 진행 중이다. 용적률도 137%로 단순 계산을 해도 재건축 후에는 거의 배 이상으로 세대수를 늘릴 수 있다. 헬리오 시티의 재건축 후 용적률이 285%라는 것을 고려해 보자. 처음 이 단지를 봤을 때 이곳이 정말 서울이 맞는지 깜짝 놀랐던 기억이 있다.

단지를 나와 10분 정도 가면 오금 대림 1단지→오금 현대백조→오금 대림 2단지를 차례로 볼 수 있는데 이곳 모두 방이역 이용이 편리한 올림픽공원 공세권 아파트로 이 세 개 단지를 합치면 1,000세대가 넘는다. 10분 정도 방이역 쪽으로 걸어가면 재건축 추진 중인 방이역 초역세권 아파트인 오금 현대(현대 2·3·4차)가 나온다.

방이역을 거쳐 건너편 대림 가락(방이 대림) 위치를 확인하자. 재건축 추진 중인 방이역 초역세권 아파트이며, 이어지는 방이동 코오롱→한양 3차(재건축 심의위원회 통과)→가락 삼익맨숀(재건축 심의의원회 통과) 모두 오금역 도보 이용이 가능한 아파트고 방이동 코오롱을 제외하면 용적률도 모두 100%대 중후반으로 재건축 매리트도 충분하다.

여기서 5분 정도 거리에는 약간 애매한 지하철 위치(송파역·오금역 10분 정도 소요)인 래미안 송파 파인탑을 확인할 수 있으며, 송파동 삼성래미안은 2001년에 지어져서 지하 주차장 이용이 다소 편리한 편이다. 송파 미성 맨션→송파 한양 2차→송파 한양 1차는 1980년도 초반에 지어져 150%~170% 용적률도 비슷한 아파트로 오래되었지만, 생활이 편리해 거주민들의 비중이 매우 높고 하루빨리 재건축이 완성되기를 기다리는 중이다. 방이역 쪽으로 15분 정도 걸어가면 앞서 보았던 잠실(방이) 한양 3차를 확인할 수 있다.

다시 방이역에서 지하철을 타고 8호선 송파역으로 이동하자. 송파역을 나오면 헬리오 시티를 확인할 수 있다. 1만 세대에 가까운 대단지 아파트로 커뮤니티시설이 우수하나 단지가 너무 커서 단지마다 가격 차이가 큰 편이다. 용적률도 300% 육박해서 답답하다는 사람도 있다. 그럴 수밖에 없는 것이 1만 세대에 가구당 3명을 잡으면 3만 명, 차량은 1.5대로 잡으면 매일 거의 2만 대의 차량이 부지런히 24시간 움직이는 곳이다.

가락시장을 지나 헬리오 시티 건너편에 위치하고 재건축 안전진단을 통과한 올림픽 패밀리타운으로 이동하자. 이곳은 1988년에 지어진 약 5천 세대로 향후 재건축 시 헬리오 시티에 맞먹는 규모가 될 것으로 예상되나 용적률이 이미 194%인 점은 세계적인 인플레이션으로 인한 공사비 인상으로 조합원들이 추가 분담금 비율이 높을 것으로 예상된다. 가락시장역(3호선·8호선)으로 가서 임장을 마치도록 하자.

[송파구-3] 아시아선수촌 인근 임장기

여기서는 종합운동장역 3번 출구에서 정신여중·정신여고 방향으로 걸어가는 것을 추천한다. 송파구에 위치한 정신여중·고 인근은 원래 강남구였다가 지금은 송파구로 분리된 곳이다. 정신여중·고를 지나면 1981년 입주한 잠실 우성 1·2·3차가 나타난다. 종합운동장 초역세권에 탄천 뷰가 가능한 약 이천 세대의 재건축 조합 설립인가가 완료된 아파트다.

바로 옆에는 아시아선수촌은 124A㎡ 이상 대형 평형으로 구성된 1,356세대(총 18개 동) 단지로 아시아공원을 끼고 있고 종합운동장역 역세권으로 주변이 온통 푸르른 녹색이다. 용적률은 152%로 재건축 사업성도 충분한데, 38평~66평의 중대형 평형 위주라 실거주 만족도가 대단히 높아 재건축에 큰 관심은 없어 보인다. 12분 정도 걸어가면 서울시 건축심의를 통과하여 재건축을 앞둔 잠실 우성 4차를 볼 수 있다. 이곳은 9호선 삼전역 역세권 555세대(총 7개 동) 아파트로 단지 앞 송전탑과 주변 빌라촌을 감안해야 한다.

이제 삼전역 쪽으로 걸어가면 삼전역 초역세권에 용적률이 257%로 매우 높고 단지가 약 400세대로 리모델링을 추진하는 잠실동 현대를 확인할 수 있다. 여기서 5분 정도만 가면 삼전역이 나오고 여기서 잠실의 임장 루트 3을 마치게 된다.

서초 삼풍아파트 위로 부산갈매기 세 마리가 슬피 날았다

서초동-1

IMF가 터지기 바로 직전에 합격했던 은행과 연구소로부터 채용취소를 당한 뒤 첫 직장은 서초 교대역 인근 직원 세 명의 회사였다. 입사 첫날, 사장님은 자리에 없었고 경리 일을 하는 여직원과 박 이사, 구의원이라 불리던 분이 나를 맞아줬다. 오전 내내 아무도 말을 걸지 않았는데, 11시 반쯤 사무실로 한 할머니가 불쑥 들어와서 외쳤다.

"도시락이요. 오늘은 소시지 전이 있어서 맛있어요."

할머니가 들어오자 다들 익숙한 듯이 주머니에서 주섬주섬 2,000원씩을 꺼내 주고 할머니는 하얀 스티로폼 도시락 박스를 건네줬다. 박스 안에는 밥과 반찬들이 가지런히 놓여 있었다. 할머니는 사무실 한 바퀴를 돌고 마지막으로 내 앞으로 왔다. 어리둥절해하는 나에게 구의원이라는 분이 소리쳤다.

"우리는 이렇게 도시락 먹는데 2,000원이고 먹을 만하다. 돈 없니? 내가 줄까?"

엉겁결에 주머니에서 2,000원을 꺼내 할머니의 스티로폼 도시락과 맞바꿨다. 회의실에 들어가니 각자 스티로폼 도시락을 앞에 두고 말없이 식사를 하고 계셨다. 나도 그 틈에 들어가서 2,000원을 주고 산, 노란 고무줄 두 개로 뚜껑이 열리지 않게 잘 동여맨, 나의 첫 번째 회사 밥인 스티로폼 뚜껑을 열었다.

호박전 3개, 멸치볶음. 김치, 검은콩자반 약간 그리고 초등학교 시절 그토록 먹고 싶었던 분홍색 소시지전이 들어 있었고 그 옆에는 하얀 밥이 한가득 차 있었다. 밥 먹으면서 같이 먹을 수 있도록 작고 흰 플라스틱 통에 희멀건 된장국도 있었다. 자신의 앞에 놓인 도시락을 열면서 구의원이 물어봤다.

"여기가 첫 회사니? 나는 S 그룹 계열사 면세점 사업부 팀장이었고 저기 박 이사님은 S 그룹 본부에서 인사팀 전략부장을 하셨던 분이다. 박 이사님께 앞으로 많이 배워."

박 이사님의 처진 어깨는 구의원이 지난 잘 나갔던 과거를 이야기해 주니 어깨에 힘이 들어갔는지 갑자기 들썩들썩했다. 나는 말없이 분홍 소시지 전을 밥에 올린 후 입으로 집어넣었다. 원체 말이 없으셨던 구의원은 학교 졸업 후 이런 작은 회사에서 일을 시작하는 내가 안타까웠는지 많은 이야기를 해 줬다.

며칠 뒤 나의 입사 환영회 겸 회식을 했다. 삼겹살에 소주가 아니라 오리도 닭도 아닌 기러기 탕을 먹으러 갔다. 그 맛은 기억나지 않는다. 약간 질겼다는 정도? 기러기 고기를 먹고 노래방을 갔다. 스피커에서 부산 갈매기 반주가 흘러나오고 사장님은 '부산 갈매기'를 부르기 시작했다. 점잖던 구의원은 일어나서 양팔을 펄럭거리시면서 노래방 안을 한 바퀴 돌았다. 박 이사도 양팔을 펄럭이고 입으로 갈매기 소리를 내면서 구의원 뒤를 따라갔다. 나도 엉겁결에 일어나서 두 분을 따라 끼룩끼룩 소리를 내면서 노래방을 빙빙 돌았다. 이게 구의원이 말한 사회생활인 것인가? 몇 개월 후, 나는 사표를 내고 지도교수님과 함께 벤처 창업으로 뛰어들었다가 3년 만에 회사는 망했다.

그 후로 금융권에서 20년 이상 일하면서 20권 이상의 책을 출간하고 억대의 연봉은 물론 출간한 책의 인세도 쏠쏠하게 챙겼다. 틈틈이 와이프와 함께 해외여행도 원 없이 다녀봤고, 재테크도 남에게 손 벌리지 않아도 되는 수준으로 그럭저럭 성공했다. 지금은 우리 부부의 행복을 위해서 열심히 살고 있다. 박 이사와 구의원의 당시 노래방에서의 힘찬 갈매기 날갯짓은 성공했을까? 아직 성공을 못 했다면 지금 다시 새로운 비상을 위해서 날갯짓하고 계실까?

서초동은 법조타운 인근이라 넓고 녹지도 풍부하다. 무엇보다 이들의 수입이 고소득의 대기업 부부 이상이다. 월급만을 이야기하는 게 아니다. 요새 의사·판검사·변호사는 오랜 기간 맘 편하게 공부할 수 있게 지원해 줄 수 있는 부모님 혹은 장인 장모의 재력이 필수인 직업이 되었다. 이들이 직주근접을 위해 가장 먼저 알아보는 곳이 바로 서초동인 것이고 이곳 법조타운 자체가 아파트 집값을 올려주고 있다.

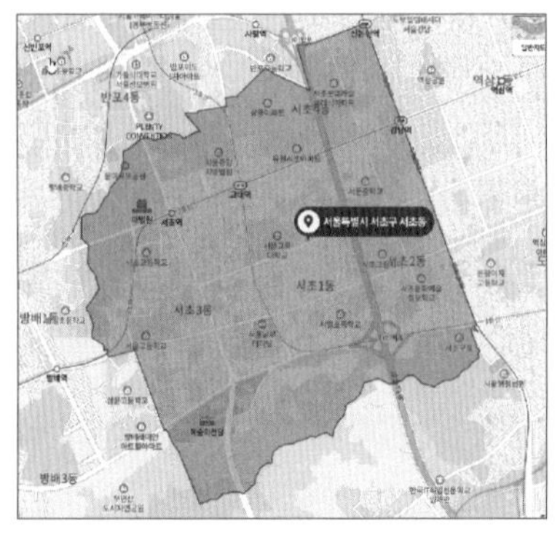

서초동 주요 지하철역에서 핵심 일자리인 광화문과 용산은 길어야 35분이고, 나머지 여의도·강남·판교는 30분 이내면 편리하게 출퇴근을 할 수 있는 구조라는 것을 염두하고 임장을 진행하자. 서초동 임장은 경부고속도를 기점으로 나누어진다. 서초구 오른쪽을 관통하는 경부고속도로를 왔다 갔다 임장하기 힘들다. 교대·서초역에서 남부터미널역(예술의 전당)으로 이어지는 루트, 경부고속도로 건너편의 신논현역에서 양재역으로 이어지는 루트로 임장을 하자.

[서초동-1] 교대역에서 남부터미널역(예술의 전당)

[서초동 1]은 경부고속도로 왼쪽의 서초동으로 교대역에서 남부터미널역(예술의 전당)으로 이어지는 루트이다. 교대역(2·3호선) 6번 출구로 나가면 서초동 법조타운 인근 거주시설 중에서 상위급인 주상복합 서초 아크로비스타를 볼 수 있다.

바로 뒤 삼풍아파트로 직진하자. 이 비싼 서초동 법조타운 인근에 2,390세대(총 24개 동) 대단지 아파트가 있었다는 것을 모르고 서초동을 왔다 갔다 하신 분들이 많았을 것이다. 여기는 서초동 중에서 예전부터 부자들이 모여 살았던 단지 중 하나로 1986년에 분양을 받아서 아직까지 거주하는 분들의 비중도 높다. 오래된 대단지 아파트가 주는 안정감도 느낄 수 있다. 전세나 월세를 주지 않고 직접 거주하는 원주민 비중이 높다는 건 살기 나쁘지 않다는 증거인 셈이다. 용적률이 220%로 높은 게 단점이긴 하지만, 많은 사람들이 이곳이 향후 서초동의 대장주 자리를 되찾을 것이라고 생각하고 있다. 언덕이 좀 있고 작은 평수일수록 언덕 위에 있어서 지하철 출퇴근이 조금 생각보다 시간이 걸릴 수 있다.

서초 삼풍에서 3분 거리인 서초 현대 4차는 160세대(총 3개 동)로 작은 단지지만 사평역까지 10분이면 가는 역세권 아파트다. 2000년에 입주한 이런 작은 아파트의 특징은 주변에 신축이 많아서 시세를 맞춰주고 방금 본 삼풍아파트처럼 대단지 재건축 가능 아파트가 인근에 있어서 사람들의 관심도에서 멀어지지도 않는다. 용적률이 300%에 육박하기 때문에 향후 재건축보다는 리모델링 등을 진행할 수 있을 것이다.

바로 옆 서초 래미안은 약간 언덕이다. 그런데 그 언덕이라서 저층도 답답하지 않다는 게 이곳의 장점이다. 그리고 잠시 한 바퀴 둘러보자. 그 흔한 강남과 서초의 유흥업소가 거의 보이지 않을 것이다. 이 앞의 원명초와 서일중학교가 공립인데도 불구하고 꽤 유명하다. 이곳 학군이 서초동 중에서도 Top 클래스라서 재력 있는 학부모들이 한 번 들어오면 오래 살 수밖에 없는 구조다. 전철역이 멀긴 한데, 아이들의 교육을 위해 부모들이 고생하면 된다. 초역세권이 아닌 점은 강남 8학군으로 커버하는 곳이다.

서초 롯데캐슬 프레지던트는 옆이 바로 경부고속도로임에도 불구하고 2104년 지어진 신축 아파트라서 막상 소음이 크지 않다는 평이 있다. 교대역도 10분 정도로 그렇게 멀지 않다. 길을 건너가 보면 이쪽은 아파트보다는 빌라들이 많다. 여기서부터 남부터미널역까지 있는 아파트는 대단지 아파트들이 전무하다. 이어지는 서초 한일(86세대) → 서초 현대 3차(96세대) → 서초 아남(166세대)은 교대와 강남의 중간 정도 위치에 각각 동 1~2개 아파트라는 것을 빼면 나쁘지 않다. 대신 서초 한일은 용적률이 360%라서 인근 아파트들보다는 가격이 조금 저렴한 편이다. 서초 성당이 바로 앞에 있어서 고즈넉한 분위기도 있는데, 구매자 입장에서 교회보다는 성당이 인근에서 거주하기에 좋은 편이다.

이곳에서 7분 거리의 서초 삼성래미안은 299세대(총 3개 동)에도 불구하고 여기가 동 3개 작은 아파트라는 것을 실감하지 못할 수 있다. 동 3개지만 근방이 다 작은 단지에 빌라들이라서 나름 커 보이는 착시효과가 있고 저기 보이는 우면산과 관악산이 한눈에 보이기 때문이다. 법조계 종사자분들이 많이 사는 동네라 그런지 보안이 잘 되어 있다. 이어지는 서초 롯데캐슬 84(84세대, 2개 동)→래미안 서초 7차(79세대, 2개 동)는 대형 평형 위주의 소단지 아파트라서 굉장히 프라이빗한 성향이 있다.

남부터미널역(예술의 전당) 쪽으로 7분 정도 걸으면 서초 현대가 나온다. 여기서 3호선 남부터미널역(예술의 전당)에 도착하면 [서초동 1] 지역을 확인할 수 있다.

월급날, 박이사는 야동을 보고 구의원은 찌개집을 갔다

서초동-2

1998년, 총직원 3명 회사에 입사한 지 1개월 정도가 지났다. 기존 직원 3명에 내가 들어왔으니 사장 포함 5명인 회사가 되었다. 경리 업무를 하던 여직원분을 보고 이 작은 직원 5명인 회사에 경리만 하는 분이 왜 필요한지 의문이었는데 나중에 보니 그분은 경리업무는 물론 사장님 소유 서울과 부산 빌딩의 임대차 관리까지 하고 있었기 때문에 매우 바쁜 사람이었다.

사무실의 가장 경치가 좋은 곳은 가끔 일주일에 두세 번 방문하는 사장님의 넓은 방이 있었고, 사장님 방 바로 옆 큰 창 앞은 박 이사와 구의원이, 그 앞에 내 책상이 있었다. 아마도 나를 감시한답시고 자기들의 바로 앞에 내 책상을 두었겠지만 그 반대였다. 박 이사와 구의원의 책상 뒤 큰 유리를 통해서 두 명이 PC로 무슨 일을 하는지 꿰뚫어 볼 수 있었기 때문이다. 입사 첫날, 내가 자리에 앉자마자 박 이사는 자기 자리로 돌아가 일하는 척하면서 당시 유행하던 인터넷 고스톱을 치기 시작했다. 그 옆에는 구의원이 독수리 타법으로 두 손가락을 이용해 열심히 문서를 만들고 있었다. 가끔씩 박이사는 피박에 쓰리고를 맞았는지 몸을 움찔움찔하였다. 박 이사가 움찔거릴 때마다 그 하얀 박이사의 은발이 햇빛에 비쳐서 반짝거렸다.

우리 사무실의 점심은 할머니가 배달해 주는 새하얀 스티로폼 도시락이었다. 사무실 모두 그 도시락을 하루도 빼놓지 않고 더치페이로 먹었다. 처음에는 야박하다고 생각했지만, 박 이사와 구의원의 월급도 그리 많지 않다는 것을 알게 된 후 군말하지 않고 내 돈으로 도시락을 사 먹었다.

얼마 후, 첫 월급날이 되었다. 11시 40분이 되니 도시락 할머니가 어김없이 방문했다. 주머니에서 2,000원을 꺼내는데 구의원이 겉옷을 걸쳐 입으면서 이야기했다.

"오늘은 나가서 먹자. 월급날이잖아, 내가 사줄게."

"알겠습니다. 이사님은 안 가세요?"

"나는 지금 하는 일이 좀 있어서, 둘이 먼저 먹고 와."

"네, 그러면 먼저 먹고 오겠습니다."

나오면서 박 이사의 자리를 흘깃 쳐다봤다. 그는 이어폰을 귀에 꽂은 채, PC 화면을 응시하고 있었다. 바로 뒤의 큰 창에는 포르노 화면이 희미하게 비치고 있었다. 그는 나와 구의원을 향해서 손을 흔들어 줬다. 나는 인사를 꾸벅하고 구의원의 뒤를 종종거리며 따라갔다.

"한 달간 도시락 먹느라 욕봤다. 오늘 하루라도 맛있는 거 먹어야지.

니 섞어찌개 아나?"

"섞어찌개요? 처음 들어보는데요?"

"부대찌개 같은 건데 맛있다. 월급날 하루라도 맛있는 거 먹고 힘내자."

세상에, 나는 그토록 맛있는 찌개를 먹어본 적이 없었다. 여러 종류의 햄과 해산물이, 곰삭은 김치와 어우러져서 내는 깊은 맛이라니. 정신없이 찌개를 먹고 사무실로 복귀하는 길에 구의원이 나에게 한마디를 했다.

"샐러리맨 별거 없다. 가끔 이렇게 맛있는 거 먹고 힘내서 또 일하는 거지. 한 달 열심히 도시락 먹고 잘 버텨라. 그때 내가 맛있는 거 또 사줄게."

사무실에 복귀하니 은빛 머리의 박 이사는 여전히 동영상을 시청하고 있었다. 그는 나와 구의원을 보고 PC 화면을 급히 변경했다.

당시 나의 초라한 첫 직장에 대해서 친구들에게 이야기를 하고 싶지 않았기 때문에 대부분 친구들과 연락을 끊은 상태였다. 하루에 교통비와 도시락을 포함해서 내가 쓰는 돈은 5천 원 정도였고, 당시는 토요일도 오후 3시까지 일을 했기 때문에 주 6회 도시락을 사 먹었다. 한 달에 내가 쓰는 돈은 20만 원이 채 안 되었고 여자 친구 따위는 언감생심이었기 때문에 월급 백만 원에서 세금과 점심값을 빼면 70만 원 정도 저축할 수 있었다. 구의원과 나의 점심 식후는 사무실에 비치된 믹스커피였다. 한 달에 한번, 섞어찌개로 든든해진 배와 믹스커피 하나로 힘들고 지친 우리 둘의 삶 속에서 짧은 행복감을 만끽했다. 구의원님은 예전 S 그룹에서 팀원들을 데리고 호탕하게 점심을 사던 모습을 회상했겠지. 그리고 지금 나는 당시 구의원님보다 더 나이를 먹어 버렸다.

"구의원님. 우리 그때 먹었던 서초동의 섞어찌개 먹으러 가요. 이번에는 제가 살게요. 혹시 그 집이 없어졌다면 다른 더 맛있는 찌갯집에서 모실게요. 행복하세요, 구의원님."

[서초동-2] 서초역에서 남부터미널역(예술의 전당)

[서초동 2]도 경부고속도로 왼쪽이며, 서초역에서 남부터미널역(예술의 전당)으로 이어지는 루트다. 여기는 빌라 사이사이에 1~2개 동 아파트들이 있는 동네라는 것을 염두에 두자. 2호선 서초역 4번 출구로 나오면 보이는 서초동 마제스타시티는 서초역 초역세권으로 116세대 소규모 단지임에도 불구하고 편의시설 등이 가까워서 살기 편하다. 8학군의 명문고로 불리는 서초 고등학교를 거쳐서 서초 현대홈타운→서초 두산위브 2차→한빛 삼성→서초 SK뷰→서초 래미안 5차→서초 래미안 6차→서초 2차 e편한세상을 차례대로 둘러보자. 이 조용한 루트의 아파트들과 빌라들은 예술의 전당·우면산·서래마을이 가까워서 여유롭게 산책하기 좋고 실거주 만족도가 높은 동네다.

저쪽에 공원같이 나무들이 우거진 곳이 서울고등학교와 서초중학교다. 그 옆이 서초 래미안 5차와 6차 아파트다. 길 건너 주상복합인 서초 센트럴 아이파크와 서초 아트자이를 확인할 수 있다. 15분 정도 걸어가면 서초 e편한세상 1차가 나오는데 이 동네 특징이 자차를 이용하는 사람들에게 살기 좋은 동네라는 것이다. 지하철을 이용한다면 출퇴근이 약간 불편할 수 있다. 예술의 전당 주변을 쉽게 이용할 수 있고 조용하고 한적한 동네다. 아파트 연식도 다들 비슷하고 평수도 큰 편이라서 오래 거주하는 분들의 비중도 높다.

남부터미널역 쪽으로 걸어가면서 작은 단지들인 서초 e편한세상 5차→서초 e편한세상 3차→서초 아이파크빌→서초 래미안 4차→더샵 오데움을 차례대로 확인해 보자. 모든 서초동 아파트 가격이 만만치 않지만, 특히 더 샵 오데움은 대형 평형 위주의 고급 아파트라서 가격대가 상당한 편이다. 10분 정도 걸어가면 나오는 서초 경남 아너스빌은 남부터미널역 역세권이다. 서초 한신플러스타운을 지나면 나오는 월드메르디앙 오페라하우스는 50평 이상 대형 평수로만 이루어졌고 말 그대로 예술의 전당이 길 건너 지척이다.

마지막 목적지인 현대 슈퍼빌로 이동하도록 하자. 남부터미널 초역세권 주상복합으로 남부 터미널도 옆이면서 단지 조경이 잘 되어 있고 우면산과 예술의 전당과의 조화가 좋은 곳이다. 이제 바로 옆 남부터미널역(예술의 전당)으로 이동해서 임장을 마치도록 하자.

한도 99억 신용카드를 드리면 무엇을 사시겠습니까?

서초동-3

카드사에서 근무할 당시 업무 특성상 카드 관련 분석들이 많았는데 카드 승인 및 카드 한도와 관련한 업무들이 있었다. 단순하게 생각해도 오백만 명의 신용카드 소유자가 하루에 한 번 카드를 사용하면 승인 데이터 오백만 개가 어딘가 쌓이는 것이다. 한 달이면 1억 5천만 건이고, 1년이 쌓이면 18억 건이다. 승인데이터만 봐도 이런데 웬만한 신용카드회사의 전체 데이터는 수십조 단위를 훌쩍 넘는다. 이 많은 데이터에서 의미 있는 정보를 찾는 것이 요새 유행하는 빅데이터 분석이라고 보면 된다.

기업에 주는 법인카드가 아닌 한, 일반 개인에게 부여하는 신용카드 한도는 1억을 넘기 힘들었다. 당시 나는 수백만 건에 달하는 데이터 속에서 회사에 돈이 될 만한 정보를 찾아 헤매고 있었다. 한창 열심히 일하고 있는데 이상한 데이터가 눈에 띄었다. 어느 한 개인에게 부여된 신용카드 한도가 자그마치 99억 9,999만 원이었다. 전산 개발실에서 쓰는 테스트 카드인가 보다 했는데 그건 아니었다. 이건 누가 봐도 데이터 에러였다.

좀 더 깊숙하게 파고들었다. 바로 시스템에 접속해서 한도 99억 원의 신용카드를 가지고 있는 사람이 누구인지 확인 후, 보고해야 했다. 개인신용정보 보호를 위해서 데이터 분석을 잘한다 해도 주민등록번호 접근은 불가능했다. 모든 주민등록번호는 암호화되어서 승인 없이 조회가 불가능하기 때문이다. 그 카드의 소유자 정보는 바로 알 수 없었다. 나는 그 99억 한도의 신용카드는 틀림없이 국제적인 해커의 소행이라 생각했다. 조금 더 깊숙하게 데이터를 파고드는 순간 전화가 왔다. 나는 그 해커를 빨리 찾아서 보고해야 했다. 회사가 엄청난 손해를 보고 국제적인 해커의 공격을 받아서 초토화되었다고 뉴스에 나오기 직전이었다.

"여기 감사팀인데 지금 뭐 하는 겁니까? 더 이상 조회하지 말고 꼼짝 말고 기다리세요!"

한도 99억 9,999만 원짜리 신용카드는 실존하는 카드였다. 그것도 회사의 가장 VIP 고객 카드였다. 그날 나는 감사팀에 끌려가서 해명을 해야만 했다. 감사팀도 내 말을 듣고 나니 내가 이상하게 생각할 만하다 봤는지 더 이상 추궁하지 않았다. 그날 이후 모든 VIP 고객의 데이터는 분리되어서 일반 직원들은 절대 볼 수 없도록 격리 처리되었고 그 분은 서초구에 회사가 있는 모 회사의 대표님이라는 것을 알게 되었다. 얼마 지나지 않아 모든 신용카드 한도는 정상적인 가이드를 따르고 99

억 원 한도의 개인 신용카드는 없어졌다는 말을 들었다.

만약 누군가가 당신에게 한도 99억 원 신용카드를 단 하루만 쓸 수 있게 빌려준다면 무엇을 하겠는가?

[서초동-3] 신논현역에서 양재역까지

서초동 루트 3은 경부고속도로 오른쪽이며, 신논현역에서 양재역으로 이어진다. 신논현역 9호선 7번 출구에서 5분 정도 거리 2009년 지어진 래미안 서초스위트는 신논현역 역세권에 총 3개 동으로 이루어진 400세대의 소단지 아파트지만 조경, 로비 등 출입구가 잘 꾸며진 편이다. 옆 서초 푸르지오 써밋은 2단지가 약간 따로 길을 가운데 두고 떨어져 있기 때문에 두 개의 단지 같은 느낌이 든다. 990세대(총 15개 동)의 서초 롯데캐슬 클래식과 바로 옆 서초 두산위브트레지움으로 이동하자. 경부고속도로 옆이지만 조용하다.

인근 서일 초등학교, 서일 중학교를 지나서 바로 보이는 서초동 진흥은 32평 이상의 중형 아파트로 이루어졌는데, 재건축되면 1천 세대 이상의 강남역 초역세권 아파트가 될 것이다. 지금은 살기 좀 불편하겠지만, 8학군이라는 측면에서는 서일초와 서일중학교가 바로 앞이라는 것이 중요한 포인트다. 용적률이 높지만(208%), 지구단위계획 재정비구역으로 편입되면서 용도지역 상향을 통한 재건축이 가능해졌다. 이곳에서 10분 정도 거리의 서초 삼성가든 스위트는 71평형 이상으로 이루어진 강남역 역세권 고급 아파트로 최대 107평까지 있으며 주차 공간이 자그마치 5.11대다.

서초 우성 5차는 강남역 역세권 아파트로 2개 동 소 단지이며, 인근 래미안 서초 에스티지 S는 593세대(공공임대 91세대 포함, 총 5개 동)의 2018년 입주한 아파트다. 서초 신동아 1차와 2차 아파트는 서이 초등학교와 서운중학교를 끼고 있는 아파트로 2차의 경우 47평 이상 대형 평수로 이루어졌고 조만간 재건축 진행 예정이다. 3분 거리에는 1,300세대 대단지 래미안 리더스 원을 확인할 수 있는데, 양재역과 강남역 도보 이용이 가능하다. 옆 서초 그랑 자이는 기존 무지개 아파트가 재건축된 단지이며 2021년 6월에 입주한 신축 아파트다.

양재역 쪽으로 걸어가면서 약 250세대의 주상복합 아파트로 한전아트센터의 수영장과 같은 시설들을 쉽게 이용할 수 있는 삼성 서초 트라팰리스와 110세대의 소규모 고급 아파트로 양재역까지 약 10분이면 가는 역세권인 롯데캐슬 주피터를 확인해 보자. 이들 모두 평범한 샐러리맨들이 사기에는 무리가 있지만 이 정도 수준의 동네라는 것을 느끼기에 충분한 곳이다. 특히 롯데캐슬 주피터는 주차 공간이 세대당 거의 3대라서 굉장히 여유가 있다. 이제 5분 정도 거리인 양재역 3호선으로 가서 서초동 임장을 마무리하도록 한다.

1억 원으로 경기 의왕에서 반포 미도 아파트로 갈아 타세요

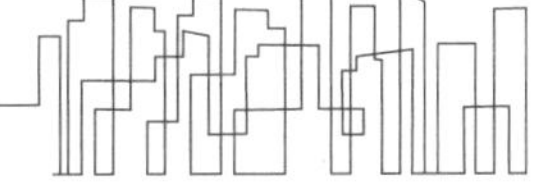

[서초구-4] 반포동

약 22년 전, 여의도에 있는 H 카드에서 B 팀장에게 매일 깨지면서 악몽 같은 나날을 보내고 있을 때였다. B 팀장은 자기와 코드가 맞는 직원들에게만 미소를 보였고, 나를 포함 몇몇 직원들에게는 매일 못마땅한 표정을 지었다. B 팀장의 썩소를 매일 받으면서 안산에서 여의도로 아침 8시까지 출근하고 밤 9시에 퇴근하는 고단함의 연속인 어느 날, B 팀장은 팀원들을 회의실로 집합시켰다.

"이달부터 우리 팀에서 같이 일하게 된 W 과장이야. 다들 인사해."

"안녕하세요, W라고 합니다. 잘 부탁드립니다."

마르고 안경을 쓴 W 과장은 과학고와 카이스트 출신으로 공부 꽤나 했을 것 같았다. 한 살이 어렸지만 나와는 비교가 되지 않았다. 환영 회식을 하면서 저 멀리 앉은 W 과장을 힐긋 쳐다봤다. 술기운 탓인지 W 과장은 착해 보였다. 며칠 뒤 그는 나를 불러서 숙제를 잔뜩 던졌다. 열심히 데이터를 분석 후 보고서를 만들어 메일로 제출했다.

"강 대리, 나한테 준 보고서 출력해서 가지고 와."

그는 내가 준 보고서를 쓱 훑어보더니 한마디를 더했다.

"이걸 자료라고 만들었어요?"

전혀 예상치 않았던 큰 한 방이었다.

"아… 저… 어디가 잘못되었는지 알 수 있을까요?"

"강 대리는 여기가 여전히 대학교 연구소라고 알고 다니고 있구나? 회사가 장난이야?"

예상치 않았던 두 번째 펀치를 맞은 후, 나도 모르게 그동안 나를 괴롭히던 B 팀장의 자리를 쳐다봤다. B 팀장은 나와 W 과장을 곁눈질로 쓱 바라보고 있었다.

"아… 네, 어디가 잘못됐는지 알려주시면 수정해서 다시 보고드리도록 하겠습니다."

"대리가 됐으면 이 정도는 알아서 해야지, 네가 이러고도 대리야?"

W 과장은 손가락으로 내 머리를 세게 밀쳤다. 예상치 않은 세 번째 공격에 내 다리가 휘청거렸다.

"아, 네 수정해서 다시 보고드리겠습니다."

"뭘 어떻게 수정할 건데?"

예상치 않은 공격에 나의 이성은 흔들렸다.

'엎어 버릴까?'

당시 나는 4권의 책이 출간되어 어느 정도 팔리고 있었고, 월급 수준으로 인세가 들어오던 때라 H 카드를 때려치우고 전업 작가를 할까 말까 고민하던 시기였다. 1분 정도 나와 W 과장 사이에는 아무 말 없었다. 주변 직원들도 우리 대화를 예의 주시하고 있었다. 나는 W 과장의 옆에 있던 작은 접이식 의자를 끌고 왔다. 의자를 편 후 W 과장의 옆에 나란히 앉았다.

"어디가 잘못됐는지 알려주시면 수정해서 다시 보고드리겠습니다. 한 번만 가르쳐 주십시오."

W 과장은 나를 물끄러미 바라봤다. 30초 정도가 지났을까? 그는 빨간펜을 들었다.

"여기를 수정해야 할 것 같아. 연체율과 부도율이라는 개념은 알지? 리스크 모델링을 할 때는 데이터 세트 정의를 잘 하는 게 중요한데…."

그는 빨간펜 선생님처럼 하나하나 가르쳐줬다. 평생 과외를 받아본 적 없던 나는 W 과장으로부터 수도 없이 빨간펜 첨삭 지도를 받았고, 다혈질인 그는 버럭버럭하면서 가르쳐줬다.

"아니, 이게 이해가 안 된단 말이야? 아휴, 답답하네, 진짜 … 이거 내가 과학고 다닐 때 공부했던 거보다 낮은 수준이라고!"

"죄송합니다. 한 번만 더 설명해 주십시오."

W 과장에게 매일매일 빨간펜 첨삭을 받으며 진창 깨지면서 그렇게 1년이 지나던 어느 날 아침, B 팀장은 팀원들을 회의실로 집합시켰다.

"W 과장이 다음 주까지만 근무하고 그만두게 되었어."

이제 해방이다! 드디어 빨간펜 과장과 이별이구나. 징글징글했다. W 과장이 퇴사 후, B 팀장으로부터도 벗어나 팀을 옮기게 되었다. 새로운 팀은 업무부터 사람까지 완벽한 팀이었다. 모든 팀원이 나를 존중해 줬고 업무도 크게 어려운 업무가 없는 팀이었다. 사회생활을 시작한 지 5년 만에 찾아온 행복한 나날들이었다. 행복한 하루하루를 보내던 어느 날, W 과장이 1년 만에 전화했다.

"강 대리, 나야, 잘 지내지? 다음 주 시간 되면 저녁이나 먹을까?"

'이 인간이 왜 보자고 하는 거지?'

대충 저녁이나 얻어먹고 집이나 가야겠다고 생각하고 약속 장소로 들어갔더니, W 과장과 처음 보는 사람들이 나를 기다리고 있었다.

"여기야, 인사해, 부장님, 제가 이야기했던 그 친구입니다. 일 아주 잘하고요, 사람 좋습니다."

어리둥절해하는 나에게 인상 좋아 보이는 한 분이 악수를 청했다.

"이야기 많이 들었어. W가 추천하는 사람인데 뭘 더 봐. 인사팀과 면접 보고 출근하면 돼. 자자, 한잔 해! 아 그리고, W야, 내가 인사팀에 잘 이야기하면 이 친구 호봉직으로 들어올 수 있을 거 같아. 내가 여기 은행 30년 다녀보니, 호봉직이 최고야."

그렇게 해서 나는 H 카드 대리에서 S 은행 호봉직 차장으로 이직을 해서 20년 정도 근무하게 되었고, W 과장은 이사까지 승진 후 나보다 먼저 명예퇴직하고 저축은행으로 이직했다. 나보다 더 흙수저 출신인 W 과장에게 평생 마음의 빚을 진 상태라 그분에게 해 드릴 수 있는 건, 그동안 발품 팔아서 공부한 부동산 노하우를 공유하는 것뿐이었다. 어느 날 그분과 통닭집에서 맥주 한잔을 하면서 이야기를 했다. 당시 W

이사는 경기도 의왕시에 있는 40평대 신축 아파트에서 만족해하며 거주하는 중이었다.

"이사님, 제가 웬만하면 지인들에게 부동산 추천을 안 하는데요, 이번 한 번만 예외로 하겠습니다. 지금 이사님 살고 계시는 경기도 의왕 40평대 아파트 파시고 반포 미도 아파트 30평 대로 갈아타시면 좋을 것 같아요. 좁고 낡았지만 재테크 측면에서 전망이 있을 거 같아요."

"나보고 거기를 가라고? 나는 그냥 여기 살래. 새집이고 와이프도 만족해하고 있어."

"그래도 한 번만 더 고민해 보세요, 제가 계산해 보니 지금 그 집 파시고 1억 정도만 더 있으면 반포 미도 아파트 30평 대로 가실 수 있을 거 같거든요. 저는 자금이 너무 없어서 마포로 가긴 했지만, 이사님은 자금이 되시니까 반포 미도아파트 괜찮을 거 같아요."

"추천은 고맙지만, 나는 그냥 여기 살래. 자자, 아파트 이야기는 그만하고 맥주나 한잔 더 하자."

이사님, 비록 반포 미도 아파트는 아깝게 놓치셨지만 걱정 마세요. 제가 좋은 정보 얻게 되면 이사님에게만 알려드릴게요. 기회는 또 오는 거니까요. 저에게 빨간펜 첨삭지도를 해 주셔서 정말 감사했습니다. 사회생활을 하면서 누가 저에게 그토록 자세하게 가르쳐 준 거는 처음이었거든요. 비록, 볼펜과 손가락으로 제 머리를 툭툭 치시면서 가르쳐 주시기는 했지만 괜찮아요. 그 후로도 저에게 그렇게 자세하게 가르쳐

준 사람은 없었고, 아마 앞으로도 없을 거 같아요. 이사님. 서초구 반포 미도 아파트 기억나시죠? 그때보다 15억 원이 올랐어요.

[서초구-4] 반포동 아파트

반포동은 잠원동과 같이 한강을 끼고 있는 서초구의 부촌 지역으로 동작구 바로 지척이다. 많은 분들이 살고 싶어 하는 반포는 주요 핵심 일자리를 40분 이내면 갈 수 있다.

9호선 구반포역 3번 출구에 있는 반포 초등학교는 반포 디에이치클래스트로 재건축 중인 반포주공 한가운데에 위치한 초등학교다. 구반포역을 끼고 3개의 구역으로 이루어진 반포 주공(1단지)은 1973년 지어진 교통과 학군이 우수한 반포동의 최대 재건축이 진행 중인 서초의 핵심 지역이다. 옆으로는 반포중학교가, 길 건너 세화여고·세화고가 있고 반포 종합운동장이 지척이어서 학부모들에게 인기가 좋다.

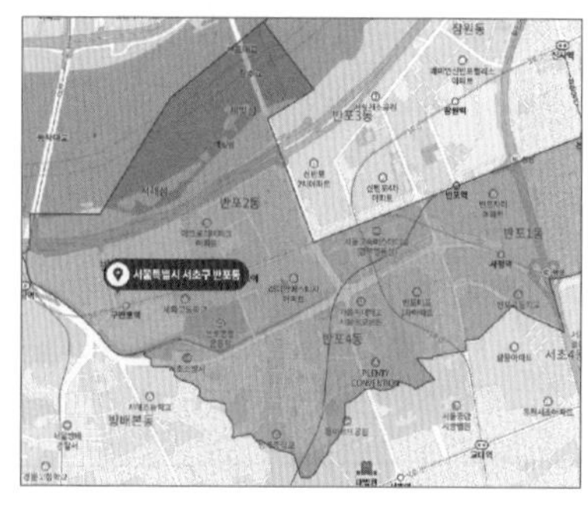

이곳에서 10분 거리에 있는 대림 아크로 리버파크는 2016년 입주한 신축으로 커뮤니티는 물론 반포 한강공원이 단지에 연결되어 있어서 한강으로 나가기 편리하다. 넓은 반포 한

강공원을 앞마당처럼 쓸 수 있고, 한강 쪽의 앞 동 중층 이상은 집에서도 한강뷰가 아주 좋고 반포의 혜택을 그대로 누릴 수 있다. 바로 옆 반포주공 재건축이 한창 공사 중이라 어수선하지만 모두 마무리가 되면 가격은 더 탄력을 받을 수 있다. 앞에 서울 반포 외국인학교가 있어서 재력 있는 할아버지 할머니를 둔 아이들이 늘 북적이는 곳이다.

바로 옆 신반포 15차는 신반포역 초역세권으로 래미안원펜타스로 재건축이 진행 중이며, 이곳에서 약 15분 거리에 있는 신반포 3차 경남아파트는 신반포 23차와 함께 래미안 원베일리로 재건축 중인 곳으로 한강과 고속터미널·신세계백화점이 지척이고 입주 후가 매우 기대되는 곳이다.

앞의 잠원초등학교 자체가 신반포공원을 끼고 있어서 학교인지 공원인지 헷갈릴 수 있는데 5분 거리의 래미안 퍼스티지는 이곳 잠원초등학교와 신반포공원을 아우르고 있는 초등학생들 부모 입장에서 매우 좋은 곳이다. 트리플 고속터미널역 역세권에 가장 중요한 건 건폐율이 12%로 낮아 쾌적하다. 바로 옆 397세대의 반포 힐스테이트 역시 래미안 퍼스티지와 거의 비슷한 환경으로 같이 움직이는 아파트라고 보면 된다.

7분 거리의 신반포 궁전은 1984년 지어진 108세대(총 2개 동) 아파트로 용적률이 155%이기 때문에 단지는 작지만 향후 재건축이든 리모델링이든 뭐든 가능한 아파트다. 인근에서 조용히 재건축 추진 중인 한신서래와 현대 동궁은 언덕이 좀 있는 반면, 큰 길가 뒤쪽에 있고 조달청과 국립중앙도서관 옆이라서 매우 조용하고 주변이 쾌적하다. 용적률도 조금 높아서 방금 본 신반포 궁전보다는 재건축 면에서 메리트가 떨어지지만 최고 입지 반포의 아파트치고는 서래마을도 그리 멀지 않고 괜찮다.

여기서 반포 미도 2차까지 가는 길은 10분 이상 경사진 길을 걸어야 한다. 올라와서 주변을 둘러보면 온통 녹색이다. 반포에서 이런 숲세권에 살 수 있다는 것도 미도 아파트의 장점이다. 반포 미도 1차는 용적률이 177%로 방금 보고 온 2차 용적률인 200%에 비해서 쾌적하고 무엇보다 30평대 단일 평수라서 향후 재건축 등이 진행 시 속도를 낼 수도 있다. 당연히 미도 2차 주민들은 1차와 같이 재건축을 하고 싶겠지만, 양보를 해야 할 것이다. 투자의 측면에서 미도 1차지만, 무리하게 투자하느니 2차도 나쁘지 않다.

이제 웅장하게 서 있는 반포 자이와 반포리체 아파트가 보일 것이다. 반포 리체 옆의 작은 아파트 삼호가든 맨션 5차는 168세대(총 3개 동)로 단지가 작지만, 용적률도 183%로 나쁘지 않고 30평대 이상의 평수이기 때문에 재건축 추진 중인 쾌적하고 살기 좋은 아파트다.

반포 자이는 3,410세대의 대단지 아파트로 원촌초·중학교가 단지 안에 있는 아파트다. 바로 옆 경부고속도로가 지하화가 되면 이 입지에 엄청난 파워가 더해지게 될 것이다. 반포 리체는 반포자이에 비해서 저평가가 되었었지만 많이 따라잡은 상태다. 바로 뒤에 가볼 반포 래미안 아이파크나 반포 써밋보다 약 7년 정도 오래된 2011년 입주 아파트로 용적률과 건폐율 면에서는 최근 지어진 아파트 치고는 꽤 여유가 있어서 거주 시 쾌적성도 있다.

그 옆의 2018년 각각 입주한 반포 래미안 아이파크와 반포(푸르지오) 써밋 두 아파트는 모두 새 아파트라 그런지 동 간 간격이 좁아 보인다. 용적률을 최대치로 뽑아야 하니까 어쩔 수 없었을 것이다. 단지 내 조경과 커뮤니티시설이 그 단점을 보완해 주고 있고 신축의 장점이 그 모든 것을 커버한다. 원명초등학교 위치도 한번 확인해 본 후, 2021년에 입주한 848세대의 디에이치 반포라클라스를 확인하면 반포동 임장을 마치게 된다. 이곳에서 집까지 9호선을 이용한다면 사평역으로, 2호선을 이용한다면 교대역으로 가면 된다.

살아보니 잠원동 괜찮아요. 이사오세요. 아, 못 오시죠

[서초구-5] 잠원동

어느 날 은행에서 일하는 내 밑으로 A가 들어왔다. A에 대해서 엄청난 부동산 재력가의 자제분이라는 소문이 돌았으나 나는 아랑곳하지 않고 일을 던졌다. 재력가의 아들이라는 그는 툴툴거리면서도 함께 업무를 진행하고, 가끔 민원을 걸어서 본사 상품 담당자를 연결하라는 진상 고객들을 같이 응대해 가면서 2년을 일했다. 가끔 나도 그를 상사로서 혼내기도 했고 그는 가끔 대들기도 했지만, 원만한 성격의 직원이었다.

얼마 지나지 않아서 나는 서초구 잠원동으로 와이프와 같이 임장을 갔고 그곳에서 한 아파트를 점찍었다. 그러나 당시 나의 능력으로 잠원동은 어림도 없는 곳이었다. 우리가 가지고 있는 총자본금의 5배가 넘는 가격이었으니까. 며칠 뒤 점심시간에 A와 밥을 먹다가 주말에 보고 온 잠원동 아파트에 대해서 이야기를 했다.

"잠원동 ○○아파트요? 제가 옛날에 살던 아파트인데. 거기 좋아요.

팀장님 사시게요?"

"자금이 부족해서 불가능할 것 같아. 그런데, 그때 부모님이랑 같이 살기엔 좀 좁았겠는데?"

"결혼 전에 아버님이 사주셔서 혼자 몇 년 살았어요. 살아보니 여기 잠원동 진짜 괜찮아요. 저는 그 근처 신축 아파트에 살고 있는데, 이쪽으로 이사 오세요. 팀장님하고 같은 동네 주민이 되면 재미있겠는데요? 저녁에 가끔 만나서 산책도 하고요. 얼른 이사 오세요."

'아, 그렇구나, 나는 와이프와 결혼 후 죽어라 15년 동안 열심히 일을 해도 못 가는 잠원동의 그 아파트가, 너에게는 결혼 전에 그냥 아버지가 사준, 혼자 사는 아파트였구나.'

그 순간 나는 잠원동 뽕밭에 있는 한 마리 누에 벌레같이 느껴졌다. 평생을 열심히 뽕잎을 갉아 먹어도 잠원동 아파트는 쉽지 않다는 것을 느끼는 순간이었다.

그 날 잠원동 아파트 관련 대화가 있고 나서 얼마 지나지 않아, A는 퇴사하였고 갑작스러운 부친의 사망으로, 소문으로 듣던 회사의 대표가 되었다. 우리 부부는 주어진 뽕잎을 다 갉아 먹고, 인고의 긴 세월을 잘 견뎠고, 곧 고치를 깨고 훨훨 날아오를 일만 남았다. 누에나방 성충은 입이 퇴화하고 나는 힘을 잃어버렸지만, 산누에나방, 밤나무산누에나방, 유리산누에나방, 옥색긴꼬리산누에나방, 부엉이산누에나방, 왕누에나방 등과 같이 날 수 있는 누에나방의 종류가 훨씬 더 많다.

[서초구-5] 잠원동 아파트

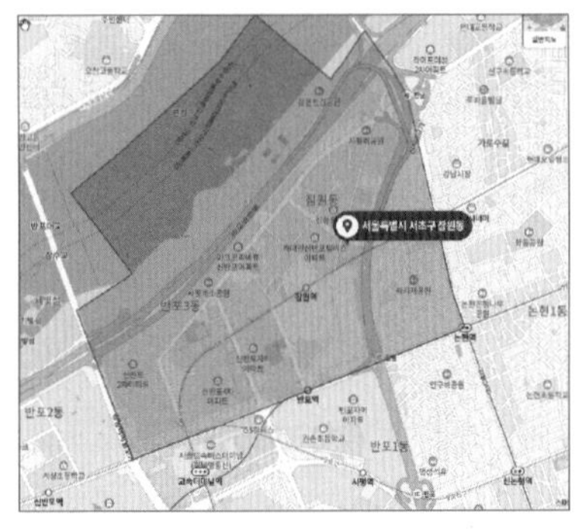

원래 잠원동은 이름 그대로 조선시대에 국립 양잠소가 위치해 있어서 드넓은 뽕밭이 펼쳐져 있던 땅이었다. 대부분 뽕밭을 기반으로 양잠을 하거나 한강에서 어업을 하던 이곳은 1970년대 강남 개발 이후 대한민국 서울의 부촌 중 하나로 완벽하게 자리 잡았다. 서초구 잠원동은 서울 시내 주요 일자리를 30분 이내에 갈 수 있는 3·7·9호선이 지나가는 사통팔달 교통의 요지인 고속터미널을 끼고 있으면서 각종 편의시설들이 적재적소에 배치되어 있다. 지하철역이 많다고 해서 교통의 요지가 되고 집값이 올라가는 게 아니다. 서울 주요 핵심 일자리 30분이 핵심이다. 고속터미널역은 출구가 많고 복잡하기로도 유명하다. 고속터미널역 8-1 출구를 찾아서 바로 출구 밖으로 나오면 고속터미널역 1분 초역세권 단지인 2020년 입주한 신반포 센트럴자이를 마주할 수 있다. 이곳은 고속터미널의 모든 인프라와 바로 앞 한강까지 이용할 수 있는 757세대(공공임대 53세대 포함, 총 7개 동)의 신축 브랜드 아파트다.

이곳에서 5분 정도 걸어가면 르엘 신반포로 재건축 중인 신반포 14차가 나오는데 여기서 이곳 잠원동은 1개 동 아파트라도 성공적인 재건축이 가능하다는 점을 확인하면 된다. 신반포 2차는 1978년 지어진 1572세대(총 13개 동) 아파트로 반포 한강변 재건축 최고의 유망단지다. 아파트 땅 모양을 확인해 보면 일부 동이 한강변을 엄청나게 차지하고 있다는 것을 볼 수 있다. 서울시 신통기획으로 재건축을 추진 중이며, 가시화가 될 것이다.

이어지는 반포 한신타워는 킴스클럽, 신세계, 한강공원 등 반포의 핵심 인프라를 마음껏 누리면서 학부모에게 인기 있는 반원초등학교를 배정받는 아파트고 리모델링 가능성도 있어서 몸테크를 할 각오가 되어 있는 분들이라면 추천할 만하다. 10분 거리의 한신 4차(신반포 4차)는 30평대 이상으로 이루어진 조용하고 상업시설이 없는 아파트로 역시 재건축 추진 중이다. 이곳에서 15분 정도 거리에는 한신 5차가 재건축을 완료해서 현재 지어진 반포 아파트 중 한강변 최고로 손꼽는 아크로리버뷰 신반포를 만날 수 있다. 입주 초기 이런저런 안 좋은 말들이 많았으나 지금은 가격과 입지로 모든 것들을 순식간에 압도했다.

여기서 5분 거리에 있는 잠원 한신은 34평 540세대로 근방에서 보기가 드문 단일평형 대단지로 향후 재건축이든 리모델링이든 추진력이 상당할 것으로 예상된다. 재건축이든 리모델링이든 가장 좋은 투자대상은 뭐든 빨리 끝날 수 있는 물건이라는 것을 잊지 말자. 재건축 바라보고 별생각 없이 몸테크 들어갔다가 20년 이상을 낡디낡은 아파트에서 살면서 여전히 바퀴벌레와 녹물에 시달리는 사람들을 많이 봤다. 물론 자금력이 된다면 전세를 주고 본인은 바로 옆의 브랜드 신축 전세를 살면 된다.

4분 거리의 신반포 청구는 근방 오래된 아파트들 중 보기 드문 지하 2층 주차장으로 그나마 주차 상황이 괜찮았는데 최근 포스코 건설이 리모델링 시공사로 결정되었다. 잠원 한신 그린 역시 34평 단일 150세대 아파트로 앞서 본 아크로리버뷰 뒤에 있어서 재건축 후 일부 동은 한강뷰가 가능할 것으로 예상된다.

이어지는 신반포(뉴코아) 25차는(신반포) 한신 19차, 바로 앞의 작은 빌라인 한신 진일빌라트와 CJ빌리지를 모두 묶어서 재건축 추진 중이다. 이곳에서 15분 정도 한강변을 따라서 걸어가면 보이는 영구 한강 조망이 가능한 잠원 한강아파트에 도착할 수 있는데 한강공원 통로가 아파트 옆에 위치해서 한강공원 이용 편의성이 매우 탁월하고 재건축 준비 중이다.

이곳에서 6분 정도면 42평 이상 대형 평형으로만 이루어진 잠원 롯데캐슬 갤럭시 1차와 갤럭시 2차를 확인할 수 있으며, 바로 옆에는 2019년 입주한 신축 반포 아파트인 래미안 신반포 리오센트를 확인할 수 있다.(475세대, 공공임대 71세대 포함, 총 6개 동)

잠원역 쪽으로 방향을 틀어 걸어가다 보면 래미안 신반포 팰리스를 확인할 수 있는데 이곳은 33평 이상으로만 이루어진 약 900세대 반포 대단지 아파트로, 조경이 잘되어 있다. 잠원역 바로 옆에는 녹원 한신, 신반포 8차(한신 8차), 신반포 10차(한신 10차), 신반포 9차(한신 9차)가 통합 재건축 중인 3,307세대의 신반포메이플자이를 확인할 수 있다. 바로 옆 신반포 20차(한신 20차)와 한신타운은 통합 재건축에 참여하지 않았지만 여전히 재건축 추진 중으로 당장의 실거주보다는 투자 개념으로 접근해야 한다.

10분 정도 걸어 신반포자이로 가보자. 이곳은 34평 이상으로 이루어진 2018년 입주한 최신 아파트로 커뮤니티시설이 매우 좋으며, 인근의 잠원동 동아는 리모델링 예정이다. 마지막으로 반포역 초역세권에 인근 대단지 아파트들과 갭 메우기가 매우 잘 되는 잠원 현대훼미리와 바로 옆 '잠원 노블레스'로 재건축 중인 신반포 21차를 확인한 후, 반포역 7호선으로 돌아가면 잠원동 임장을 마무리할 수 있다.

청량리역 맘모스 백화점과 경춘선 MT의 추억

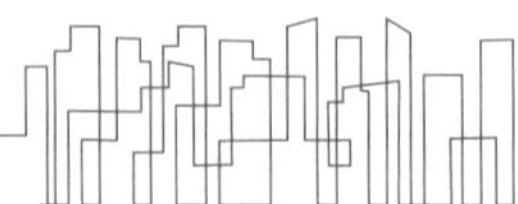

동대문구

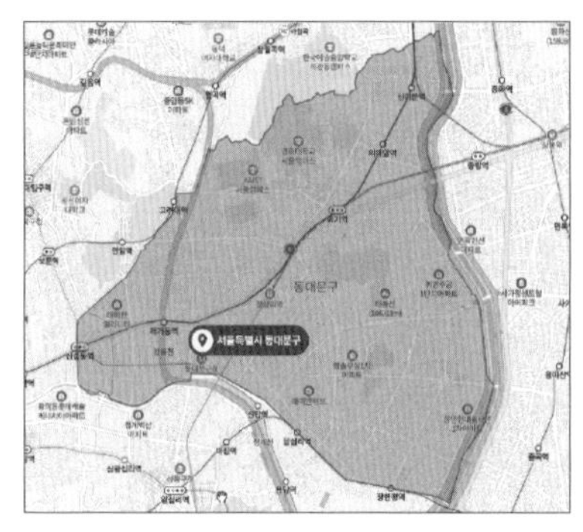

동대문의 핵심은 대학 시절 경춘선을 타고 MT를 가기 위해서 추억의 맘모스백화점 앞에서 모였던 청량리 인근이다. 대략 살펴보면 6호선이 동대문 북쪽을 잠깐 스치듯이 지나가며, 가장 오래된 1호선이 신설동에서 청량리를 지나 신이문으로 이어지고 있다. 1호선 옆으로는 경의 중앙선이 동대문을 관통하면서 지나가고 있으며, 왼쪽으로는 내부순환도로가 동대문의 북과 남을 연결하고 있다. 이곳 동대문구 루트는 아래와 같이 4개의 지역으로 분류할 수 있다.

동대문구 주요 지하철역에서 서울 주요 핵심 일자리까지의 지하철 소요 시간을 살펴보면 강남 아래의 판교를 제외하면 대부분 40분 이내에 도착할 수 있다. 동대문구가 강북 상단에 위치한 것을 생각해 보면 편하게 직장을 다닐 수 있는 지역이 생각보다 많은 편이다.

동대문구 임장을 할 때에는 2023년 6월 이후 분양 예정인 아래의 8개 재건축 단지의 위치와 주변 환경도 함께 체크하자.

아파트명	상세 주소	건설사	전체세대	공급규모	분양 예정
월계동 월계동중흥 S클래스재개발	노원구 월계동 487-17	중흥건설	355	미정	2023.06
답십리동 답십리17구역재개발	동대문구 답십리동 12-298	DL이앤씨	326	122	미정
답십리동 신답극동리모델링	동대문구 답십리동 464-1	쌍용건설	255	29	2023.12
이문동 이문3구역 아이파크자이	동대문구 이문동 149-8	GS건설/HDC현대산업개발	4,321	1,641	2323.09
이문동 래미안라그란데	동대문구 이문동 257-42	삼성물산	3,069	921	2023년 하반기
제기동 제기4구역재개발	동대문구 제기동 288	현대건설	909	362	미정
제기동 경동미주재건축	동대문구 제기동 892-68	HDC현대산업개발	351	미정	미정
청량리동 청량리7구역재개발	동대문구 청량리동 61-647	롯데건설	761	173	미정

어른이 되어가는 사이, IMF라는 현실과 마주쳤을 때

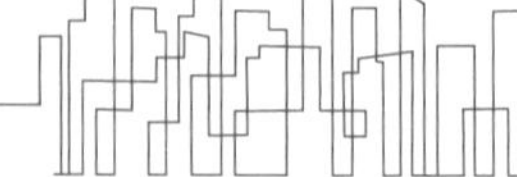

[동대문구-1] 청량리역 인근

1997년 3월부터 9개월간 잠을 하루에 두세 시간 자면서 주제가 각기 다른 5개 논문을 써서 모두 수상했다. 모든 논문을 심혈을 기울여 썼지만, 특히 한국개발연구원(KDI)과 한국경제신문에서 공동으로 주관한 공모는 모든 열정을 퍼부었다. 그 이유는 KDI 논문 대상을 받는 한 명에게만 주어지는 특전인 '해외 유학 시 대한민국 부총리 추천서'를 써준다는 혜택이 마음에 들었기 때문이다. 당시 대한민국 부총리 유학 추천서는 하버드는 물론 웬만한 아이비리그 대학에서 받아줄 수 있는 한 방이었다. '대한민국'이라는 나라가 보증하는 인재라는 증서였으니까. 유학을 갔다 와서 모교 교수가 되고 싶었던 나는 KDI 논문 대상을 받게 되었다는 전화를 받은 순간, 내 꿈에 한발 다가갔다는 기쁨을 감출 수가 없었다. 내 이름은 플래카드에 걸려서 학교에 걸렸고, KDI 출신인 경제학과 교수님도 나에게 마음에 드는 미국의 명문대를 골라서 유학을 다녀온 후, 모교 교수로 오라는 말을 공공연하게 했다. 내 인생은 이제 날개를 펴는 줄 알았다. 날개를 펴고 드디어 꿈을 향해서 훨훨 날아갈 수 있을 것 같았다.

1997년 11월 20일, 드디어 날이 밝았다. 나는 대한민국 부총리상을 받기 위해서 당시 동대문구 청량리에 있던 한국개발연구원에 부모님을 모시고 갔다. 논문 심사는 당시 KDI 연구위원이었고, 지금은 정치인이 된 유승민 의원이 나를 대상자로 선정하였고, 당시 부총리였던 임창열 경제 부총리가 직접 상을 주는 걸로 이야기하였다. 전화를 주신 분에게 유학을 갈 때 부총리 추천서를 정말로 써주는 건지 물어봤다. 그분은 전화를 끊기 전 한마디를 했다.

"그런데, 학생은 대학원 졸업 후 바로 유학 안 가요?"

"네, 지금 형편이 어려워서 일단 취업을 한 후, 돈을 모으고 유학 가려고 합니다. 그때 부총리 추천서 받아도 되는 거죠? 제가 요청하면 그때 써 주시는 거죠?"

"그럼요, 나라에서 설마 거짓말하겠습니까?"

논문이고 유학이고 아무것도 모르시는 깡촌 출신 부모님은 그냥 나라에서 상을 주는 건가 보다 하셨다. 당시 대상 상금은 거의 천만 원에 달하는 거금이었다. 그러나 나는 그 돈이 중요하지 않았다. 나중에 돈을 모아 유학을 갈 때 대한민국 부총리 추천서를 당당하게 받을 수 있게 되었으니까. 나에 대한 대한민국 정부의 보증서, 그거 하나면 충분했다. 동대문구 청량리에 위치한 KDI에 도착하니 분위기가 이상했다. 신문기자도 많이 오고 정부 관계자도 와서 축하해 주는 걸로 알고 있었는데, 시상식장은 썰렁하기 그지없었다. 예정보다 시간이 좀 흐르고 한 남자분이 헐레벌떡 뛰어왔다.

"죄송한데 나라에 큰 우환이 생겨서 부총리님이 못 오시게 되었습니다. 대신 제가 이 상장과 상금을 드리러 왔습니다."

"나라에 우환이요? 무슨 일인가요?"

"지금 말씀드릴 수는 없고, 내일 아침에 TV 뉴스를 보시면 됩니다."

그분은 나에게 상장과 상금을 급하게 주고 기념사진 하나를 후다닥 찍은 후 사라졌다. 부모님은 상금이 천만 원이나 된다는 말을 듣고 얼른 소고기를 먹으러 가자고 했다. 동대문구에 있던 한 고깃집에 가서 평생 먹어본 적 없는 소고기 생갈비를 뜯었지만, 가슴 한구석에서는 불안감이 엄습했다. 다음 날 아침 TV 뉴스를 통해서 어제 나에게 상장을 주기로 했던 바로 그분이 대한민국 정부를 대신해서 나의 유학 추천서가 아닌, 대한민국 IMF 구제금융에 사인하는 것을 보았다.

화려한 비상을 꿈꾸던 행복한 꿈은 찰나의 순간이었다. IMF로 인해서 물거품이 되었고, 발가벗겨진 채로 사회에 나오게 되었다. 모든 기업들은 채용을 중단했고, 미 환율은 두 배로 뛰어서 유학을 간 사람들도 공부를 포기하고 돌아오는 상황이 연출되었다. 사태가 심상치 않다고 느낀 나는 우선채용 특전과 함께 논문상을 준 은행들과 회사의 인사팀에 전화했다. 그러나 IMF가 터진 마당에 신입사원을 뽑을 수 있는 회사는 없었다. 나에게 입사를 권유했던 경기은행 경제연구소의 수석 연구원에게 전화를 했다가 충격적인 말을 들었다.

"뉴스 봐서 알겠지만, 우리 경기은행도 IMF로 문 닫게 되었어."

"경기은행이 문을 닫는다고요?"

"쉽지 않은 시기겠지만 잘 살고 잘 버텨라. 너는 아직 젊고 똑똑하니까 잘 버텨낼 수 있을 거야. 난 다음 주까지만 출근한다. 잘 살고. 인연이 되면 또 보자."

어른이 되자마자 냉혹한 IMF 현실과 마주친 나는 그만 실패자가 되어 버렸다. 나뿐만 아니라 대한민국이라는 국가 자체가 실패한 나라가 되었다. 실패한 대한민국에 살고 있던 대다수의 선량한 사람들 모두가 실패자가 되었다. 이제 난 어떻게 해야 하지? 대한민국과 국민들은 어떻게 살아야 하지?

몇년 후 KDI에서는 정권이 바뀌었다는 핑계를 대면서 나의 유학 추천서 사인을 거절했다. 그 후 오랜 시간이 흘렀고, 나는 정부 정책에 반하는 다주택자가 되었고 집값이 대폭락 중이라고 난리 중이어도 하나 더 사려고 노리고 있다. 과대 평가된 미국 주식 보다. 저평가된 국내 주식이 매력적이라는 전문가들의 발언에 반해서, 해외주식과 비상장주식 투자를 했고, 쏠쏠한 수익도 실현했다. 약속을 저버린 정부를 믿을 수 없는 현실이고, 정 안되면 돈이라도 벌어야 덜 억울하니까.

[동대문구-1] 청량리역 인근 구축 아파트

청량리역 인근의 구축 아파트는 청량리역 2번 출구에서 시작한다. 이렇게 청량리역 5분 거리에 1천 세대가 넘는 대단지 미주 아파트가 있는지 몰랐다. 1978년 9월이라는 오래된 연식에도 불구하고 주차 공간이 넉넉해 보일 수 있는데 차가 없는 노인 가구의 비중이 크기 때문이다. 젊은 층이 유입되면 주차난이 심각해질 수 있다는 생각이 들지만 향후 재개발이 완료되면 탁월한 위치로 동대문 대장주를 차지할 것이다. 미주 이후부터는 언덕이 있다.

청량리동 현대는 바로 위에서 본 미주 아파트 바로 뒤에 위치한 동 3개 아파트이다. 미주는 평지이지만 이곳은 언덕에 위치해 있고, 경찰서 옆이라 치안 걱정은 없다는 사람들도 있지만, 사실 그건 메리트라고 보기 어렵다. 멀지 않은 홍릉 동부 센트레빌은 2001년 입주한 그나마 최근 지어진 아파트로 시설이 근방 아파트에 비해 우수한 편이며, 바로 뒤는 761세대로 신규 아파트가 들어설 예정인 청량리 7구역 재개발지역인 점을 확인하자.

인근 한신 아파트 역시 미주와 마찬가지로 약 1천 세대에 달하는 대단지 아파트로 주차는 미주에 비해서 수월하다. 특히 삼육초·청량중고가 단지 바로 옆이라 학부모들의 인기가 좋으며 홍릉 근린공원, KAIST, 경희대, 외국어 대학교 인근으로 공기도 좋으며 전월세 수요가 풍부한 편이다. 이제 회기역(1호선·경의 중앙·경춘선) 쪽으로 이동해서 지하철이나 버스를 타고 청량리역으로 돌아가자.

하마터면 미국에서 트럭 운전기사가 될 뻔 했다

[동대문구-2] 청량리역 인근 신축 아파트

한 때 푹 빠졌던 유튜브 채널이 하나 있는데, '디젤 집시 대륙횡단'이다. 주요 내용은 미국과 캐나다를 오가시면서 노란 트럭을 운전하면서 광활한 미국과 캐나다의 풍경을 원 없이 보여주는 '힐링' 방송이다. 어느 날 방송을 보다가 학교를 막 졸업하고 IMF 직격탄을 맞은 직후, 아버지가 나에게 직업으로 트럭 운전을 권유하셨던 게 문득 생각났다.

아버지는 평생 트럭 운전을 하셨다. 깡촌에서 어깨너머로 배운 운전 기술로 험난한 세상에서 먹고살 방법은 운전하는 것밖에 없었을 것이다. 그렇게 아버님은 평생 트럭 운전을 하셨다. 제대로 된 학교를 다녀 본 적 없고, 직장생활 한 번 해보지 못하고 제대 후 평생 혼자서 외롭게 트럭을 타고 전국을 누벼야 했던 아버지의 삶도 녹록지 않았지만, 가장 큰 문제는 경험의 부족이셨다. 평생 외로이 운전하느라 세상이 급변하는 것을 따라가지 못하셨고, 트럭 운전 외 직업에 대해서는 막연하게 생각만 하실 뿐 무슨 직업들이 존재하는지도 모르셨다. 아버님의 세계

관에서는 당신의 아들이 대학 졸업 후 잡을 수 있는 직장은 '공무원'과 '넥타이를 맨 회사원' 두 가지뿐이었다.

그런 아버지가 자신의 아들이 대한민국 부총리상을 받고 잘하면 해외 명문대로 유학을 갈 수 있다고 하니, 자신과는 좀 다른 삶을 살 것이라고 기대는 하셨겠지만, 그게 뭔지는 감을 잡지 못하셨을 것이다. 아들의 머릿속에는 원대한 꿈이 있었지만, 아버님은 그게 뭔지 생각을 못하셨을 것이다. 자신이 살던 세계가 아니었으니까. IMF가 터지고 생각과 달리 아들이 직장도 못 잡고 몇 개월간 빌빌거리자 슬슬 걱정이 되셨는지, 어느 날 심각한 표정으로 나를 불렀다. 나는 아버님이 무슨 이야기를 하실지 대략 감을 잡긴 했지만, 설마 했다.

"졸업도 했는데 놀 수만은 없지 않겠냐. 이제 네 밥벌이는 해야지."

"……."

딱히 할 말이 없었다. 옆에 앉아 있던 엄마도 심각한 표정으로 나를 쳐다봤다.

"정 할 거 없으면, 나랑 같이 트럭 운전이나 할래? 트럭 운전도 나쁘지 않다. 먹고사는데는 문제 없을 거 같은데, 잘 생각해 봐라."

"……."

나는 아무 말도 할 수 없었다.

아버님이 나에게 트럭 운전을 직업으로 권유한 그날, 도서관에 가겠다고 이야기를 하고 불과 2개월 전, IMF가 터지기 하루 전에 대한민국 부총리상을 받고 내 인생이 승승장구할 줄 알았던 KDI가 있던 청량리를 다시 방문했다. 지금은 세종시로 옮긴 옛 KDI 주변을 정처 없이 헤매면서 고민하고 고민했다. 난 이제 어떻게 살아야 하지?

얼마 지나지 않아, 혼자 미국으로 갔다. IMF 직후라 미국 비자가 잘 나오지 않던 때였지만, 돈이면 안 되는 게 없었다. 당시 내 수중에는 KDI를 포함, 그동안 논문을 써서 받은 상금 2천만 원이 있었다. 이 중 일부를 써서 10년 미국 비자를 발급받았다. 당시 심정은 다시는 이 진절머리 나는 대한민국으로 돌아오고 싶은 생각이 없었기에, 일부러 미국에서 한인이 가장 적게 살고 있다는 아칸소주로 갔다. 다시는 이 땅에 돌아오지 않을 생각이었다. 그곳에서 우연히 발견한 한국인이 운영하는 주유소를 찾아가 아르바이트를 하며 살기 시작했다. 고속도로 인근에 있었던 주유소에는 차들이 수시로 왔다 갔다 했고, 손님들은 하루 종일 바글거렸다. 나는 차에 기름을 넣고 담배를 팔고, 노란 콧수염의 양키들에게 더러운 손으로 빵과 햄, 치즈를 잘라 샌드위치를 만들어 주면서 미국에서 트럭이나 몰아볼까 라는 생각을 했다. 때는 바야흐로 IMF가 터지고 반년이 지나, 1998년 가을이 돌아오고 있었다.

[동대문구-2] 청량리역 인근 신규 아파트

청량리역 1번 출구 바로 인접한 전농 신성미소지움은 초역세권에 1호선·경의 중앙·분당선 이용이 편리하다. 인근 뒤편 대규모 아파트 가격에 맞춰 갭 메우기 중이나 단지수가 385세대로 작다. 인근 동대문 롯데캐슬 노블레스의 경우 청량리역은 물론 약 15분을 걸어가면 2호선 신답역도 도보 이용이 가능한 장점이 있다.

현 청량리의 절대강자 래미안 크레시티(1차~3차)를 볼 수 있는데 이곳은 청량리의 대장주 아파트이며, 주부 입장에서 마트 백화점, 재래시장 등 생활편의시설 이용이 매우 편리한 장점이 있다. 전농 초등학교가 보이면 1천 세대가 넘는 래미안 미드 카운티로 들어서는데 중간 도로 기부채납으로 단지가 둘로 쪼개져 있는 듯한 느낌이 단점이긴 하지만 전농초등학교가 아파트 단지 안에 있어서 평지를 원하는 저학년 학부모들에게 인기 있다.

답십리 대우 푸르지오 역시 전농초가 바로 앞이고 약 300세대의 작은 단지이나 전농·답십리 개발 호재가 있을 때마다 갭을 메워주는 작은 아파트이다. 답십리 래미안 위브는 2014년 입주한 신축으로 4호선 답십리역을 도보 5~10분에 이용이 가능한 역세권 아파트로 청량리역보다 답십리역 이용이 수월하지만 약간 오르막에 위치한 단점이 있다. 오르막을 싫어하는 분들은 반드시 그 경사를 눈으로 확인해 봐야 한다.

15분 정도 걸어가면 1,500세대가 넘는 대단지인 답십리 청솔 우성 1차가 보이는데 도보로 지하철 이용이 불편하기 때문에 버스를 타고 청량리역이나 답십리역까지 가야 한다. 반드시 출퇴근의 용이성을 보고 판단해야 하며, 전농 하우스토리는 1개 동으로 이루어진 아파트로 실거주 위주로 접근해야 한다. 인근 전농 SK 1차는 2000년 입주 한 약 2천 세대 대단지 아파트이며, 지하철 이용이 불편한 거 빼면 괜찮다.

전농 SK 1차 길 건너편 전농 초등학교 뒤편의 전농 래미안 아름숲은 시립대와 배봉산 근린공원 가운데 있는 말 그대로 숲에 있는 아파트다. 도심 인근 숲에서 살고 싶은 분들에게 추천하나 건축 시 고도 제한 때문인지 용적률 180%가 되었다. 농담 반 진담 반이지만 향후 재건축 시 메리트가 될 수 있으나 2012년 입주 아파트인 점을 감안하면 향후 40년 뒤니까 잘 생각해야 한다. 40년 뒤면, 지금 이 책을 읽고 있는 대부분의 분들이 80대가 될 것이다. 한 아파트에서 40년을 거주하는 것은 그곳이 서울 핵심지가 아니라면 추천하지 않는다.

전농동 우성 역시 공원 이용이 좋으나 약간 언덕인 점을 감안해야 하며, 래미안 엘파인과 우성그린 역시 숲에 사는 느낌이 드는, 말 그대로 숲세권 아파트이다. 장안동 현대는 앞의 우성 그린에서 휘경주공 1단지 쪽으로 걸어가야 하는데 재건축 추진 중이다. 인근 휘경 주공 1단지와 2단지는 주변 상가 및 중랑천 이용이 편리하고 특히 1단지는 주차가 2.05대라는 특장점이 있어서 부부가 각각 차가 있는 경우 매우 편리한 장점이 있다. 특히 이곳은 인근 초·중고 6개가 인접(휘봉초·전농중·휘봉고·휘경공고·휘경여중·휘경여고)해서 초중고생들이 있는 가구에 매우 적합하다.

이어지는 동일 스위트 리버, 휘경 센트레빌, 브라운스톤 휘경은 모두 배봉산·중랑천·동부간선도로 이용이 용이하나, 지하철 및 기타 편의시설과 거리가 좀 있어서 생활은 불편할 수 있다. 인근에는 최근 입주한 휘경 해모로 프레스티지가 있는데 회기역 도보 이용이 가능하나 경의 중앙선 소음이 있으니 민감한 분들은 반드시 소음 수준을 확인해야 한다.

이어지는 휘경동 롯데, 휘경 미소지움, 휘경 롯데 낙천대, 휘경 동양 2차, 휘경 동양 모두 역세권이지만 바로 뒤편의 철길 소음이 다소 있을 수 있으며, 바로 옆 휘경 1주택 재개발 완료 시 동반 가치 상승을 기대할 만하다. 여기서 외대앞역으로 이동하면 보이는 휘경 SK뷰는 2019년 입주한 신축 아파트로 외대앞역 도보 이용이 가능하나 경의 중앙선 대부분은 지하철이 아닌 지상선이라는 점을 반드시 감안해야 한다.

비루한 현실과 마주치더라도 다시는 도망치지 말아야겠다

[동대문구-3/4] 이문동 / 제기동 / 용두역

주유소(Gas Station) 일 중, 가장 힘들었던 건 담배를 파는 일이었다. 다른 일들은 그냥 몸이 힘들면 되는 일이었는데, 이놈의 담배는 그 종류가 너무나 많았다. 100가지가 넘어 보이는 수많은 담배가 손님들이 훔쳐가지 못하도록 카운터 위에 빽빽하게 꽂혀 있었고, 콧수염을 기른 허름한 백인들이 자신들이 피는 담배 종류를 이야기하면 손을 위로 뻗어서 빠르게 담배를 찾아줘야 했다.

처음에는 그들의 발음을 알아듣지 못하고 허둥지둥 댔다. 성질 급한 백인들은 자기가 하는 말을 못 알아듣고 바로 찾지 못하자 나에게 담배가 이쪽에 있다고 알려주기도 했다. 시간이 흐르자, 나는 그들이 담배 종류를 이야기하면 보지도 않고 손을 뻗어 원하는 담배 종류를 찾아주는 경지에 이르렀다. 그 중에는 마약을 하고 왔는지 하루 종일 헤롱대면서 담배를 마는 종이를 사서 스스로 담배를 말아 피거나, 영화의 마초처럼 굵은 시가나 씹는담배를 매일 사 가는 이도 있었다.

나는 아칸소주 경찰서에서 하는 자동차 경매를 알게 되었고, 경매로 올라온 차는 그냥 일반차가 아니라 당시 실제 경찰들이 많이 몰던 포드의 '크라운 빅토리아'라는 대형 세단임을 알고 겁도 없이 4천 달러에 낙찰받았다. 당시 미국 경찰들은 고속도로 추격전을 자주 하기 때문에 겉으로 보기에 차가 멀쩡해도 속도가 떨어진다 싶으면 경매로 파는 일이 종종 있었다.

8기통의 대형 세단을 몰면서 그 후 4개월 정도 주유소 아르바이트를 했다. 아르바이트를 그만두는 날 내 차에 얼마 안 되는 짐을 싣고 미국 일주를 떠났다. 아칸소주 리틀 록에서 서쪽으로 달려가서 캔자스 시티를 거치고 아름다운 콜로라도를 지나 네바다 사막을 달린 후 그랜드캐년을 보고 라스베가스를 갔다가 거기서 유턴을 해서 동쪽으로 애리조나를 거쳐 뉴멕시코를 지나 댈러스 쪽으로 무작정 달리는 길이었다. 될 대로 되라지. 나에게는 목적지가 없었다. 기왕 이렇게 된 거 동쪽 끝 뉴욕까지 달려볼까? 나의 크라운 빅토리아는 드넓은 미국의 평원을 거침없이 달렸다.

텍사스를 진입하고 밤이 되었는데 모텔들이 너무 비싼 나머지 밤을 새우면서 운전을 했다. 무리하게 밤샘 운전을 한 탓일까. 깜빡 눈을 감았다 떴는데 쿵 하는 소리를 내면서 운전 중이었던 내 차는 언덕을 구르고 있었다. 차가 구르는 그 찰나의 순간 오만가지 생각이 들었다.

"제기랄 아까 보였던 모텔에서 잠을 잘 걸."

차는 한 바퀴를 굴러 한참 아래의 언덕으로 추락했고 지나가는 차들이 모두 서서 몇몇 사람이 언덕으로 내려왔다. 나는 한 바퀴 구른 그 차에서 엉금엉금 기어 나왔다. 그들은 내가 무사한 것을 확인한 후 경찰과 견인차를 불렀으니 기다리라고 이야기를 하고 떠나갔다.

견인차를 기다리는 긴 시간 동안 굴러떨어진 언덕과 차를 쳐다봤다. 한 바퀴 구른 크라운 빅토리아는 정말이지 멀쩡했다. 이윽고 경찰과 견인차가 왔고 사고는 나 혼자 일어난 사고였기에 다른 곳은 피해가 없다는 걸 알고 경찰은 뒷일을 견인차에 맡기고 제 갈 길을 가 버렸다. 차를 도로로 끌어내는데 견인차 직원이 한마디를 했다.

"어이, 당신 이 차 덕분에 목숨 건진 줄 알아. 근데 이 경찰 전용 크라운 빅토리아는 어디서 난 거야? 뭐? 경찰서 경매에서 샀다고? 대박!"

차를 끌어낸 후 아무 미련 없이 차를 3,900달러에 팔고 한국으로 돌아왔다. 그러고는 다시 청량리에 있었던 KDI 앞을 찾아갔다.

"꼭 여기가 아니어도 어떻게든 살면 되겠지."

사고가 나서 미국 고속도로 어딘가에서 견인차를 기다리는 긴 시간 동안, 아무리 현실이 비루해져도 도망치지 말고 어떻게든 버텨 봐야겠다고 다짐했다. 무일푼으로 미국에 가서 성공했으면 좋았겠지만 한국으로 돌아와서 직원 3명의 작은 회사 밑바닥부터 시작했다.

[동대문구-3] 이문동 인근

외대앞역 1번 출구에서 바로 보이는 초역세권인 이문동 중앙하이츠빌을 지나 6분 정도 걸어가면 이문동 이문 삼익이 보인다. 이곳은 중랑천과 동부간선도로 이용이 용이하나, 지하철 및 기타 편의시설과 거리가 있어서 생활에 약간 불편할 수 있다. 이어지는 이문동 쌍용, 이문 현대아이파크, 이문 푸르지오 1차, 이문 푸르지오 2차는 신이문역 역세권 아파트로 중랑천과 동부간선도로 이용이 용이하나 기타 편의시설 등은 이용이 다소 불편할 수 있으니 반드시 주변 편의시설이 감내 할 수 있는 수준인지를 잘 확인해야 한다.

이문 푸르지오 2차에서 10분 정도 빠르게 걸어가면 이문동 대림 e편한세상이 있는데 2003년 입주한 신이문역 역세권 대단지 아파트고, 인근 석관동 하늘채 코오롱아파트 역시 신이문역과 돌곶이역 이용이 모두 가능하나 걸어보고 판단해야 한다. 마지막 석관동 래미안 아트리치는 2019년 2월 입주한 신이문역이 도보로 1분 거리에 위치한 초역세권 1,091세대(공공임대 포함, 총 14개 동) 대단지 아파트다. 신이문역에서 제기동역 쪽으로 이동하자.

[동대문구-4] 제기동 및 용두역 인근

동대문구 루트 4는 전반적인 제기동과 용두동 일대를 의미한다. 용두동 롯데캐슬 피렌체(주상복합)는 편의시설은 좋으나 동 간격이 다소 좁아서 답답할 수 있다. 인근의 래미안 허브리츠와 용두 두산위브는 1호선 제기동역과 2호선 용두역 더블 역세권으로 인근 용두공원 내 동대문 환경 개발공사를 반드시 확인 후 투자 등을 고려해야 한다. 여기서 1분 걸어가면 용두역이 보이고 동대문구 임장을 마치도록 한다.

나에게 부동산 사기 쳤던 대학동기 H야, 잘살고 있니?

동작구

원치 않는 학교와 학과를 입학한 후 친해진 친구는 학교 근처 사당동 토박이 H였다. 시간이 흘러 H가 속도위반으로 결혼할 때 아버지 차를 빌려서 웨딩카도 운전해줬고, H도 나의 웨딩카를 운전해줬다.

운 좋게 H는 졸업 직후 IMF의 풍파를 피해 보일러 회사 영업사원으로 일하고 있었다. 채용 취소를 당한 후 머리를 쥐어짜고 있을 때 H는 명함을 나에게 당당하게 내밀었다. 그 후, 나는 우여곡절 끝에 H 카드사의 정규직 대리로 극적 채용이 되었다. 그동안 책도 3권 정도 써서 이름이 제법 알려지게 되었고, 칼럼도 쓰고 대학교와 대학원 강의까지 뛰게 되었다. 새벽 5시부터 밤 12시까지 매일매일 살인적인 일정이었지만 버텨야만 했다. 어떻게 잡은 기회인데, 나는 이 기회를 최대한 활용해야만 했다. 정신없이 회사-강의-집필의 무한반복이 이루어지던 어느 토요일 아침, H로부터 전화가 왔다.

"내가 서울 사당동에 아파트 들어올 작은 땅이 두 개 있는데, 네 생각나서 전화했어. 너도 서울에 아파트 하나 있어야 하지 않겠냐?"

"사당동 아파트? 얼만데? 뭐? 3천만 원? 3천만 원에 딱지를 받고 나중에 입주 시 조금만 더 내면 된다고? 그 땅을 사려는 사람들이 줄을 섰다고? 와. 장난 아니구나. 일단 1,500만 원 가계약금 입금 후 나중에 잔금 내면 된다고? 땅 주소와 계좌번호 좀 불러봐."

귀신에 홀렸는지 만든 지 얼마 안 된 마이너스 통장을 이용하기로 했다. 인터넷뱅킹에 접속 후 이체하려는데 1회 자동이체 한도가 5백만 원으로 설정됐다는 안내 메시지가 떴다. 이때 안방에서 잠을 자고 있는 줄 알았던 와이프가 방문을 벌컥 열며 막았다. 와이프는 나머지 1천만 원은 오후에 이체 한도 해결 후 주겠다고 H에게 이야기를 하라고 조용히 이야기했다. 우리는 그 길로 H가 불러준 땅 주소에서 가장 가까운 부동산으로 향했다.

"그 땅 개발 안 돼요. 공원 부지인데 최근에 그 땅에 아파트 지을 수 있다고 속여서 팔아먹는 사기꾼들 많으니 조심하세요. 그 조그만 개발 안 되는 공원부지에 소유주가 천 명이 넘는다니까요. 다 사기에요."

나는 H에게 자금이 안 될 것 같아서 못 살 거 같다고 하고, 이체된 500만 원을 돌려달라고 요청했지만, H는 그 후 연락을 끊었다. 30대 초반이었던 나는 오래된 친구가 나에게 사기를 쳤다는 큰 충격에 빠졌다. 와이프는 자기와 상의도 하지 않고 H에게 1,500만 원이라는 거금을 이체하려 했던 남편의 행동에 큰 충격을 받았다.

이날부터 나는 와이프님에게 정신교육을 받았다. 원칙은 단순하다.

100만 원 이상 지출은 무조건 부부가 협의 후 결정한다. 둘 중 한 명이 반대하면 지출하지 않는다. 이때부터 재테크와 부동산에 많은 관심을 가지게 되었다.

[동작구]

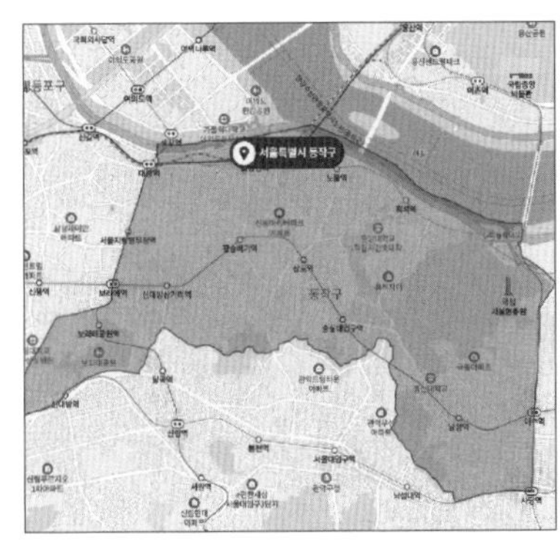

동작구의 위치는 '저평가'다. 동작구의 단점은 그 좋은 위치에 지하철 노선 1·4·7·9호선이 있지만 9호선 이외에는 동작구 주변만을 스치듯이 지나가기 때문에 동작구 중앙에 살고 있는 주민들이 지하철을 이용하기가 불편하다는 점이다. 1호선이 경인선이라는 이름으로 동작구 북쪽을 지나가지만, 이마저도 노량진역과 대방역뿐이고 심지어 이 두 역 인근은 오래된 상업지구라서 거주할 만한 역세권 대단지 아파트가 많지 않다. 그러나 동작구의 1/3을 차지하는 큰 공원과 바로 위 한강을 보면 용산공원과 한강을 끼고 있는 용산구의 느낌이 든다.

용산이 100년 만에 기지개를 켜고 있듯이, 동작구 역시 새로운 100년을 위한 도약을 준비 중이다. 동작구의 주요 지하철역에서 강남과 여의도, 용산을 대부분 30분 내로 갈 수 있다. 맞벌이 부부의 직장이 이곳 강남·여의도·용산이면서 한강을 건너지 않고도 강남 생활권을 누리고 싶다면 이곳이 답이다.

동작구 임장은 세 곳으로 분리해서 진행해야 한다. 첫 번째는 방배동 옆에 자리를 잡고 있는 동작구의 오래된 숨은 강자, 사당동 인근이다. 두 번째는 9호선 노들역과 노량진·상도동 인근으로 많은 사람들이 전통적으로 '동작구' 하면 떠올리는 지역이다. 마지막은 한강변 흑석동 일대와 중앙대·숭실대 인근이다. 이 두 대학가의 특징은 다른 곳에 비해서 캠퍼스 주변에 대단지 아파트들이 일찌감치 자리 잡고 있다는 점인데 여기는 원래 낡은 달동네였고 오래전에 재개발이 완료되었다.

동작구 임장을 할 때에는 2023년 6월 이후 분양 예정인 아래의 6개 재건축 단지의 위치와 주변 환경도 함께 체크하자.

아파트명	상세 주소	건설사	전체세대	공급규모	분양 예정
노량진동 노량진6구역 재개발	동작구 노량진동 294-220	GS건설	1,499	380	미정
노량진동 노량진2구역 재개발	동작구 노량진동 312-75	SK건설	421	미정	2023년 하반기
상도동 상도자이 스타리움	동작구 상도동 182-13	GS건설	2,003	0(all공공임대)	미정
상도동 상도푸르지오 클라베뉴	동작구 상도동 산 65-74	대우건설	771	771	2023.06
흑석동 흑석11구역	동작구 흑석동 304	대우건설	1,509	422	미정
흑석동 흑석9재개발	동작구 흑석동 93-136	현대건설	1,536	미정	미정

오늘은 수제비 말고 피자 시켜먹으면 안돼요?

사당동

기러기탕을 먹고 노래방에서 갈매기 춤을 추며 끼룩거려야 했던 첫 회사에 사표를 내고 들어온 벤처 사무실은 사당동 일반 주택가에 있던 조그마한 건물 2층에 있었다. 우리 5명은 20대 후반 청춘을 회사에 쏟아부었다. 집에 가지 않는 날도 다반사였고 회사 구석에 두꺼운 스티로폼을 깔고 잠을 청했다.

새로 옮긴 그곳은 밥 먹을 장소가 마땅치 않았다. 낡은 주택가 한가운데 위치한 사무실에서 일하게 된 우리는 하루 세 끼를 해결할 장소를 찾아야 했다. 새로 옮긴 사무실에서 창문을 통해 내다보니 작고 허름한 분식집이 보였다. 우리는 오전 11시쯤 그 식당으로 갔다.

인상 좋아 보이는 모녀가 운영하던 분식집에는 손님이 없었다. 갑자기 들이닥친 우리를 보고 모녀는 놀랐는지 잠깐 말이 없었다. 가게 안을 가만히 살펴보니 잘되는 집 같지는 않아 보였고, 손님도 그렇게 많은 집은 아니었다. 우리는 각자 먹고 싶은 메뉴를 선정한 후, 빠르게 먹고 분식집을 나섰다. 당시 나의 첫 메뉴는 김치수제비였고 그럭저럭 먹을 만했다.

근처에 다른 선택권이 없던 우리는 오후 6시경에 분식집을 다시 방문했다. 저녁 메뉴는 비빔밥이었다. 사장님은 이게 도대체 무슨 상황인지 드디어 파악했다. 3개월간 우리는 주야장천 그 분식집에서 하루 세 끼를 해결했다. 밥을 먹을 때마다 사장님과 따님이 눈웃음을 지으며 우리를 흐뭇한 표정으로 쳐다봤다. 얼마 후 막내가 하소연했다.

"형, 이제 지겹지 않으세요? 오늘은 피자 시켜먹으면 안 돼요?"

우리도 한계에 다다랐다. 상추 비빔밥, 라면, 떡국, 수제비 외의 다른 음식을 달라고 뱃속에선 아우성을 쳤다. 결국 우리는 그날 피자를 시켜 먹었다. 피자를 먹으면서 나는 흘낏 창문을 통해서 분식집을 쳐다봤다가 우리 사무실을 쳐다보는 분식집 사장님의 눈과 마주쳤다. 나는 황급히 고개를 돌리고 마저 피자를 먹었다.

다음 날 아침, 아침을 먹기 위해서 분식집을 다시 갔고, 김치 수제비를 시켰다. 세상에, 수제비가 그렇게 양이 많이 나온 건 지금까지 본 적이 없었다.

"훗, 우리 분식집처럼 양 많이 주는 데는 없을걸?"

사장님은 흐뭇한 눈길로 나를 쳐다봤다. 우리는 다시 분식집을 메인으로 이용하면서 가끔 자장면이나 피자 같은 배달 음식을 먹었다. 창문 바로 앞에 있던 내 자리에서는 분식집 사장님이 우리 사무실을 쳐다보는 것을 그때마다 볼 수 있었다.

6개월 뒤, 우리는 드디어 20억 투자유치를 하는 데 성공했다. 그것도 아주 크고 유명한 벤처 캐피털로부터 말이다. 직원도 새로 뽑고, 우리는 당시 벤처의 심장인 역삼동에 사무실을 구했다. 역삼동으로 이사가는 날은 성공한 날 같았다. 어찌나 설레었는지 이사 전날 잠을 잘 수 없었다. 그러나, 우리는 가장 중요한 것을 까먹고 있었다. 6개월간 오매불망 우리만 바라보면서 영업을 한, 분식집 사장님께 이사 간다는 것을 누가 말하느냐. 결국 내가 눈이 마주친 분식집 사장님께 사업이 잘 풀려서 역삼동으로 이사를 가게 되었다고 이야기했다. 사장님은 잘되었다고 하였지만, 여태껏 나는 그토록 슬픈 눈망울을 본 적이 없다. 마지막 짐을 이삿짐 차에 싣고 나는 흘낏 그 분식집을 쳐다봤다. 사장님과 따님은 걱정스러운 눈빛으로 우리를 쳐다보고 있었다.

"사당동 두산위브 트레지움 인근에서 분식집을 하셨던 사장님, 그리고 그 옆에서 언제나 엄마를 도와주시던 착한 따님, 잘 지내고 계시죠? 저희는 그때 역삼동으로 이사를 한 후 3년 뒤 망했답니다. 혹시 우리가 사장님의 수제비를 군말하지 않고 그 자리에서 계속 먹었다면 망하지 않고 성공했을까요? 생각해 보니 그때 그 수제비 참 양도 많고 맛있었어요. 아직까지 영업하고 계신다면 그때 5명을 싹 다 데리고 가서 수제비 먹고 올 텐데요. 그때 5명은 모두 자리 잡고 잘살고 있답니다. 사장님도 잘살고 계실 거라 믿어요."

[동작구-1] 방배동 옆, 사당동 임장기

동작구의 터줏대감은 사실 사당동이다. 사당동을 임장할 때는 이곳이 방배동 옆이라는 사실을 항상 머릿속에 두어야 한다. 강남의 전통 강자 방배동이 천지개벽하면 가장 큰 후광효과를 얻게 되는 사당동을 살펴보기 위해서 7호선 남성역 4번 출구로 나가보자.

남성역을 나오면 보이는(사당 남성역) 두산위브 트레지움은 남성역 3분 초역세권 아파트다. 15분 정도 걸어가면 보이는 사당 경남아너스빌은 남성역까지 10분 이상 소요되지만, 오히려 총신대역이 조금 더 가깝다. 사당중학교 바로 옆에 위치해 있으며 지하철에서 가는 길은 언덕이기 때문에 반드시 걸어봐야 한다. 10분 정도 언덕을 가면 나오는 사당 현대는 현충원 끝자락에 있어서 공기가 좋지만 주차가 불편할 수 있다. 이어서 보이는 사당동 대림은 삼일공원 옆 언덕이 있는 1,152세대(총 12개동)의 대단지 아파트로 남성초등학교를 끼고 있으나 지상주차장만 있어서 주차대수 1.0으로는 협소한 편이다.

이어지는 동작 삼성 래미안, 사당 롯데캐슬(롯데캐슬 솔레), 래미안 이수역 로이파크, 사당 롯데캐슬(롯데캐슬 샤인), 이수역 리가, 사당 극동, 사당 우성 3단지는 모두 드넓은 현충원 끝자락에 있는 숲세권 신축 아파트로 모두 언덕이 있는 편이다. 이곳은 소풍 왔다는 생각으로 천천히 거닐기를 추천한다. 이 중에서 사당 극동은 1,550세대(총 12개동)

1993년에 입주한 대단지 아파트로 재건축 이야기가 슬금슬금 나오고 있지만 248%의 용적률이 애매하다. 주차 공간도 0.63대로 거주하기에 불편할 수 있으며 실제 방문해 보면 신혼부부보다는 오랫동안 거주하신 노부부들의 비중이 높다는 것을 알 수 있다.

사당 우성 3단지에서 4호선 이수역 쪽으로 이동하면 보이는 사당 신동아 5차(5단지)는 인근 아파트에서 보기 드물게 지하주차장이 엘리베이터로 연결되어 있다. 그러나 이수역까지는 약 15분 이상 소요되고 여름에는 언덕이라서 걷기 힘들어서 마을버스를 이용하는 사람들이 많다. 인근의 사당 신동아 4차(4단지) 역시 언덕이 단점이고 10분 정도 거리에 있는 사당 우성 2단지는 4호선 이수역 역세권으로 조용하고 남성시장 이용이 편리하면서 길 건너 바로 방배동인 점을 주목하자. 방배동과 사당동의 차이인지 길 하나로 인해 방배동 아파트 대비 가격 차이가 큰 편이다. 그러나, 중요한 것은 길 건너 방배동이다.

이제 6분 정도 걸어서 이수역(총신대 입구역)에 도착하면 동작구의 마지막 임장을 마치게 된다. 혹시 바로 서초동으로 임장할 계획이라면 위에서 사당동 임장이 끝나는 총신대 입구역(이수) 1번 출구에서 바로 방배동으로 향하면 된다.

강 대리, 지금 어디야? 아직 노량진 밖이면 출근하지 마!

노량진/상도동

회사 생활에서 일이 힘들면 몸이 힘들지만, 사람이 힘들면 마음이 힘들기 마련이다. 여의도에 있는 H 카드사에 다닐 때 나의 상관이었던 B 팀장은 사람에 대한 호불호가 매우 강한 분이었다. 팀원이 그 '호' 안에 들어오면 무한 사랑을 베풀었지만, '불호'에 들어오면…. 안타깝게도 나는 B 팀장의 목록에는 '불호'에 속하는 팀원이었다.

오전 8시까지 출근하기 위해 5시 반에 일어나서 출근 준비를 하지 않으면 무조건 지각이었다. 경기도 안산 고잔역에서 버스로 10분 거리의 아파트에 살았는데, 그마저 20분에 하나 오는 유일한 버스였다. 8시까지 출근하기 위해서는 최소 6시에는 집에서 나와야 했다.

당시 나는 서대문구에 있는 대학원과 동작구의 대학에서 야간 강의를 하던 때였고, 시간강사인 내가 중도에 강의를 그만둘 수 없었기 때문에 이번 학기까지는 어떻게든 버텨야만 했다. 저녁 10시에 강의가 끝나면 거기서 경기도 안산의 집까지 가야 했고, 녹초가 된 몸을 이끌고 집에 들어가면 12시가 조금 넘었다. 어김없이 내일도 5시 반에 일어나서 출근준비를 했고, 주말에는 강의 준비를 해야만 했다.

하루는 회사에 흉흉한 소문이 돌았다. 인사팀에서 조만간 아침 8시 이후 정문에 서서, 지각하는 사람들 이름을 적어 각 팀별로 정리해서 회장님께 보고한다는 것이었다. B 팀장은 소문을 듣자마자 전전긍긍했다. '매일 지각하는 저 강 대리를 어쩌지?' 그는 매일같이 내일 몇 시까지 올거냐고 물어봤다. 며칠 뒤, 아침에 지친 몸을 이끌고 출근을 하는데 B 팀장에게 전화가 왔다.

"강 대리, 너 지금 어디야?"

"아, 네. 지금 영등포역을 지나고 있습니다."

"뭐? 영등포? 지금 7시 반인데, 너 8시까지 올 수 없을 거 같은데?"

"뛰어가면 잘하면 8시 전까지 갈 수 있을 것 같습니다."

"뭐 잘하면? 오늘부터 인사팀에서 불시 점검한다는데 너 지금 말이라고 하는 거냐? 아직 노량진 밖이면 출근하지 마! 내가 오늘 휴가 처리 할 테니, 그냥 집으로 가고 내일 일찍 와."

B 팀장은 전화를 끊어버렸다. 내가 탄 1호선 열차는 노량진 역을 지나고 있었다. 나는 B 팀장 말대로 노량진에서 내리지 않고 빠르게 회사로 갔다. 회사 정문 1층을 지날 당시 7시 55분 정도였고 인사팀에서 나온 직원이 손목시계를 보면서 아슬아슬하게 지나가는 나를 쳐다보고 있었다. 7시 59분에 가까스로 사무실에 들어가 B 팀장과 눈을 마주쳤지만 그는 아무 말 하지 않았다. 나는 '불호' 팀원이었으니까.

[동작구-2] 노들역과 노량진/상도동 인근

이번은 9호선 노들역 1번 출구에서 시작된다. 1번 출구를 나오면 보이는 유원 강변은 본동 삼성래미안 트윈파크와 더불어 노들역 초역세권 아파트다. 이곳은 경부선 철도가 지나가는 한강철교 인근이기 때문에 조금 더 소음이 크다. 또한 2000년에 지어진 아파트로 세대당 주차 수가 1.04고 용적률도 377%인 곳이다.

바로 옆 본동 삼성래미안 트윈파크는 생각보다 넓은 사육신공원과 노들나루 공원 사이에 위치해 있으면서 한강뷰도 가능한 노들역 초역세권으로 2011년에 지어진 신축 아파트다. 그러나 주변 인프라가 다소 취약하다. 6분 거리에 위치한 한강 쌍용은 오히려 앞서 살펴본 아파트보다 먼지 등의 피해가 없으며 바로 앞 노들나루공원을 통한 한강뷰가 가능하고 뒤는 작은 공원이 위치해 있는 초역세권으로 실거주 목적으로 한강변 조용한 초역세권 아파트를 원하는 분들에게 인기가 있다. 그렇지만 세대수가 161세대이며 주차난이 있는 단점이 있다. 5분 정도 걸어가면 나오는 서울시 소규모 재건축 사업성 분석 지원대상으로 선정된 극동(강변)은 아파트 뒤 작은 공원이 개별 마당처럼 보이는 숲세권이지만 주차 공간이 0.77대로 협소하다. 이어지는 본동 신동아는 1993년에 지어진 765세대(총 9개동)의 나름 대단지로 용적률이 237%로 높기 때문에 재건축이 아닌 리모델링을 추진하고 있다. 주차 공간은 수치로 보면 좋아 보이나 실제로는 주차장이 분산되어 있어서 이용 효율성이 떨어지기 때문에 주차 공간이 부족하다는 평도 있다.

이어지는 본동 삼성래미안, 본동 한신 휴플러스, 노량진동 우성(리모델링 추진 중)은 모두 9호선 노들역·1호선 노량진·7호선 상도역을 도보이용이 가능하고, 영본 초등학교가 이들 아파트 단지 가운데 위치해서 초등학교 저학년을 둔 학부모들로부터 인기가 있다. 그러나 일부 언덕이기 때문에 마을비스를 이용하는 것이 보다 편리할 수 있다. 오르막길을 올라가면 대단지아파트에 3플 역세권인 상도동 건영과 노량진동 신동아 리버파크를 확인할 수 있다. 이 두 단지의 세대수는 각각 1,376세대(공공임대 552세대 포함, 총 8개동)+1,696세대(총 7개동)로 인근 아파트 중에서 보기 드문 토탈 3천 세대가 넘는 대단지 아파트다.

바로 옆 상도동 상도 효성해링턴플레이스는 장승배기역 역세권이나 세대수가 작고 2016년 신축임에도 커뮤니티시설이 부족하다는 평을 받고 있으며, 바로 옆 브라운스톤 상도는 초등학교 학군이 멀다는 단점이 있어서 자녀가 초등학교 저학년인 경우 고민이 필요하다. 여기서 5분 정도 거리에 있는 상도동 e편한세상 상도 노빌리티는 2018년 12월 입주한 비교적 신축인 아파트로 상도역 초역세권이나 두 아파트 사이로는 동작 하이팰리스가 공사 중이라서 주변 인프라가 완성되려면 시간이 조금 더 필요하다.

허름했던 너의 그 원룸은 지금 15억이 되어 버렸다

흑석동과 중앙대 / 숭실대 인근

어느 날 갑자기 오랫동안 사귀어 온 여자 친구가 매몰차게 나를 찼다. 정신적 충격으로 잘 먹지도 못하는 소주 병나발을 불면서 친구들을 괴롭혔는데, 괴롭힘을 당한 친구 중에는 가장 친했지만 세월이 흘러 부동산 사기를 치고 지금은 연락이 끊긴 H와 당시에는 그다지 친하지 않았던 S가 있었다. H는 서울 사람이라 사당동에서 군인 출신이었던 부모님과 남부럽지 않게 아파트에 살고 있었고, S는 대구에서 올라와 학교 근처 낡은 원룸에 살고 있었다.

그날도 떠난 여자 친구(지금의 와이프) 때문에 괴로워하면서 학교 앞에서 소주 병나발을 불었는데, 용희 형은 그깟 여자가 뭐라고 술 먹고 난리냐며 위로했다. 이날 나는 처음으로 정신을 잃어버렸다. 술을 진탕 먹고 학교 앞에 대자로 누워있는 85kg의 나는 어떻게 되었을까?

가장 친한 놈이었던 H가 나를 집으로 데려다 줄 줄 알았는데(내가 살던 독산동도 학교에서 그렇게 멀지 않았으니까), 다음 날 아침 눈을 떠보니 허름한 작은 방에 혼자 누워있었다. 옷과 몸에 뭐가 묻었는지 끈적거렸다. 정신 차리고 둘러보니 가장 친한 H는 보이지 않았고, S가 원룸 구석에 있는 냉장고 문을 열고 청소를 하고 있었다. S는 아무 말 없이 냉장고를 청소하다가 일어난 나를 보더니 한숨을 푹 쉬고는 차가운 물을 한 잔 건네줬다. 나는 그 물을 벌컥벌컥 마시고는 끈적이는 옷을 입고 집으로 왔다. 며칠 뒤, 용희 형이 나를 불렀다.

"그날 S가 아무 말 안 했니?"

"네, 아무 말 안 했는데요? 왜요?"

"내가 보기에는 너 이제 H 만나지 말고 S와 잘 지내라. S가 내가 보기에는 진국이야. 그런 놈이 평생 친구 되는 거야. 너 그날 냉장고 문을 열고 큰 실례를 했어."

그날 내 몸에 묻었던 끈적이던 건 내 소변이었다. 그리고 S는 냉장고에 남은 내 분비물을 닦고 있었던 것이었다. 사건 직후 나는 민망함에 S와 거리를 뒀다. 학교에서 매일 만나던 S는 그 일에 대해 아무 말도 하지 않았다. 졸업 때까지 S와는 서먹한 관계를 유지했다. 그 후 나는 용희 형의 권유로 벤처에 합류했다. 인사를 하기 위해서 벤처 사무실에 들어가니 오랜만에 만난 S가 반가운 얼굴로 나를 맞이해 줬다.

[동작구-3] 한강변 흑석동과 중앙대/숭실대 인근

흑석역 3번 출구를 나와 조금만 걸으면 보이는 흑석동 아크로 리버하임은 흑석역 초역세권 1,073세대 대단지 신축 아파트로 지하철을 포함해서 대중교통으로 강남·용산 등을 편리하게 이용할 수 있어서 고소득 맞벌이 부부들에게 인기가 매우 좋다. 한강변에 대중교통도 좋은 신규 브랜드 대단지 아파트니 당연히 가격도 만만치 않다.

바로 옆 위풍당당하게 서 있는 하나의 건물을 볼 수 있는데 여기가 바로 80평대 이상 최고급 아파트로 프라이버시를 중시하는 유명인들이 많이 사는 흑석동 마크힐스다. 총 18세대(총 1개 동) 10층이면서 세대당 주차대수는 무려 3.77대다. 용산에 한남 더 힐이 있다면 이곳 흑석동에는 마크힐스가 있다.

마크힐스를 거쳐서 10분 정도 가면 나오는 명수대 현대는 흑석역 초역세권에 영구 한강 조망이며 흑석초를 끼고 있는 초품아 아파트다. 그러나 1988년 지어진 용적률 247%에 주차 공간도 1.4로 다소 부족하다. 바로 옆 한강현대와 더불어 이곳의 가장 큰 장점은 강남의 중심인 반포까지 걸어서 다닐 수 있다는 점이다. 실제로 여기를 걸어보면 흑석동이 반포에서 이렇게 가까운 곳이었다는 것을 알고 놀랄 것이다.

이후의 아파트들은 대부분 2000년대 이후 지어진 신규 아파트들이다. 언덕을 올라가면 보이는 흑석 한강 센트레빌 1차는 흑석역 도보 5분이지만 언덕이라는 것을 고려해야 하며, 커뮤니티시설이 다소 부족하나 바로 뒤 흑석 9재개발이 끝나면 그 분위기가 바뀔 것이다. 5분 거리의 흑석 한강 푸르지오는 드넓은 현충원이 바로 뒤라서 숲세권 아파트와 같은 느낌이지만 역시 언덕이기 때문에 동에 따라 흑석역까지 도보 이동 시간이 차이가 많이 나서 동 별 가격 편차가 심한 편이다.

7분 거리에 있는 청호아파트는 세대수 약 300세대로 작은 편이나 용적률 131%를 감안하면 재건축 매리트가 있어 보인다. 그러나 서울시 50년 공공임대주택의 비중이 50%다. 10분 정도 언덕을 올라가면 보이는 흑석동 우리 유앤미와 흑석 동양도 공기는 매우 좋지만 언덕과 산 밑 단지 등을 감안하자. 언덕에 걸쳐 있는 아파트는 여러 번의 임장이 필수다.

중앙대 쪽으로 가면 흑석 한강 센트레빌 2차가 나오는데 여기는 은로초등학교와 중앙대 캠퍼스를 끼고 있는 숲세권 대단지 아파트로, 주변 흑석 뉴타운 개발 후 추가 상승 가능성이 높다. 10분 거리의 흑석동 롯데캐슬 에듀포레 역시 인근의 흑석 3주택 재개발 지구가 완공되면 가치 상승 가능성이 매우 높다. 이 두 곳에서는 아파트 자체보다도 흑석 주택 재개발지구의 위치를 확인해 보는 게 더 의미가 있을 것이다.

중앙대 캠퍼스를 관통해서 숭실대입구역 초역세권 아파트인 상도 래미안 3차와 상도 래미안 2차를 확인한 후 숭실대역(7호선)에서 임장을 마치게 된다.

총각, 나 목동 하이페리온 사는데 우리 딸 만나볼래요?

목동

나의 두 번째 책은 '무작정 따라하기' 시리즈였고, 책이 나오고 얼마 지나지 않아 서대문구에 있는 대학원에서 출강 요청을 받고 한 학기 강의를 하게 되었다. 학교에서 가장 가까웠던 역은 6호선 증산역이었고 당시 나는 여의도에 있는 H 카드 대리로 스카웃된 직후였다. 대학원 수업은 목요일 오후 8시~10시까지 2시간이었는데 강의가 있는 날은 아무리 늦어도 6시 30분에는 회사를 나와야 했다. 증산역에서 학교까지는 꽤 걸어야 했기 때문에 저녁 식사는 꿈도 꾸지 못하고 사무실을 나와 바로 강의실로 직행했다. 첫 수업을 하는데 배에서 '꼬르륵' 소리가 크게 났다. 둘째 날에는 캔커피를 먹으면서 수업을 했지만 여전히 배에서는 밥을 달라고 소리를 지르고 있었다. 이 상태로는 도저히 수업을 할 수 없었다. 수업이 끝난 후, 집에 가면서 학교 후문 바로 앞의 작은 분식집을 눈여겨봤다.

"사장님, 빨리 나오는 거 아무거나 주세요. 밥만 주셔도 됩니다."

다음 주 방문한 그곳에서 큰 소리로 주문했다. 사장님을 보니 내가 알던 분식집 사장님 이미지가 아니었다. 하늘하늘한 파란색 땡땡이 원피스를 입은 가녀린 분식집 사장님은 문을 닫기 일보 직전이었다. 잠깐 고민을 하더니 상추가 듬뿍 들어간 비빔밥을 하나 뚝딱 만들어 주셨다. 나는 그 비빔밥을 5분 만에 먹고 강의실로 뛰어갔다.

"사장님, 그때 그 비빔밥 부탁드릴게요."

1주일 후 나는 같은 메뉴를 주문했다. 손님은 나밖에 없었고 만들어 주시는데 5분 정도가 소요되었다. 비빔밥 위에는 상추 외에도 빨간 무와 콩나물, 고사리 약간이 추가되어 있었다. 나는 5분 만에 맛있게 먹고 또 강의실로 뛰어갔다.

다음 주 방문한 분식집의 테이블 위에는 이미 비빔밥이 하나 놓여져 있었다. 그런데 사장님은 양복을 입은 나를 학생으로 알고 있었다.

"감사합니다. 사장님, 잘 먹을께요."

5분의 시간을 더 확보한 나는 비빔밥을 여유롭게 먹기 시작했다. 나를 물끄러미 바라보던 사장님은 그날부터 하나씩 질문을 했다. 첫 질문은 "혹시 학생이세요?" 였다.

"학생은 아니고 대학원 강사입니다."

"그러면 시간강사겠네요? 여기 말고 다른 학교에서 오시나 봐요?"

"시간강사는 아니고, H 카드 다니고 있는데, 이번만 특별히 강의를 하고 있습니다."

H 카드사의 대리라고 이야기를 하니 사장님의 눈이 반짝 빛났다. 당

시 H 카드는 기발한 TV 광고로 인지도가 올라가고 많은 분들이 좋은 직장으로 생각하는 곳이었다. 그런데 그다음 주부터 이상하게 비빔밥이 조금씩 바뀌었다. 계란후라이가 없었는데 갑자기 계란후라이가 올라갔고, 반찬도 김치와 단무지뿐이었는데 잡채도 나오고 불고기도 나오기 시작했다. 밥도 갓 만든 따끈한 밥이 나오기 시작했다. 이게 웬 횡재지? 어느덧 강의는 중반으로 치닫고 있었다.

"몇 살이세요?"

"31살입니다."

사장님의 눈이 다시 반짝 빛났다.

"잘 먹었습니다."

"그래요, 다음 주에 봐요."

갓 만든 따끈한 밥으로 배를 채운 나는 강의실로 종종걸음쳤다.

다음 주 식당에 가자마자 차려진 따끈한 밥을 먹고 있는데, 사장님이 작정한 듯 말을 걸었다.

"총각, 나 목동 하이페리온 사는데 우리 딸 만나볼래요?"

나는 눈이 똥그래졌다. 이 따끈한 밥과 맛있는 반찬에는 다 이유가 있었구나. 나는 결혼한 유부남이라 말씀드리자, 사장님은 실망하는 눈치셨지만, 크게 내색하지 않고 마지막 강의날까지 따끈한 밥과 반찬을 만들어 주셨다. 나는 눈치 없게도 마지막까지 그 밥을 넙죽 받아먹고 그동안 감사했다고 인사를 하고 분식집을 나왔다. 사장님도 잘 가라고 손을 흔들어주셨다.

[목동] 서울 대단지 아파트 재건축의 힘

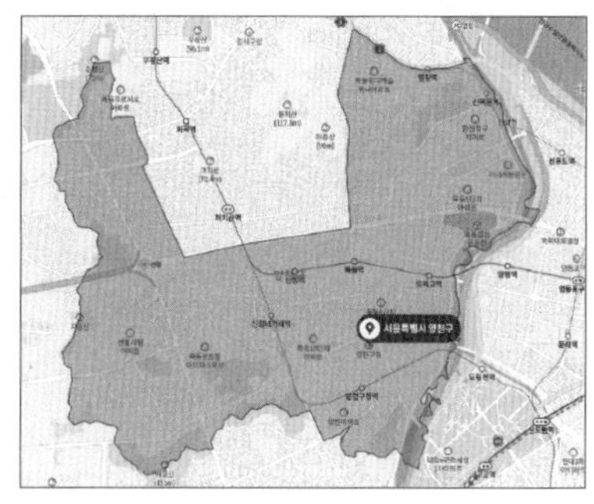

많은 분들이 양천구는 모르지만 교육도시 '목동'은 알고 있다. 강아지 모양의 양천구는 대부분의 분들이 목동으로 인지하는 지역이다. 양천에서 목동이 차지하는 면적은 얼마 안 되지만 그만큼 목동은 양천 내에서도 교육(사설학원)으로 특화된 곳이다. 양천구에는 목동 이외에도 수많은 거주지와 아파트가 있지만 우선 목동을 먼저 파악한 후, 시간이 되면 나머지 지역을 확인하는 것을 추천한다.

양천구에는 목동을 위주로 관통하는 2호선과 5호선이 있으며, 이곳에서 서울 핵심지역 일자리까지는 강남과 판교를 제외하면 대부분 30분 이내에 도착할 수 있다. 목동은 대부분 한번 들어가 정착하면 아이들이 고등학교를 졸업할 때까지 벗어나지 않는다는 특징이 있다. 단지 사이사이마다 초등학교와 중학교가 있어서 사실상 모든 단지들이 초품아 중품아 아파트인 셈이다. 마음 놓고 아이들을 재건축이 가시화된 대단지 아파트에서 학원 걱정 없이 키우면서 직장도 가깝게 다닐 수 있는 곳, 그곳이 바로 목동이다.

9호선 신목동역 2번 출구로 나오면 뒤에 보이는 거대한 굴뚝 위로 연기가 쏟아져 나오는 열병합발전소를 보고 놀랄 수 있다. 안심해도 된다. 눈에 보이는 저건 연기가 아니라 수증기니까. 먼저 목동 한신 청구를 확인해 보면 1997년 지어진 1,500세대 대단지 아파트고, 신목동역 초역세권이다. 이곳의 가장 큰 특징은 모든 1,500세대가 30평대 단일 평형이라는 점이다. 요새 아이들은 같은 반 내에서도 어느 브랜드 아파트를 사네, 몇 평이네 이런 말을 하는 것이 현실인데 학부모 입장에서 아이들이 전혀 위화감 없이 학교를 다니면서 청소년기를 보낼 수 있다는 엄청난 장점이 있다. 물론 세대당 주차는 1이 안돼서 좁다는 단점이 있지만 아래에 살펴볼 목동의 모든 단지가 공통적으로 주차난을 겪고 있다.

본격적으로 목동 신시가지 1단지로 가보도록 하자. 1단지는 앞서 본 열병합 발전소 때문에 별로라는 의견도 있다. 발전소 인근은 겨울 난방비가 할인되는 소소한 장점이 존재한다. 그러니 철저하게 눈으로 보고 결정하도록 하자. 1단지와 2단지는 이 뒤에 보이는 용왕산 근린공원을 쉽게 이용할 수 있다는 큰 장점이 있다. 저 뒤에 보이는 조그만 공원은 파리공원으로 분수대와 야외 스튜디오가 있어서 여름밤에 운치 있게 가서 즐길 수 있다.

이제 천천히 3단지와 4단지 쪽으로 가보자. 이곳 3단지와 4단지의 특징은 양천도서관 이용이 매우 편하다는 점이다. 특히, 이곳 양천도서관은 서울특별시교육청에서 관리하는 도서관이라서 관리가 잘 되고 있고 반대쪽에 있는 강서고등학교가 S대 진학률이 높은 괜찮은 학군이라서 고등학교 학부모들에게도 인기가 좋은 편이다. 4단지 건너편의 경인지하차도가 진행 예정인 경인 도로 지하화와 연결되어서 또 하나의 중요 변수가 되었다.

목동 5단지와 6단지는 안양천을 끼고 이대목동병원과 경인초, 양정중, 양정고를 쉽게 갈 수 있으면서도 바로 앞 목동종합운동장도 가까운 단지이다 앞서 살펴본 잠실종합운동장 같은 느낌이 들기도 한다. 물론 종합운동장이 훨씬 규모가 있지만, 지하철이 약간 애매하다. 버스로 두 정거장을 가야 2호선과 9호선을 이용할 수 있기 때문이다. 그러나 5단지와 6단지 바로 앞에 지하철역이 있다면 지금 이 가격이 아닐 것이다. 특히 서울 아파트의 가격에는 다 그 이유가 있다. 다시 4단지 쪽으로 가서 그 앞 7단지로 가보도록 한다.

7단지는 목동역 5호선 초역세권 단지인데, 여기 7단지가 목동 1~14단지 중에서 중심에 있고 교통이 가장 좋다는 평을 받고 있다. 현대백화점 등 편의시설 이용도 가깝지만 의외로 초등학교 저학년 부모들은 아까 지나온 숲속의 1~6단지 아파트를 선호하는 경향도 있다.

5호선 목동역으로 오면 바로 보이는 목동 트라팰리스와 하늘하늘한 원피스를 입으셨던 분식집 사장님이 사시던 하이페리온은 각각 2009년과 2003년, 2006년에 지어진 주상복합으로 쾌적한 대단지라 많은 사람들이 살고 싶어 하는 거주지 중의 하나다. 현대백화점 이용도 편리하고, 30년 이상 지나서 약간의 불편함을 감내하면서 살아야 하는 목동 1~14단지에 비해서 굉장히 좋은 인프라를 갖추었다. 실제로 많은 사람들이 목동 단지 내에서 살다가 살던 곳을 전세 두고 이곳 트라팰리스와 하이페리온으로 이사를 와서 사는 경우도 많다. 목동 학원가도 인접해서 아이들 학원 다니기에도 좋은 편이다.

하이페리온 옆의 8단지는 진명여고 때문에 여학생 학부모 사이에서는 인기가 좋은 학군 중 하나다. 대부분 2천 세대가 넘는 목동의 단지들 대비 이곳 8단지의 세대수는 1,300세대로 다른 단지에 비해서 다소 적지만 앞서 살펴본 목동역과 현대백화점 같은 시설을 쉽게 이용할 수 있다는 장점이 있다. 옆 9단지는 세대장 주차수가 0.72로 다른 목동 단지보다는 다소 좋은 편에 속한다. 주차장 상태를 꼭 체크해 봐야 한다. 관심이 있는 곳은 자주 방문해서 '내가 여기에 실제로 거주한다면'이라는 관점으로 보는 게 중요하다.

10단지 일부 동은 신정네거리역 초역세권으로 11단지도 비슷해 보일 것이다. 사실 목동 아파트 단지를 처음 온 사람들은 모든 단지들이다 거기서 거기 같다. 1단지부터 14단지를 임장 하루 만에 보는 게 큰 의미는 없다. 목동 아파트는 1~14단지 모두 큰 차이가 없는 하나의 도시인 셈이다. 아마 여기 모든 단지가 향후 한번에 재건축이 된다면 그 뜨거웠던 둔촌주공의 인기를 넘어서는 수퍼 울트라 대단지 아파트가 될 것이다.

목동 신시가지 12단지와 목동 신시가지 13단지는 양천구청역 이용이 편리한 단지이다. 물론 양천구청역은 2호선의 주 루트가 아니라서 이용이 약간 불편하지만 신정차량기지의 이전설도 나오고 있다는 것도 참조할 만하다. 목동에 있는 신정차량기지를 경기도로 이전을 추진한다는 이야기가 있는데 이곳 차량기지에 백화점 편의시설 등 각종 인프라가 등이 들어오면 12단지와 13단지의 거주 편의성이 놀라보게 올라갈 것이다.

3천 세대가 넘는 14단지는 목동 14개 단지 중에서 가장 큰 단지이다. 목동은 진짜 어느 단지든 녹지가 많아서 안정감을 준다. 아이들 키우고 나서도 계속 사시는 노인가구 비중도 점점 증가하고 있다. 아이들 교육 다 시키면 서울 아파트 팔고 외곽으로 나가서 여윳돈을 확보하는 게 기존 재테크 방법이었는데, 가장이 은퇴를 해도 가능하면 끝까지 팔지 않으려는 경향이 강해졌다. 서울 핵심 아파트 가격이 잘 안 떨어지는 이유다.

천천히 오목교역을 걸어가면서 보이는 목동 삼성과 목동 현대를 살펴보고 목동 임장을 끝내도록 하겠다. 앞서 본 목동 1~14단지에 비해 이 두 곳은 10년 더 지나서 입주한 아파트인데 주차상태는 하늘과 땅 차이다. 안양천으로 나가서 운동하기도 좋고, 단점은 역을 걸어서 이용하기가 약간 애매하다는 점인데, 장점이 있으면 반대로 단점이 있는 셈이다.

목동의 교육 측면에서의 가장 큰 장점은 다 비슷비슷하다는 점이다. 그게 바로 목동의 엄청난 장점이다. 서로 비슷한 중산층 이상의 가구들이 모여서 살면서 아이들은 특별한 피해의식 없이 주변 환경에 민감한 시기인 초중고를 유해환경으로부터 철저하게 분리가 되어서 학교-집-학원을 다닐 수 있는 곳, 바로 그 점이 바로 목동 1~14단지의 최대 장점이다.

목동의 분위기가 마음에 들지만 가격이 너무 부담스럽다면 멀지 않은 경기도 광명의 하안주공을 체크하자. 여기서 멀지 않은 하안주공도 1단지당 최소 1천 세대 이상의 14개 대단지 아파트들로 이루어진 일종의 계획도시다. 단지 안에는 오래된 나무들도 많고, 대신 모든 단지들이 대부분 주차가 조금 힘들다는 공통이 있다. 대부분 지어진 연도도 1980년대로 이제 30~35년 차를 지나고 이곳 역시 재건축 이야기가 스멀스멀 나오는 중이다.

상업용지 여의도 아파트가 의미하는 바는 무엇인가

여의도

여의도의 가장 큰 특징은 일부 상업지구에 일반 거주용 아파트가 지어졌다는 점이다. 국토의 계획 및 이용에 관한 법률 제78조 제1항에 따르면, 상업지역의 용적률은 최대 1,300~1,500%인데, 말 그대로 '최대'다. 서울시 도시계획조례 55조를 살펴보면 '상업지역은 최대 상한 용적률 800%가 가능하다'고 되어 있지만, '주거 면적 비율을 20% 미만으로 해야 한다'는 조건이 있기 때문에 주거 면적 비율이 20% 미만이면 많은 조합원이 아파트에 입주하기 어려우니 재건축을 찬성할 조합원은 거의 없다. 상업시설이 미분양되면 조합이 책임져야 하는데 조합원들에게 부담이 된다. 상업용지라고 해도 조합원들의 입주가 모두 보장되는 선 이상으로 주거 면적을 최대한 많이 받는 것을 선호한다.

상업용지 최대 주거 비율인 69%로 맞춰 진행한다면 상업지역 아파트에 적용되는 상한 용적률인 600%를 이용할 수가 있게 되는데, 서

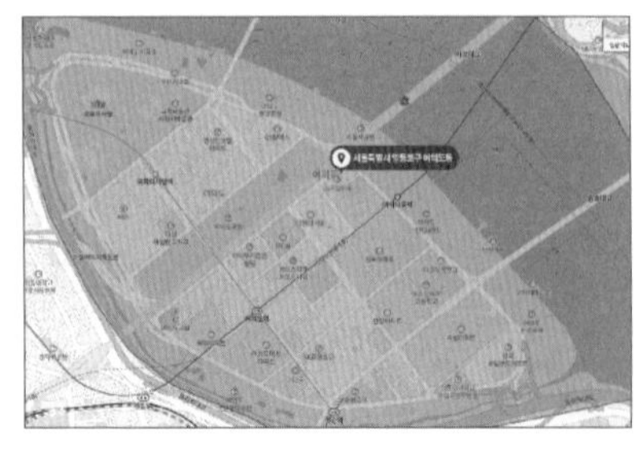

울시가 적용하는 주거 용지 대상 재건축 상한 300%의 용적률을 2배 이상 넘길 수 있다는 장점이 있는 곳이 바로 여의도 상업용지 아파트다. 1976년에 준공된 서울·수정·공작아파트와 1971년에 준공된 초원아파트는 상업용지 위에 지어진 아파트이고, 1975년에 준공된 삼부아파트는 전체 용지 중 일부가 상업용지인데, 확실한 건 위 아파트들은 향후 타워팰리스와 같이 탈바꿈이 가능한 상업용지에 있는 아파트라는 점이다.

낡기는 했지만, 타워팰리스의 경우 용적률이 919%(1차), 923%(2차), 791%(3차)인 점을 감안하면 눈앞에 보이는 여의도의 낡은 아파트들이 향후 어떻게 탈바꿈할지 상상해야 한다. 이 중 서여의도 고도 제한 때문에 상업용지 아파트로서의 장점을 극대화할 수 없는 초원아파트를 제외하면 상업지로서 투자 대상이 되는 아파트들은 서울·수정·공작·삼부 아파트라고 볼 수 있다. 그러나 중요한 것은 재건축은 끝까지 가 봐야 안다. 재건축 승인 직전에서 꼬꾸라지고 전혀 예상도 안 한 단지가 재건축 승인을 받고 천지개벽하는 일이 부지기수다.

그런데 어쩌다가 상업용지 위에 지어진 아파트가 여의도에 있는 것일까? 1970년대 초반만 해도 여의도는 농사를 지을 수 없는 불모지였다. 걸핏하면 홍수로 모든 것이 휩쓸려 내려가는 땅이었지만 1970년대 들어 서울 인구가 집중되면서 이 모래밭을 신시가지로 개발하며 대규모 택지를 민간에 공급한 게 여의도 아파트의 시초다. 당시 정권과 최악의 관계였던 북한과의 무력 충돌 시 이용할 수 있도록 여의도 중간에 비행기가 뜨고 내릴 수 있는 활주로도 만들고 그게 여의도 광장으로 바뀌었다가 지금은 여의도 공원이 된 것이다. 지금이라면 아파트 부지를 상업용지로 해주면 용적률을 타워팰리스 이상으로 뽑아서 건물을 올리겠지만, 당시 GDP는 296달러였다. 어느 건설사가 용기 있게 높은 건물을 올려서 팔 수 있었을까? 기술력도 없었다. 이런저런 이유로 건설사들이 상업용지를 공급받고 용적률이 200%대인 10층 안팎 아파트를 지었고(서울 아파트 210%, 수정아파트 299%, 공작아파트 266%), 세월이 흘러 이들이 모두 재건축을 목전에 둔 된 것이다.

모두 상업용지이기 때문에 서울·수정·공작 아파트는 재건축 시 용적률을 700~800%까지 적용받을 수 있는 것을 감안하면(실제 조합원들이 입주를 해야 하는 주상복합 형태로 지을 때는 600%) 지금 용적률 대비 배 이상 늘어나는 것이다. 이외에도 초원아파트도 상업지역에 건축된 아파트이며 삼부·진주아파트는 상업지역과 주거지역이 혼재가 된 특이한 케이스다.

상업용지 위에 있는 모든 여의도 아파트가 재건축을 하나도 못 하고 올스톱인 상태인 건일까? 그렇지 않다. 과거 이들 이외에도 상업용지 위에 지어진 미주·백조·한성 아파트가 있었고, 모두 롯데캐슬 아이비(미주-용적률 944%), 롯데캐슬 엠파이어(백조-용적률 903%), 여의도 자이(한성-549%)와 같은 주상복합으로 성공적인 재건축이 되었다. 미주와 백조 아파트가 900% 이상이라는 엄청난 용적률로 재건축 후, 여의도 자이는 용적률이 550%로 제한되었지만, 여전히 여의도의 다른 상업용지 아파트들의 밝은 미래를 보여준다.

여의도 임장을 할 때에는 2023년 6월 이후 인근 영등포에 분양 예정인 아래의 2개 재건축 단지의 위치와 주변 환경도 함께 체크하자.

아파트명	상세 주소	건설사	전체세대	공급규모	분양 예정
영등포동5가 영등포 1-13구역재개발	영등포구 영등포동5가 32-8	대우건설/두산건설	659	216	2023.09
영등포동7가 영등포 1-2구역재개발	영등포구 영등포동7가 76-5	계룡건설산업	290	미정	미정

탕수육을 먹다가 회장님과 눈이 마주쳤다

여의도

여의도에 있는 H 카드를 다닐 당시 나는 대리였다. 그날은 회사의 기념일이었다. 회사 강당에서 행사가 있으니 각 팀 대리 이상은 참가를 해야 한다는 안내문이 있었고, 당연한 말이지만 모두들 가기 싫었다. 특히 간단한 먹거리가 있는 행사라니! 최악인 행사다. 그만큼 늦게 끝나니까.

회장님이 참석하는 이런 행사는 빨리 가서 무조건 맨 뒤에 앉아야 한다. 그렇지 않으면 괴로운 일이 발생한다는 것을 팀의 대리인 나는 경험으로 알고 있다. 아뿔싸, 너무 늦어버렸다. 나보다 눈치가 빠른 다른 팀들은 이미 행사장의 맨 뒷줄부터 경쟁하듯이 앉아 있는 상태였고, 회장님이 발표할 연단 바로 앞자리만 비어 있었다. 본부장님은 나를 노려봤다. 이럴 때는 대리가 제일 만만하니까. 본부장님은 내 옆에 앉았다. 옆 본부장님, 앞 회장님이라니. 으악!

앞에는 간단한 음식 거리가 준비되어 있었다. 이런 행사는 냄새 안 나는 음식이 일반적인데, 이상하게 탕수육 하나가 눈에 띄었다. 저 위의 랩을 벗기면 냄새가 날 텐데…. 회장님은 앞의 다른 회의가 늦게 끝나시는지 예정 시간이 훨씬 지났는데도 나타나지 않으셨다. 우리들은 배가 고팠으나 앞의 음식들을 먹을 수가 없었다. 아직 회장님이 안 오셨으니까. 누가 이 상황에서 용기 있게 먹을 수 있을까? 그런데 저 뒤의 누군가가 벌떡 일어나서 음식 앞으로 성큼성큼 걸어오더니 음식 위의 래핑을 풀었다. 그러고는 우리들을 보고 회장님이 늦으시는 것 같으니 먼저 먹자고 크게 말했다.

물리적인 보호가 되는 뒤 자리를 확보한 다른 팀 인간들이 우르르 와서 탕수육을 가지고 자리로 돌아갔다. 옆 본부장님도 어느새 탕수육을 가지고 자리에 앉으셨다. 에라 모르겠다. 나만 안 먹으면 나만 이상하지, 나도 탕수육을 가지고 왔다. 탕수육을 먹고 있는데 본부장님은 자꾸 나에게 말을 거셨다.

"강 대리, 그때 네가 제출한 보고서 말이야. W 과장과 상의해서 제출한 보고서 맞지? 내용 수정을 좀 해야 할 거 같은데? 근데, 니 배고프나? 아따 ~ 탕수육 많이도 가지고 왔다. 나도 배고팠는데 얼른 먹자. 회장님 많이 늦으시나 보다."

갑자기 연단의 문이 벌컥 열리고 회장님이 등장하셨다. 회장님은 우리들을 보자마자 순간 얼음이 되셨으나, 바로 연단으로 오셔서 미리 준비하셨던 발표문을 읽으셨다. 나는 탕수육을 안 먹으려 했지만, 너무 많이 담아온 나머지 탕수육 하나가 떨어지기 일보 직전이었다. 떨어지는 탕수육을 집어서 휴지에 버렸어야 했으나, 가난병이 도졌는지 나도 모르게 입으로 넣고 고개를 들었다. 회장님은 나와 본부장님을 노려보면서 연설문을 읽고 계셨다. 내 입에는 탕수육이 한가득이었다. 조용히 눈알을 돌려 옆을 보니 본부장님도 우물우물 중이셨다. 그날 이후로 본부장님이 주관하는 회식에서 중국집은 금기사항이 되었다. 탕수육 사건이 발생했을 당시 나는 안산에서 여의도로 출퇴근을 하고 있었다. 매일 왕복 4시간가량을 출퇴근하면서 내 집이 안산이 아니라 이곳 여의도였으면 하는 생각을 백만 번은 한 것 같다.

[여의도] 여의도 임장기

여의도는 서울의 중심에 있기도 하고 향후 서울의 3대 중심축, 용산-여의도-강남 삼각벨트의 한 축을 담당하는 중요 지역이다. 여의도는 ①동선이 복잡하지 않아서 초보자도 쉽게 임장 할 수 있고, ②상업지구와 주거지구가 융합되어 있는 것을 볼 수 있고, ③사이즈가 작고 언덕이 거의 없어서 도보로 임장하기 수월하다. 재건축 예정인 여의도 아파트는 너무 낡아서 사는 게 불편하고 배관 등도 노후화되어서 녹물도 많이 나온다. 오래되었으니 투자가치가 크다는 말은 아파트는 '입지'가 다라는 말로 이해하면 된다. 서울 노른자위에 위치한 1970~80년대 재건축이 임박한 아파트라서 투자 가치가 큰 것이다.

여의도는 대한민국 국민이라면 누구나 다 아는 국회의사당과 63빌딩을 랜드마크로 상업지구와 주거지구가 마치 성냥갑처럼 구분되어 있는 곳이다. 9호선이 국회의사당역과 여의도역, 샛강역으로 이어져 있고, 광화문-마포에서 오는 5호선이 여의나루역과 여의도역을 따라 영등포로 이어지고 있다. 여의도역의 경우 5호선과 9호선 환승이 가능하기 때문에 인근의 아파트 거주민들이 편하게 강북과 강남의 직장을 오고 갈 수 있고, 직장이 용산의 경우에도 자차를 이용하거나 버스를 이용해서 원효대교만 건너가면 용산으로 쉽게 갈 수 있다는 점을 감안하면 서울 교통의 요지로 불러도 좋은 곳이다.

심지어 올림픽대로와 강변북로의 직접적인 소음 및 매연에서 벗어나 있음에도 불구하고(일부 예외) 올림픽대로와 강변북로 진입이 매우 용이하고, 편리하게 한강공원을 걸어서 이용할 수 있다는 점은, 서울의 수많은 한강변 중에서 이곳 여의도를 따라올 곳은 거의 없다. 여의도 주요 지하철역에서 서울 주요 핵심 일자리인 강남, 여의도, 광화문, 용산, 판교까지의 지하철 소요 시간의 경우에도 강남과 판교를 빼면, 모두 지하철로 30분 이내에 주요 목적지까지 갈 수 있다. 이래서 여의도가 교통의 요지인 것이다.

여의도 임장의 시작은 5호선 지하철역 '여의나루역' 1번 출구에서 시작한다. 1번 출구로 나오면 넓은 여의도 한강공원과 탁 트인 한강이 보일 것이다. 여의나루역 1번 출구에서 서울 아파트까지는 도보로 1분이 걸린다. 서울 아파트의 동 수는 2개, 총 192세대이고 12층짜리 건물에 1976년 9월에 지금은 없어진 회사인 삼익주택에서 지은 세대당 주차 1대인 아파트다. 서울 아파트 옆 목화 아파트가 보이는데, 두 아파트의 가격 차이는 상당하다. 얼핏 보면 비슷한 위치에 비슷한 모양의 아파트인데 말이다. 서울 아파트의 최소 평형이 161A(48평)로, 목화아파트의 최대 평형인 98C(29평) 보다 크다는 이유도 있겠지만, 서울 아파트는 상업용지에 지어진 아파트다. 즉, 나중에 재건축 시 올릴 수 있는 층수는 비교가 되지 않는다. 물론 기부채납을 올리고 임대 비율을 올리면 용적률을 300%대로 높일 수도 있지만, 한강 수변부에 해당하는 위치이기 때문에 한강 스카이라인 제한에도 걸릴 수 있다. 반면, 서울 아파트는 상업지구다. 주상복합 용적률 600%로 재건축을 할 수 있는데 이게 바로 두 아파트의 가격 차이를 일으킨 주요 원인이다.

초원 아파트를 먼저 보고 오자. 초원아파트 옆은 국회의사당과 그 유명한 순복음교회다. 1동짜리 낡고 오래된 이 20평대 아파트의 가격을 알면 깜짝 놀랄 것이다. 이 아파트 역시 상업용지 위에 지어졌다. 다시 공작아파트로 가보자. 여기도 상업용지고, 한동안 공사 때문에 시끄럽고 먼지도 났지만 여의도 파크원이 완공된 후 많은 수혜를 보았다.

목화 아파트 뒤 삼부아파트는 총 10개 동 866세대로, 아래에서 살펴볼 시범아파트(24개 동 1,790세대) 다음으로 큰 여의도 대단지 아파트다. 특히, 삼부는 2동, 3동과 5동이 상업용지이다. 마찬가지로 뒤 수정아파트도 상업용지인데, 특히 수정아파트의 재건축 추진 속도는 여의도 일대 아파트 중에서 빠른 편이라는 점과 재건축 시 조합원들은 100% 한강 조망 가능한 20층 이상 가능할 것으로 보이기 때문에 메리트가 있다. 이 두 상업용지 아파트 사이에는 브라이튼 여의도 지웰 오피스텔이 열심히 공사 중이다.

앞에는 여의도 초·중·고·여고가 있다. 한양과 대교아파트도 학부모들에게 인기가 매우 좋은 아파트인데 사실 여기는 1970년대부터 유명한 초·중·고품아 아파트였던 셈이다. 물론, 대낮인데도 주차난은 이중삼중 주차는 기본이라는 단점도 있으나, 여의도에 있는 재건축 추진 대상 아파트는 어쩔 수 없다. 상대적으로 서울 아파트와 화랑아파트는 주차난이 좀 덜한데, 서울 아파트는 다 대형 평수라 지정 주차제를 이용하고, 화랑아파트는 160세대로 세대수가 상대적으로 적어서 그렇다.

여의도 시범아파트는 지금 1,790세대인데 재건축되면 3천 세대 이상의 아파트로 변신할 것이다. 또한 시범아파트 뒤의 삼익 아파트·은하(맨션) 아파트·진주 아파트는 올림픽대로에 인접해 있어서 일부 동은 소음이 약간 있지만 재건축이 된다면 방음이 잘 돼서 문제가 없을 것이고 오히려 샛강이나 한강이 잘 보여서 인기가 좋을 것이다. 저기 보이는 여의도 자이와 롯데캐슬 엠파이어 주상복합빌딩이 바로 이 낡은 여의도 아파트들의 미래인 셈이다. 인고의 세월을 거쳤고 정말 얼마 안 남았다.

이제 여의도역 쪽으로 가면 보이는 용적률 90%대의 미성 아파트는 말 그대로 여의도역 초역세권이고 방금 지나온 여의도 자이 지하에 있는 이마트를 편하게 이용할 수 있다는 장점이 있다. 마지막으로 길 건너편에 보이는 광장 아파트는 서쪽 3~11동(4동 없음)의 용적률이 199.47%와 동쪽에 있는 1·2동의 용적률이 243.19%라는 차이로 분리 재건축이 추진 중이다. 이곳은 재건축 추진 시 가장 문제가 많이 발생하고 협상하기가 까다로운 상가가 없어서 빠르게 속도를 낼 수 있을 것이다. 재건축 아파트를 볼 때 중요한 포인트는 상가의 규모와 위치를 확인해야 한다. 상가가 없는 게 재건축 아파트의 메리트라는 것을 모르는 사람들이 많다. 상가가 없어서 그동안 살기에는 불편했겠지만 재건축 결정에는 상가가 없다는 것이 그동안의 불편함을 상쇄해 주기 때문이다. 아파트 조합원들이야 재건축이 진행되면 잠시 다른 데 가서 살다 오면 되지만, 상가 주인들은 자신들의 생계가 달려있어서 쉽게 협의가 될 수 없다. 재건축 진행되는 기간 동안 먹고사는 문제가 달려 있으니까. 실제로 둔촌주공 재건축이 중단되었던 결정적인 이유도 바로 상가 소유주들 때문이었다는 것은 참고할 만하다.

사지마, 여기 30년 살았는데, 경희궁자이 절대 안올라

종로구

우리 부부는 워낙에 없이 결혼생활을 시작해서 투자할 시드머니가 없었다. 결혼 후 몇 년이 지나서 첫 시드머니가 모였을 때 그 돈을 가지고 와이프는 학원 사업을 했다가 1년 만에 시원하게 날려 먹었다. 밑바닥부터 또 시작했다. 학원 사업을 하느라 받은 융자금은 몇 년간 갚아야 했고 돈이 모이는 데 시간이 꽤 걸렸다. 두 번째 시드머니가 만들어진 해는 바야흐로 2014년이었다.

당시 경기도 외곽에 살던 우리 목표는 서울 핵심지역 아파트로 옮기는 거였다. 당시 자금으로는 강남과 서초, 송파는 언감생심이었지만 일단 눈으로 직접 봐야 한다는 우직한 믿음으로 주중은 물론 주말마다 서울 핵심지역 아파트들을 보러 다녔다. 당시 빚내서 집을 사면 바보라는 소리를 듣던 때였고 신문에는 하우스푸어 관련 기사를 심심찮게 볼 수 있었다. 우리가 내린 결론은 강남, 서초, 송파의 아파트는 아무 도움 받을 수 없는 흙수저인 우리에겐 벽이 높고, 마포·용산·성동, 그리고 내가 다니던 은행이 있는 광화문 인근인 종로구와 중구의 낡은 아파트는 무리해서라도 할 만하다는 결론을 내렸다.

종로구에서 괜찮은 고급 주거지역은 풍림 스페이스 본과 같은 고급 주상복합만 있었고, 일반 주거지로서는 큰 주목을 받지 못하는 상황이었다. 종로에 있는 경희궁자이라는 아파트가 미분양되었다는 말을 듣고, 돈의문을 방문했을 땐 인근 재개발이 막 진행되고 온통 공사판으로 난리인 상황에 온통 흙먼지인 대로변의 한 부동산에 들어갔다.

"경희궁자이 보러 왔는데요, 미분양되었다는 말을 듣고 왔습니다. 물건이 좀 있나요?"

"사지 마세요."

30년은 그 자리에서 움직이지 않고 부동산만 한 거 같은 느낌의 사장님은 다짜고짜 이야기를 했다.

"내가 평생을 이 동네에 살면서 부동산을 해 온 토박이 업자인데, 이 동네 이렇게 비싼 동네가 아니야. 더 떨어질 거니 그때 사세요. 여기 종이에 연락처를 남겨 놓으면 내가 연락할 테니 그냥 가세요."

"그래도 물건이 있으면 좀 알려주세요."

"어허, 내가 당신 돈 벌어주는 거라니까. 경희궁자이 분양가 미친 가격이에요."

순진하게도 우리 부부는 여기는 정말 아닌가 보다 생각했다. 30년 자리를 지킨 토박이가 아니라고 하는데, 내가 살았던 독산동 같은 동네인가 보구나. 우리는 전화번호를 남기고 자리를 뜬 후, 우리의 타깃에서 종로를 지워버렸다. 오늘까지 그 종로구 부동산 업자는 나에게 전화를 주지 않고 있다. 그 후로 고공행진을 해서 경희궁자이는 분양가 대비 두 배 이상이 올랐는데 그 부동산 업자 분은 지금은 무슨 말씀을 하실지 궁금하다.

[종로구] 조선시대 한양의 완벽한 부활, 종로구 임장기

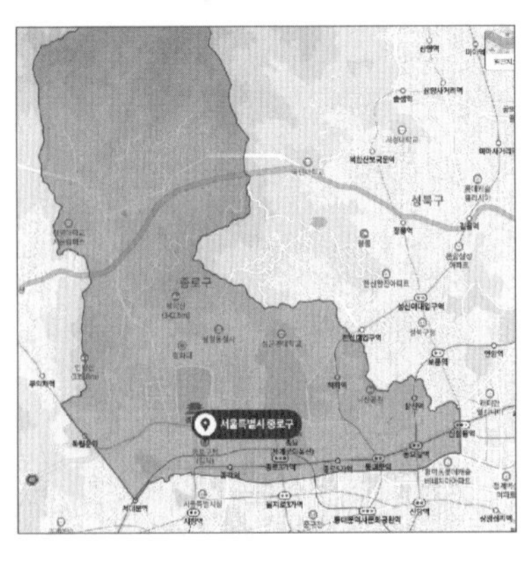

조선시대 한양은 사대문 안만 서울이었다. 한양은 조선 창업과 같이 진행한 계획도시의 원조다. 종묘와 사직, 궁궐을 짓고 난 후, 경복궁 앞으로 의정부와 육조 등 주요 관청을, 그 주변으로는 기타 관청들을 지은 후, 상업 발달을 위해 개성 상인들을 불러들여 살게 하면서 이곳 광화문이 조선시대 중심을 600년간 담당하였다. 임진왜란과 일제 강점기, 특히 6·25 동란을 거치면서 대부분 파손된 바람에 종로구가 대한민국의 중심이었다는 사실을 많은 사람들의 머리에서 잠시 잊힌 것이다.

이제 이 종로가 서울 구도심 개발로 다시 빛을 보고 있다.

'아, 여기가 바로 대한민국 수도, 서울의 중심, 종로와 광화문이었구나. 왜 내가 미처 몰랐지?'

사실 많은 분들이 종로구에 살펴볼 만한 아파트가 있을 거라고 생각을 못 했을 것이다. 그러나 이곳 종로에도 관심을 가지고 임장을 할 만한 아파트가 은근히 많다. 당시 부동산 사장님이 나에게 절대 사지 말라고 하신 경희궁자이는, 종로·광화문 지역 고소득자들의 거주 만족도를 완벽하게 맞춰줬다.

종로구는 길이가 아래위로 길다. 북쪽으로는 구기동·평창동이 있고, 밑으로는 내부순환도로가 관통하고 부암동과 드라이브 코스로 유명한 북악 스카이웨이·북악산·부암동이 있고, 청와대가 위치한 청운·효자동·삼청동이 있다. 종로구 북쪽은 임장을 할 만한 아파트가 거의 없다. 단독주택을 원한다면 예외다.

종로구를 지나는 지하철 노선을 확인해 보면 3호선이 종로구 서쪽 아래를, 4호선이 혜화역과 동대문을 거쳐서 아래로 내려가고 6호선이 동쪽 창신동 쪽을, 그리고 5호선이 서대문과 광화문을 거쳤다가 다시 아래로 내려가는 것을 볼 수 있을 것이다. 종로구 아파트 임장은 삼청동 아래만 살펴보면 된다. 경복궁과 경희궁, 창덕궁과 종묘의 크기가 상상했던 것보다 훨씬 크다는 것도 체크를 하기 바란다.

종로구는 인왕산 아이파크에서 시작해서 광화문역으로 가는 방법과 창신역에서 시작하는 방법으로 구분해야 한다. 종로구 일부는 경사가 있다. 여기 사시는 분들은 못 느끼겠지만 잠실·분당 같은 평지에서 살던 분들이 본다면 깜짝 놀랄 정도의 경사다. 종로구의 주요 지하철역에서 서울 주요 핵심 일자리인 강남·여의도·광화문·용산·판교까지의 소요 시간도 판교를 빼고는 대부분 40분을 넘지 않는 것을 보면 여의도·광화문·용산의 직장인들이 살기에 종로구는 나쁘지 않은 곳이다.

종로구 임장을 할 때에는 2023년 6월 이후 분양 예정인 아래의 환경정비사업 위치와 주변 환경도 함께 체크하자.

아파트명	상세 주소	건설사	전체세대	공급규모	분양 예정
사직2구역도시 환경정비사업	종로구 사직동 311-10	롯데건설	486	미정	미정

[종로구-1] 인왕산 아이파크에서 광화문역 인근

종로구-1은 3호선 독립문역 1번 출구에서 시작한다. 지하철 출구를 나와 보면 서울의 중심인 종로구 치고는 생각보다 정비가 잘 되어 있지는 않아 보일 것이다. 바로 보이는 인왕산 현대 아이파크와 무악 현대가 지금은 좀 낡았지만 경희궁자이기 들어오기 전까지는 종로의 랜드마크 아파트였다. 인왕산 현대 아이파크 1·2차와 무악 현대 3개 아파트를 합치면 세대수가 2천 세대가 넘는 대단지이기도 하고 인왕산 현대 아이파크는 독립문역 초역세권에 서울역과 광화문을 버스로 15분 내 이용이 가능한 곳이라는 점을 기억하자.

무악 현대는 단지 내에 경사가 좀 있지만 인왕산 자락이니 어쩔 수 없다. 경희궁 롯데캐슬의 경우 독립문역 초역세권 이면서 4개 동 200 세대 미만의 새 단지이지만 경희궁자이로 사람들의 관심이 온통 쏠리면서 큰 빛을 발하지는 못하였다. 경희궁자이를 사러 온 사람들이 가격에 깜짝 놀란 후, 옆을 둘러보면 보이는 새 아파트라고 보면 된다.

눈에 띄는 대단지 아파트가 하나 보일 것이다. 그곳이 바로 유명한 경희궁자이다. 단지를 모두 합치면 거의 2천 세대가 되는 종로구 최대 단지의 아파트다. 경희궁자이 2단지와 3단지 일부 동은 아파트 안에서 경희궁을 제대로 볼 수 있기 때문에 지어질 때 경쟁률이 장난 아니었을 것 같지만 앞서 말한 바와 같이 미분양이었다. 이곳 경희궁자이의 최고 장점은 한양 고궁·정동·한양도성길·시립미술관·북촌 한옥마을·현대미술관·윤동주 박물관·인사동·서촌 등 서울시의 무료 문화 시설들을 자유롭게 이용 가능하다는 것이다. 그것도 도보로!

경희궁자이 3단지까지 본 후 바로 다시 위로 올라가서 풍림 스페이스 본과 경희궁의 아침이라고 경복궁역 쪽에 위치한 주상복합을 잠시 보고 가자. 이곳은 광화문에 위치한 고급 주상복합이라서 많은 분들이 오며 가며 봤던 곳이다. 풍림 스페이스 본을 처음 본 사람들은 서울 중심 광화문에 이렇게 고급 주거지역이 있다는 것을 몰랐을 것이다. 이곳 모두 용적률 600% 정도의 주상복합이라서 투자가치가 없다는 사람들도 간혹 있는데 다르게 생각해야 한다. 서울, 특히 광화문은 이제는 세계적인 국제도시이기 때문이다. 이러한 국제도시에는 전 세계의 회사들이 모여들게 되어 있고, 거기에는 외국인 임원들도 많고 인근 직장의 국내 직원들에게도 연봉을 많이 주는 편이다. 이런 사람들이 직장에서 멀리 떨어진 곳에서 하루 몇 시간을 걸려서 출퇴근할 리 만무하다.

만약 외국회사의 고액 연봉을 받는 임원이고 서울로 발령 났으면 멋스러운 대한민국 고궁 인근에 살면서 평일 저녁은 물론 주말에 여유롭게 산책도 할 수 있고 맛집도 많은 광화문 인근에서 살고 싶지 않을까? 다시 봐도 풍림 스페이스 본은 정말 고급진 주거지역이다.

[종로구-2] 창신역 인근

종로구-2 일부 아파트는 성북구에 속해 있다. 그렇지만 1천 세대 이상의 대단지 아파트가 종로구에 인접해 있으니 한 번 보고 가는 것이 좋다. 가보면 성북구가 아니라 종로구라고 생각할 정도니까. 여기는 경사가 있기 때문에 평일 저녁 퇴근 후 정장과 구두 차림으로 임장을 한다면 좀 힘들 것이다. 앞서 본 경희궁자이처럼 종로에 있는 대단지 아파트이지만 어떤 차이가 있는지는 확인해 보도록 하자.

6호선 창신역 3번 출구로 나와 종로 센트레빌과 보문동 아남으로 가보자. 한눈에 봐도 경사 길인 것을 알 수 있다. 일단 저기 보이는 종로 센트레빌의 경우 창신역 1분 초역세권이지만 근방에 동대문 새벽 상인 분들이 주변에 많이 살아서 밤에 소음이 있다. 그러나 지나치게 예민한 편이 아니면 큰 문제는 없을 것이다.

성북구에 위치해 있지만 종로구에 맞닿아 있는 아파트가 보문 파크뷰 자이다. 보문동 아남은 1994년에 지어져서 낡아 보이고, 보문 파크뷰 자이는 2017년 1월에 입주한 새 아파트로 단지 내 수영장 및 골프연습장 등 요즘 젊은 세대들이 선호하는 커뮤니티시설을 이용할 수 있다.

이 동네는 아파트 단지 사이사이 빌라들이 많다. 보문 파크뷰 자이를 살펴본 후, 바로 종로 청계 힐스테이트 쪽으로 움직이자. 청계 힐스테이트는 아파트 정문에서 3분이면 1호선과 2호선을 이용할 수 있는 더블 초역세권 단지라서 직장이 종로·광화문 인근인 사람들에게는 괜찮은 아파트다. 보문 파크뷰 자이에서 걸어가기에는 20분 정도로 좀 애매하니, 버스 1014번을 타고 다시 창신역 쪽으로 가자. 여기서 저 위의 숭인근린공원이랑 보문파크뷰자이를 거쳐서 창신동까지 한번 걸어가 보면 왜 버스를 타라고 했는지 알게 될 것이다.

다시 창신역으로 돌아와 창신역 2번 출구에서 보문 아이파크로 들어가 보자. 예상과는 달리 보문 아이파크 단지 안은 평지인데 눈을 돌려 삼선 SK뷰, 삼선 푸르지오, e편한세상 보문, 삼선 현대 힐스테이트 순서대로 아파트를 하나하나 방문하면서 마지막 창신 쌍용 2단지를 거쳐

1단지까지 가보자. 경사는 익숙해지면 괜찮다. 삼선 푸르지오 같은 경우는 역에서 마을버스를 타면 단지 안까지 들어올 수도 있다.

종로구 임장을 해 보면 경희궁자이가 왜 비싼지 극명하게 알 수 있다. 창신동·보문동 쪽도 나쁘지는 않은데 언덕길에 적응하기는 만만치 않다. 경사 측면에서는 오히려 독립문역 쪽의 아파트들이 조금 더 나을 수 있다. 종로구를 둘러보면 우리나라는 역시 산이 많은 나라인 것을 확인할 수 있다. 독립문 옆에 한창 개발 중인 서대문이나 개발이 거의 마무리가 되어 가는 마포가 있다는 것도 체크해야 하는 주면 개발 현황이다.

이곳 종로구에 관심이 있다면 반드시 따로 확인해야 할 곳이 있는데 바로 창신2동 주거환경 개선지구다. 광화문 광장을 가운데에 두고 어떻게 보면 경희궁자이와 대칭적인 위치인데, 제대로만 개발되면 제2의 경희궁자이가 될 것이다.

서울 중구 어느 커피숍의 캡틴큐 아이리시 커피

중구

1992년, 와이프는 학업과 아르바이트를 병행했는데 중구에 있던 커피숍 아르바이트가 특별한 기억으로 있다. 당시 커피숍은 막 피어나는 대학생들의 주요 데이트 아지트였고, 지금과 같이 원두를 내리는 커피가 아니라 대부분 가루 커피였다. 내가 알던 커피의 세계는 고등학교 때 잠을 깨기 위해서 접했던 맥스웰하우스와 동서프리마가 전부였는데 중구의 한 커피숍으로 들어간 순간, 커피의 신세계가 펼쳐졌다.

와이프는 커피숍 사장이 전해준 레시피를 나에게 알려줬다. 아래로 내려갈수록 가격은 올라갔다. 그리고 손님 기호에 따라 알아서 먹을 수 있게 테이블마다 프리마와 설탕이 예쁜 통에 담겨 있었다.

일반커피 : 맥스웰하우스 1 스푼
고급커피 : 맥심 1 스푼
아메리카노 : 맥심 2 스푼
아이리시커피 : 맥심 1 스푼 + 캡틴큐 1 티스푼

지금은 어이없는 레시피지만 당시엔 나름 영업 비법이었던 것일까?

결혼 후 5년 정도가 지나서 H 카드에서 S 은행으로 이직한 당시, 한 달간의 텀이 발생했다. 우리는 이 기간을 이용해서 대학생 때 그토록 해 보고 싶었던 유럽 배낭여행을 떠났다. 그리고 거기서 그동안 심취했던 캡틴큐가 한 스푼 들어간 아이리시 커피가 거짓 레시피였다는 것을 알았다. 유럽의 한 길거리 커피숍에서 아이리시커피를 시켰더니 다른 커피가 나왔던 것이다. 그동안 내가 먹은 아이리시 커피는 대체 뭐였지?

[중구] 서울 구도심의 중심, 중구 임장기

중구는 강남 개발 전 구 서울의 중심부에 위치해 있는 오래된 구이다. 고소득의 대기업 일자리가 가장 많은 구이며, 판교를 제외한 나머지 일자리 지역을 30분대에 갈 수 있고, 여의도와 광화문은 20분 이내에 갈 수 있는 교통의 요지다. 오래되었다는 말은 사람들이 선호하는 대규모 아파트를 지을 수 있는 땅이 부족한 지역이라는 것이다.

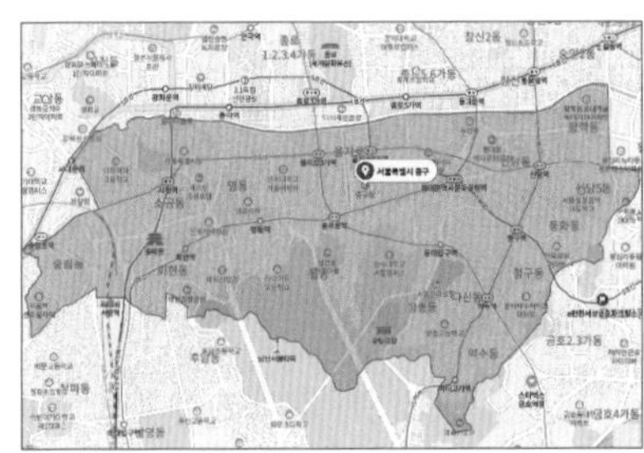

중구는 앞서 말한 바와 같이 상업지역 위주이고 중간중간 아파트가 있기 때문에 체크해야 하는 아파트들이 좀 떨어져 있다. 크게 나눠보면 아래와 같이 3군데로 분류할 수 있

으며, 각각의 크기가 크지 않기 때문에 주중에 하나씩 가볍게 방문해도 괜찮은 지역들이다.

[중구-1] 충정로~서울역으로 이어지는 길

첫 번째는 충정로역(2·5호선) 5번 출구에서 시작한다. 이곳에서 서울역 쪽으로 3분 정도 걸어가면 생각지도 않았던 위치에서 중림동 삼성 사이버 빌리지를 발견할 수 있다. 이곳은 충정로역 초역세권으로 손기정 공원 이용이 편리하고 인근 마포·아현뉴타운 개발 혜택을 크게 받았고 앞으로도 계속해서 받을 지역이다. 강북 특히 중구에 위치한 대기업 본사가 직장인 경우 매우 편리한 출퇴근을 할 수 있다.

11분 정도 걸어서 봉래초등학교를 지나면 '서울역 센트럴자이'가 나오는데 의외로 여기서 서울역까지 이동하는데 생각보다 시간이 걸린다. 출퇴근 시 서울역을 이용하는 직장인이라면 반드시 걸어보고 확인해야 하며, 만약 직업 특성상 KTX 이용이 잦다면 매우 편리한 위치다. 바로 옆에는 서울역 한라비발디 센트럴이 있는데, 방금 본 센트럴 자이보다 서울역이 조금 더 가깝고 조금 더 평지이지만 단지 수가 상대적으로 작고 브랜드 파워도 약해서 자이보다는 인기가 덜하다. 이곳에서 각각 200세대 규모인 KCC 파크타운과 LIG 서울역 리가를 방문한 뒤 첫 번째 중구 임장을 마치면 된다. 마지막인 LIG 서울역 리가가 서울역이 조금 더 가깝고 약간 언덕이니 집으로 가는 길을 감안하고 임장을 마치자.

[중구-2] 대기업 본사들이 밀집한 회현역 인근

두 번째는 대기업 본사들이 즐비한 회현역 인근이다. 상업지이기 때문에 단지는 많지 않지만 중구의 위치를 몸소 느낄 수 있다. 회현역(4호선) 1번 출구로 나오면 바로 연결되는 SK리더스뷰 남산은 용적률 970%의 주상복합으로 명동·남산이 가까우며 특히 신세계 본점 지하 연결 및 도보로 광화문과 종로도 이용이 가능해서 서울시에 거주하는 외국인 임원들을 비롯한 편의시설을 중시하는 사람들의 만족도가 높다. 남산 롯데캐슬 아이리스도 주상복합으로 명동에서 약간 떨어져 있어서 리더스 뷰보다는 소음 면에서 낳을 수 있다.

마지막으로 5분 정도 거리에 있는 117세대의 회현동 1가 삼풍을 확인해 보자. 이곳은 남산 바로 밑으로 중구 회현 체육센터와 남산의 이용이 편리하나 대중교통 이용이 불편하다. 1975년 지어진 아파트이기 때문에 낡은 시설도 감안해야 한다. 바로 뒤 남산 고도 제한으로 재건축이나 리모델링도 확신할 수는 없다. 이제 다시 회현역을 돌아오면서 주변 빌딩들에 어느 대기업들이 포진해 있는지 확인해 보는 재미도 놓치지 말자.

[중구-3] 신당역~약수역으로 이어지는 중구 최대의 주거지역

마지막은 즉석떡볶이로 유명한 신당역에서 약수역으로 이어지는 중구 최대의 주거지역이다. 인근은 대부분 다세대 지구니 바로 청구역 쪽으로 이동하자. 청구역으로 나오면 바로 보이는 청구 e편한세상은 서울 시내 어디든 편리하게 이동이 가능한 5·6호선 청구역 초역세권 아파트로, 2·6호선 신당역과 3호선 약수역도 도보로 이용이 가능하다. 이곳에서 래미안하이베르로 가는 길은 언덕이지만 한여름만 아니라면 천천히 걸어갈 만 하다. 하이베르 바로 옆 신당 현대는 언덕에 있어서 일부 동은 뷰가 좋으나 주차대수가 0.52대로 자동차 출퇴근 시 다소 힘들 수 있으며, 이어지는 신당 푸르지오와 신당 삼성은 5호선 신금호역까지 나름 가까워서 이용이 편리하나 신금호역까지는 언덕이라서 한여름이나 한겨울에는 힘들 수 있으니 반드시 걸어보고 판단해야 한다.

10분 정도 거리에 있는 신당동 최대의 단지 신당동 약수 하이츠(2,282세대, 공공임대 684세대 포함, 총 19개 동)가 있는데, 이곳은 인근 남산타운 및 신당 8구역 재개발 시 동반상승 가능성이 있으며, 고층의 경우 남산 타워 뷰가 잘 나온다. 바로 옆의 남산타운은 5,150세대(공공임대 2,034세대 포함, 총 42개 동)로 중구에서 가장 큰 대단지 아파트로, 용산·이태원 포함 서울 중심부 이동이 매우 편리하나 바로 앞 버티고개역 상권이 크지 않기 때문에 약수역까지 나와야 편의시설을 이용할 수 있는 단점이 있다. 그러나 이곳은 리모델링 추진으로 향후 행보가 주목되는 단지이다. 이제 마지막으로 약수역(3호선·6호선)으로 다시 이동해서 중구의 마지막 임장을 마치도록 한다.

삼국지 흙수저 영웅, 조자룡의 재테크를 배우다

강동구-1/2

삼국지의 수많은 영웅 중에서 나는 조자룡을 가장 좋아한다. 진정한 흙수저 영웅이기 때문이다. 유비·관우·장비·제갈량은 흙수저가 아니었냐고? 유비는 어렵게 살았지만 한나라 왕족 가문이었고, 관우는 요즘으로 치면 좋은 직장인 선생님에 해당하는 서당 선생님이었으며, 장비는 사대부 집안 출신으로 문무를 겸비하고 서화도 뛰어났던 사람이었다. 제갈량(제갈공명)의 아버지는 군승을 지낸 고위공무원이었다. 오직, 상산(常山) 조자룡만이 진정한 흙수저였다. 야사에 따르면 조자룡은 자경단(自警團)이었다고도 하는데, 한마디로 별 볼 일 없는 가문에서 태어난 마을 자율 방범대였다.

대부분 삼국지 영화나 드라마는 주인공인 유비·관우·장비의 시각에서 다뤄진 반면, 2008년 개봉한 '삼국지 : 용의 부활'은 조자룡의 시각에서 고향 땅의 흙수저에서 유비 휘하의 대장군이 되기까지 어찌 보면 흙수저 조자룡의 성공기가 같은 흙수저인 나의 마음을 건드렸다.

조자룡이 유비의 절대적 신임을 얻고 대장군이 될 수 있던 건 유비의 아들을 품에 안고 적들의 창과 칼을 수없이 빼앗아 가면서 그 빼앗은 칼과 창으로 적들을 죽이면서 그 사지를 뚫고 나온 것이 계기가 되었다. 비록 상상이지만, 조자룡이 유비의 아들을 구하러 가기 전, 밥을 든든하게 먹는 장면이 나오는데, 이때 밥을 주는 고향 선배가 "속이 든든해야 싸우지, 실컷 먹어 둬."라고 당부한다.

든든하게 배를 채우고 적진으로 뛰어 들어가 유비의 아들을 구해 돌아온 흙수저 영웅 조자룡의 성공기를 나의 재테크와 연결해 보겠다.

①태생 : 흙수저로 동일

②공부 :

조자룡 : 끊임없는 창술 연마, 별 볼 일 없는 가문 출신의 자경단이었기 때문에 주변에 무술 고수는 없었을 것이고, 혼자 공부할 수밖에 없었을 것이다.

나 : 끊임없는 재테크 공부, 흙수저인 관계로 주변도 대부분 흙수저들이 많았다. 재테크를 혼자 공부할 수밖에 없었다. 참고로 은행에서 일한다고 누가 재테크 가르쳐주지 않는다. 의외로 주변에 재테크 폭망한 은행원들을 꽤 많이 봤다.

③기회 포착 :

조자룡 : 유비의 아들과 와이프가 적진에 홀로 떨어져 있고, 그들을 구해온다는 것은 목숨을 걸 만한 엄청난 기회라는 것을 알았다.
나 : 무엇이 진정한 재테크의 기회인지를 알고자 했다. 기회와 사기는 한 끗 차이이기 때문에 매사 조심해서 살폈다.

④ 시드머니 :
조자룡 : 그에게는 말과 창이라는 시드머니가 있었다. 유비에게 빌려서 탔을지도 모르지만, 그것도 유비가 가능성이 있다고 생각하니까 빌려준 것이다.
나 : 시드머니는 흙수저 재테크 성공의 중요한 원천이다. 시드머니를 위해서 직장과 신용도를 좋게 유지 했고 이를 통해 대출을 좋은 조건으로 받을 수 있었다.

⑤ 돌진 :
조자룡 : 일단 기회를 포착하고 말과 창을 가지고 적진을 향해 돌진했다.
나 : 일단 기회를 포착하고 시드머니로 그 기회를 향해 돌진했다.

⑥ 레버리지 :
조자룡 : 자신의 창이 부러졌을 때, 적들의 창과 칼을 수없이 빼앗아서 사용해 가면서 싸웠다.

나 : 흙수저 재테크는 레버리지를 정말로 잘 활용해야 한다. 여러 번 잘 활용했다.

⑦담력 :

조자룡 : 일단 적진에서 나 홀로 싸우는 것은 엄청난 담력을 필요로 한다.

나 : 재테크의 순간에는 담력이 필요하다. No Risk에는 Low Return 이니까.

⑧상황판단 :

조자룡 : 유비의 아들과 유비의 와이프를 찾아냈을 때, 아들을 선택했다. 물론 유비의 와이프가 자살을 했지만, 한 명을 선택해야 한다면 조자룡은 아들을 선택했을 것이다. 당시, 유비의 나이는 꽤 많았고 왕실의 대를 이을 아들이 절실했다.

나 : 흙수저이기 때문에 모든 곳에 투자할 수 없었다. 냉철하게 판단 후, 가장 효율적인 게 무엇인지 알고자 했다. 흙수저가 아니라면 여기저기 투자해도 되지만 나는 흙수저였다.

⑨안전한 투자회수 및 자신의 몸 값 극대화 :

조자룡 : 유비의 아들을 품에 꽁꽁 묶고, 그를 보호하기 위해서 갑옷을 겻대고 어떤 일이 있어도 보호했다. 금의환향(錦衣還鄕) 후 조자

룡의 몸값은 천정부지로 올랐을 것이다. 이처럼 흙수저 재테크에서 가장 중요한 것 중 하나인 '자신의 몸 값 극대화'를 아주 잘 실천했다.
나 : 투자를 해서 획득한 이득은 정말로 잘 보호했다. 흙수저들이 주의해야 할 때가 첫 번째 투자 성공 후다. 준비 없이 두 번째 투자를 하면 필패다. 또한 나는 직원 3명의 월급 백만 원을 받는 회사원에서 억대의 연봉을 받는 은행원이 되기까지 피눈물 나게 고생했다. 졸업 후 IMF의 직격탄을 맞았기 때문이기도 했다. 원체 가진 게 없었기에 안정적이고 평균보다 높은 급여가 절실했다. 지금은 은행을 그만두었지만 벤처가 망한 후, H 카드와 H 캐피탈을 포함해서 월급 많이 주는 금융권을 20년 이상 다니고, 명퇴금을 받고 퇴직하였으니 큰 미련은 없다. 물론 태어나보니 강남에 살고 있는 돈 많은 부모 만나서 충분한 사교육을 받은 후 명문대를 졸업하고, 다시 부모의 도움으로 유학을 다녀와서 첫 직장으로 은행에 쉽게 들어온 분들 천지였지만, 그건 그분들의 팔자고 나는 고생해서 들어올 팔자였다. 내 팔자를 원망하지는 않는다.

⑩ 지인 관리 :
조자룡 : 영화 속에서 조자룡은 결정적 실수를 했는데, 바로 자신이 죽음을 무릅쓰고 적진에 뛰어들 당시, 유일하게 자신에게 먹을 걸 주고 챙긴 고향 선배를 성공 후 돌보지 않고 팽개쳤다. 영화 속 허구지만, 결국 선배는 조자룡의 등에 칼을 꽂았다.

나 : 흙수저인 나는 혼자 잘해서 성공할 수 없었다. 그동안 수많은 조력자들과 도움을 주는 사람들을 만났는데, 나의 성공에 결정적인 영향을 준 사람들을 잊지 않았다. 여기서 성공은 꼭 재테크의 성공을 이야기하는 건 아니다. 인생의 가르침 및 이직·승진 등의 지원도 포함된다. 그리고 꼭 금전적인 보상을 이야기하는 건 아니다. 내가 이 자리에 오기까지 도와주신 모든 분께 감사해하고 또 그분들을 존경한다.

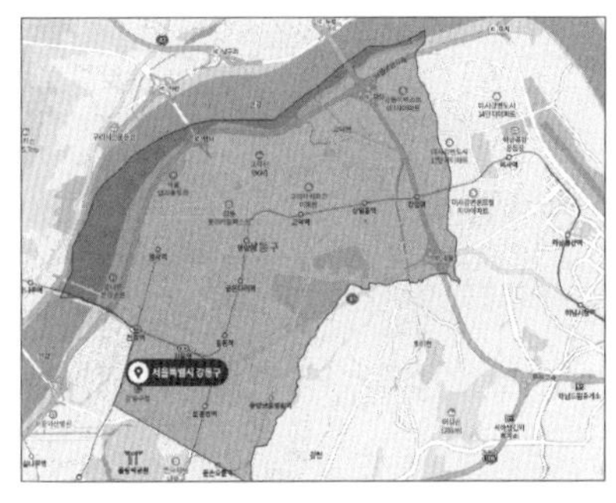

1963년까지 경기도 광주군이었던 강동구는 1963년 서울로 편입되었다. 그 후 성동구와 강남구 관할을 거친 후 1979년에 강동구로 분리되었고 오늘의 강동구로 이어지고 있다. 서울 동쪽 끝에 있어서 강남 이외에는 30분 내로 주요 일자리를 가기 힘들지만, 그 외 웬만한 곳은 40분 대 인 것을 감안하면 서울 주요 교통의 요지 중 하나인 것은 자명하다. 이곳 강동구 임장은 명일동 인근과 강동역 인근으로 나눠서 진행하는 것이 효율적이다.

강동구 임장을 할 때에는 2023년 6월 이후 분양 예정인 다음의 재정비사업 위치와 주변 환경도 함께 체크하자.

아파트명	상세 주소	건설사	전체세대	공급규모	분양 예정
둔촌동 둔촌현대1차 리모델링	강동구 둔촌동 30-4	포스코건설	572	74	2023.07
성내동 성내5구역	강동구 성내동 15	DL이앤씨	408	324	미정
천호동 천호4구역	강동구 천호동 410-100	포스코건설	670	174	2023.07
천호재정비촉진지구 천호3구역	강동구 천호동 423-76	DL이앤씨	535	310	미정

[강동구-1] 명일동과 고덕 인근

5호선 명일역 1번 출구에서 고덕역을 지나 상일동역으로 가보자. 명일역 1번 출구로 나오면 보이는 래미안 명일역 솔베뉴는 명일역 2분 초역세권으로 기존 삼익그린 1차 아파트가 재건축되어 2019년 입주한 완전 신축의 2천 세대에 육박하는 대단지 아파트다. 인근에는 재건축 추진 중인 명일 삼익그린(맨션) 2차가 있으며, 이곳은 고명초등학교가 단지 내 있는 일명 초품아로 명일역과 고덕역 역세권이며 재건축이 완료되면 방금 본 래미안 명일역 솔베뉴를 뛰어넘는 대단지 아파트로 탈바꿈이 될 것이다.

바로 옆 772세대 2개 동으로 이루어진 명일지에스를 지나면 명일동 삼익가든(삼익맨션)과 길동 삼익파크(맨션)이 같이 보이는데 이곳은 5호선 굽은다리역 역세권으로 길동 공원을 편하게 이용 가능하나 주차 공간이 부족하다. 두 개 모두 1980년대 초반에 지어진 용적률 170~180의 아파트로 재건축 추진이 빠른 편이니 소위 말하는 몸 테크로 크게 몸을 고생하지 않으면서 살기도 나쁘지 않은 단지다.

10분 정도를 걸어가면 녹지가 많은 고덕 주공 9단지가 나오는데 이곳은 바로 뒤 길동 공원 이용이 편리하나 역까지 약 10분 이상이 소요되고 주차 공간이 0.51로 매우 협소하다. 길 건너 바로 대명초가 있어서 초등학생 학부모들의 인기가 좋다. 인근의 명일 2동 우성아파트 역시 지하철이 약간 머나, 주차 공간이 1.04대로 주변 구축에 비해 괜찮은 상황이고 명원초·명일여고 바로 앞이라 초중고 아이를 둔 학부모들에게 인기가 있으며, 명일 2동 현대아파트(고덕 현대)와 명일 한양은 강동아트센터 및 명일공원 이용이 매우 편리하다.

5호선 고덕역 쪽으로 오면 명일 신동아가 보이는데 570세대 고덕역 초역세권 아파트이며, 이제부터 확인할 아래의 아파트들은 긴 세월을 거쳐서 명품 대단지로 탈바꿈된 고덕역 인근의 대단지 브랜드 아파트로 고덕역 신축 아파트들이 이곳에 모두 모여 있다. 고덕 아이파크는 고덕주공 1단지가 재건축된 아파트로 2011년 입주하였으며, 공원 및 한강공원까지 이용이 가능하다. 이곳에서 고덕 그라시움 쪽으로 가다 보면 고덕 도시 텃밭이 보이는데 서울에 이런 녹지가 있었는지 처음 와본 분들은 놀랄 수 있다. 고덕 그라시움과 고덕 아르테온은 기존의 주공 2~3단지가 재건축된 아파트로 상일동역 초역세권에 주변 녹지가 매우 우수하고 두 단지 합쳐서 1만 세대에 달하는 대단지고, 잠실과 비슷하다는 말을 한다.

5분 정도 더 걸어가면 나오는 고덕 숲 아이파크는 명일 근린공원과 상일 동산 중간에 위치한 리조트 같은 느낌의 아파트이며 상일동역 도보 이용 가능한 도심 속 힐링 아파트다. 바로 이어지는 고덕 센트럴 아이파크·고덕 롯데캐슬 베네루체·고덕 자이 모두 상일동역 역세권에 녹지가 우수하고 각각 모두 약 2천 세대 대단지 메리트가 있다.

단, 동에 따라 상일동역이 약간 멀 수 있으니 직장인들이라면 반드시 역에서 가까운 동이 어디인지 체크를 해봐야 한다. 이어지는 고덕 리앤파크 3단지, 2단지, 1단지 모두 고덕천이 단지 사이를 유유히 흐르는 리조트 같은 아파트로 상일동역 도보 역세권이나 1단지를 제외한 2단지와 3단지는 실제로 걸어보면 상일동역이 약간 멀 수 있으니 상일동역 5호선 쪽으로 걸어오면서 반드시 시간 확인을 해보자, 아침 출근 시간에서 졸린 눈을 비비고 출근하는 샐러리맨들에게 출근 전 10분은 지각을 하느냐 마느냐가 걸린 시간이다.

[강동구-2] 강동역과 둔촌 인근

5호선 강동역에서 둔촌을 거쳐 고덕역으로 가보자. 강동역 2-1 출구에서 1분 거리인 강동역 신동아 파밀리에와 래미안 강동 팰리스는 강동역 초역세권 주상복합으로 특히 강동 팰리스는 지하철역이 단지와 연결되어 커뮤니티센터가 매우 우수하다는 평을 받고 있다. 이어지는 천호 태영은 강동역과 천호역 이용 가능하나 강동역이 더 가깝다.

지하철을 타고 5호선 둔촌동역으로 이동해서 둔촌주공 재건축 현장으로 이동해 보자. 이곳 둔촌주공은 올림픽파크포레온으로 재건축 진행 중이며, 둔촌동역과 둔촌오륜역 더블역세권으로 향후 입주 시 12,032세대의 국내 최대 매머드 아파트로 탈바꿈될 것이다. 올림픽선수촌 재건축까지 완료되면 이 일대는 강동 최대의 주거단지로 탈바꿈될 것이다.

다시 5호선 명일역으로 이동하면 보이는 암사동 프라이어 팰리스는 명일역 역세권으로 작은 솜다래 근린공원 건너 바로 명일초등학교 통학이 가능한 초품아 아파트다. 강동롯데캐슬 퍼스트도 명일역 도보 이용이 가능하며, 향후 선사 역이 생기면 거주 편의성 추가 증대가 예상된다. 고덕 래미안 힐스테이트는 고덕역 10분 역세권 아파트로 커뮤니티시설이 우수하다. 마지막으로 묘곡초등학교를 끼고 있는 초품아 고덕역 역세권 아파트인 고덕 아이파크를 지나 다시 고덕역 5호선으로 나오면 강동구 임장을 모두 마치게 된다.

고객님, 전 개○○ 맞습니다. 저와 콜센터 잘못입니다

광진구-1/2

은행에서 상관이었던 L 부장님과 같이 금융상품개발을 하면서 콜센터와 같이 협업할 때였다. 콜센터는 크게 고객이 먼저 회사로 전화해서 이것저것 물어보는 인바운드(Inbound) 업무와 회사가 고객에게 전화를 하는 아웃바운드(Outboud) 업무가 있다. 고객이 궁금해서 먼저 전화를 하는 것과 회사의 필요로 고객에게 전화하는 것은 차원이 다르다. 아웃바운드 업무는 회사의 서비스나 물건을 팔기 위해서 고객에게 전화를 하는 것이 대부분이기 때문에 전화 받는 고객들의 반응이 좋을 리 없다. 혹시나 까칠한 고객에게 된통 걸리는 날은 그 상담원의 마음과 감정은 헤아릴 수 없이 상처를 받기도 한다.

어느 날이었다. 출근하자마자 콜센터 K 팀장님이 전화를 했다. 어제 오후에 한 고객에게 상품 판매를 위해서 건 전화가 문제였다. 이 고객은 전화를 받고 다짜고짜 화를 내고는 누가 자기에게 전화를 하라고 했는지 본사의 상품 담당자를 바꿔 달라고 난리를 쳤다. K 팀장도 고객과 여러 번 통화를 하였으나, 문제는 해결되지 않았다. 나는 그놈의 상품 담당자였다. 심호흡을 하고 수화기를 들고 전화를 걸었다.

"안녕하세요, 고객님, 어제 전화 요청하셨던 상품 담당자인 ○○팀장입니다. 혹시 어떤……."

"야, 이… 개나리 같은 자식아. 당장 전화하라고 했는데 12시간 넘어서 전화를 하냐?"

"죄송합니다. 바로 전화드리려 했는데 시간이 너무 늦었습니다."

"야, 이 개나리야. 내가 전화 바로 달라고 몇 번이나 이야기를 했는데, 지금 전화를 줘? 이런 쓰레기 같은 놈들 같으니라고."

"죄송합니다. 고객님. 혹시 어떤 부분이 불편하셨는지요?"

"야, 이 개나리야. 너 내 전화번호 어떻게 알고 전화했어?"

"고객님께서 상품 가입하시면서 전화번호 기입하셨고 전화를 거는 거에 동의를 해 주셨습니다. 어제 저희 콜센터 K 팀장과 통화 하시면서 본사 담당자가 전화 달라고 요청하시지 않으셨는지요? 필요하시면 동의하신 서류 사본과 통화하신 녹취록을 전달해 드릴 수 있습니다."

"야, 이 개나리야 내가 언제 동의했어? 내 허락 없이 왜 전화했어. 개나리야. 니 상관 바꿔!"

"고객님, 이러시면 안 되시죠. 개나리라니요."

결국 나도 폭발해 버리고 말았다.

한창 고객과 전화로 옥신각신하고 있는데, 통화를 듣고 계시던 L 부장님이 내 옆으로 쓱 오셔서 귓속말을 했다. L 부장님은 얼마 전 자양동으로 이사를 하신 상태였다.

"강 팀장, 전화 나에게 넘겨."

"네? 부장님, 아휴. 이런 분은 답이 없어요."

"괜찮아, 총괄 책임자 바꿔준다고 하고 나에게 넘겨."

결국 상관을 바꾸라고 난리난 고객의 전화를 L 부장님께 연결했다.

"안녕하세요, 고객님. 전화 바꿨습니다. 저는 총괄 책임자인 L 부장입니다. (약 10초 뒤) 네 고객님. 저 개○ 끼 맞습니다. 모든 게 다 부장인 저의 잘못입니다. 부장인 제가 아랫사람 관리를 잘못했습니다. 네, 그럼요, 모두 이해합니다. 대신 사과드립니다. 모든 게 다 저와 저희 콜센터의 잘못입니다. 앞으로 더욱더 주의하겠습니다."

부장님께 전화를 돌리고 안절부절못하던 나는 부장님이 통화하는 내용을 듣고 그만 얼음이 되어 버렸다. 어느덧 L 부장님은 그 고객과 하하 호호하면서 전화를 마무리를 했다. 나는 부장님께 달려갔다.

"부장님, 어떻게 된 거예요?"

"내일 우리 회사 1층으로 찾아오겠다고 해서 그러라 했어. 내가 커피 한잔하고 마무리할 테니, 너는 신경 쓰지 말고, 밥 먹으러 가자."

광진구의 가장 큰 특징은 마용성에 연이어 있는 한강변이면서, 마포구 건너 여의도, 용산 건너 강남 반포, 성동 건너 강남 압구정이 짝꿍처럼 있는 것처럼, 한강을 건너면 청담과 잠실이다. 북쪽 용마산역에서 7호선이 내려와서 군자와 건대를 거쳐서 청담대교 쪽으로 빠져나가며 5

호선이 장한평에서 군자와 아차산을 거쳐서 천호동 쪽으로 빠져나가고, 2호선이 건대와 구의역을 거쳐서 잠실로 나가면서 광진구 주요 교통을 담당하고 있다.

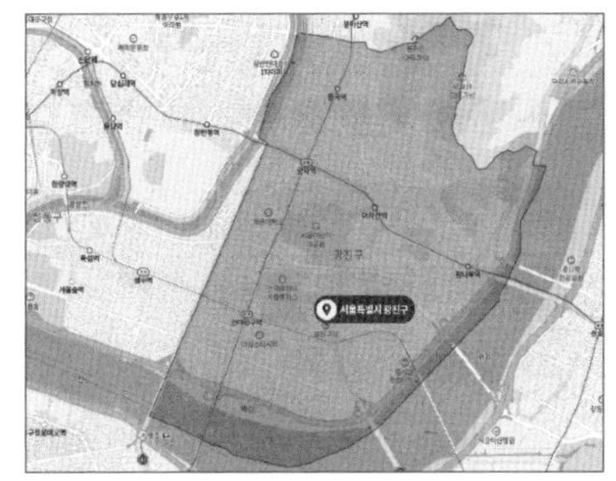

그러나 광진구 한강변은 마용성과 같이 대단지 아파트가 많지 않으며, 용적률이 높은 나 홀로 아파트들이 산재해 있기 때문에 앞서 살펴본 마용성에 비해서 젊은 고소득의 맞벌이 부부가 좋아할 최고의 입지는 아니다. 교통은 도보로 둘러보기에 애매한 편이다. 광진구 임장은 뚝섬유원지역 인근의 자양동 지역과, 강변역에서 시작해서 구의동 한강변 대단지와 광장동, 아차산 일대를 둘러볼 것이다. 주요 지하철역을 살펴보면 바로 강 건너 바로 청담과 잠실이기 때문에 강남역까지는 대부분 20분 대면 도착하며, 그 외 주요 일자리는 40~50분 정도면 도착할 수 있다. 아직 자금력이 부족해서 최선이 아닌 차선이나 차차선을 선택해야 하는 많은 분들이 반드시 눈여겨봐야 할 지역임을 명심하고 임장에 임하자.

광진구 임장을 할 때에는 2023년 6월 이후 분양 예정인 다음의 재건축사업 위치와 주변 환경도 함께 체크하자.

아파트명	상세 주소	건설사	전체세대	공급규모	분양 예정
자양동 롯데캐슬 이스트폴	광진구 자양동 680-63	롯데건설	1,063	631	2023.06

[광진구-1] 뚝섬유원지역 인근 자양동 지역

광진구 임장의 첫 번째는 뚝섬유원지역 1번 출구에서 시작된다. 1번 출구를 나가면 바로 보이는 한강 우성은 355세대(총 2개 동)의 작은 아파트이나, 뚝섬유원지역 2분 초역세권에 앞은 영구 한강 조망이 가능한 아파트다. 단, 용적률 318%로 재건축보다 리모델링 가능성이 현재로서는 더 높은 것으로 봐야 한다. 바로 옆 한강현대, 한강 성원 역시 비슷한 204세대(총 2개 동), 140세대(총 1개 동)의 작은 단지로 역시 용적률이 335%, 343%로 한강 우성 보다 높다는 점에서 투자가치는 한강 우성 보다 낮다. 한강우성·한강현대·한강성원 세 아파트를 통합하여 재건축 추진 중이며. 통합하여 재건축을 할 수만 있다면 투자성은 좋을 것이다. 이곳 모두 주차난이 심각한 편이니 실거주 및 자차를 이용한 출퇴근을 생각한다면 본인들이 감내 가능한 주차장 수준인지를 평가해야 한다.

한강 아남빌라트, 한강 극동 모두 1~2개 동 나 홀로 아파트로 재건축 이야기가 나오고는 있지만 반드시 실거주인 경우에만 관심을 가지는 게 좋다. 한강극동에서 5분 정도 가면 비교적 최근인 2006년 입주한 광진 한화 꿈에 그린이 나오는데 116세대(총 2개 동)로 한강 영구 조망이 가능한 신축 아파트다. 이제 약 20분 정도 걸어서 건대입구역으로 걸어가자.

건대입구역(2호선, 7호선) 5번 출구로 나오면 자양동을 대표하는 주상복합 아파트이면서 지하철과 백화점 이용 등이 매우 편리한 1,177세대(총 4개 동) 대단지 더샵 스타시티를 확인할 수 있다. 10분 정도 걸으면 나오는 이튼타워 리버 주상복합 1~5차 단지는 더샵 스타시티를 포함해서 최근에 지어진 광진구의 주요 단지다. 이튼타워 리버 1차는 이튼 1~3차 중에서 지하철역이 가장 가깝고 문화예술회관 이용이 매우 편리해서 혹시 수영 등을 좋아한다면 편리한 여가 생활을 즐길 수 있다.

바로 옆에 붙어 있다시피 한 우성 6차 아파트는 96세대(총 1개 동)의 초소형 단지로 강남이 아니기 때문에 단독 재건축·리모델링은 거의 불가능하다고 봐야 한다. 아마 이곳 거주민들도 그 사실을 알고 있을 것이고 가능하면 자양우성 3차와 공동으로 진행하기 위한 노력 중인 것으로 보인다. 자양 우성 3차는 방금 본 우성 6차보다 용적률도 좋고 세대수도 464세대(총 7개 동)로 중간급 정도 되는 단지로 초중고 인접 및 편의시설 인접으로 살기에 나쁘지 않다 단점을 하나 꼽으라면 주차장인데 여기 역시 적응되면 괜찮을 것이다.

4분 거리에 이튼타워 리버 2차(주상복합)를 볼 수 있으며, 주상복합에 관심이 없다면 바로 옆의 자양 2차 현대로 건너뛰자. 1개 동 용적률 312% 아파트로 투자가치에는 한계가 있으며, 옆 자양 6~10차 현대홈타운 단지들은 초등학교 이용이 편리하나 용적률이 높다.

자양 6~10차 현대홈타운, 자양동 삼성을 처음 본 분들이라면 뚝섬유원지역 약 5~10분 역세권과 일부 한강 조망권으로 나쁘지 않다고 생각할 수 있지만 구입을 하고자 한다면 맞은편 중국인 거리를 반드시 확인해 봐야 한다. 향후 이곳 중국인 거리가 대림동 같이 변화될지 아니면 돈 많은 중국인들이 모여 사는 고급 주거단지가 될지 아직은 명확하지 않다. 자양 10차 현대홈타운, 자양 9차 현대홈타운, 자양 7차 현대홈타운 모두 신양 초등학교 이용이 편리하고 뚝섬유원지역 5분 거리로 초역세권 단지이나 모두 2000년대 초반에 지어진 각각 200세대 미만에 용적률도 300%가 거의 육박한 아파트다.

주상복합 시리즈 단지인 이튼타워 리버 3차(주상복합), 광진 트라팰리스, 이튼타워 리버 5차 모두 뚝섬유원지역 초역세권으로 실거주 만족도는 매우 높은 편이나 아파트가 아닌 주상복합이라는 한계를 명심하고 관리비·실내면적 등을 확인 후 투자에 임해야 한다.

이제 여기서 2호선 구의역(광진구청)까지 이어지는 길은 이 좋은 광진구 한강변을 난개발로 진행한 것을 직접 눈으로 확인할 수 있는 좋은 지역이다. 아래의 각 아파트 단지들과 인근 빌라들을 하나로 묶어서 개발을 했으면 압구정은 아니더라도 마용성(마포·용산·성동)과 잠실 정도는 되고도 남았을 것이다. 경남 아너스빌에서 다시 16분 정도 걸으면 2호선 구의역(광진구청)에 도착할 수 있으며, 이곳에서 광진구의 첫 임장을 마치도록 한다.

[광진구-2] 구의동 한강변과 광장동 > 아차산

이번에는 강변역(동서울터미널) 4번 출구에서 시작된다. 가장 먼저 보이는 구의 대림 아크로리버는 2004년 입주한 220세대(총 2개 동) 용적률 746%, 주차대수 2.49대인 주상복합으로 강변역 도보 3분 초역세권이기 때문에 실거주가 매우 편리하다. 바로 앞 강변 우성은 동서울터미널을 끼고 있는 한강뷰 아파트이나, 터미널과 강변북로 소음이 일부 있다는 것을 감안해야 한다. 10분 정도 걸으면 보이는 광진 해모로 리버뷰와 자양한양도 성동초·양남초·광진중을 끼고 한강뷰가 가능한 강변역 역세권 아파트다.

시간 여유가 있다면 광진 하우스토리 한강도 둘러보자. 이곳은 영구 한강 조망이 가능한 175B㎡ 이상의 대형 평형 위주 아파트이나 82세대(총 2개 동)라는 한계가 있다. 13분 정도 걸어서 다시 강변역(동서울터미널)으로 돌아오자. 강변역 5분 거리 구의동 세양은 구의공원과 강변역 인근을 쉽게 이용할 수 있으며, 바로 옆에 있는 구의동 현대 6단지는 강변역 10분 정도 소요되는 단지이나 주차가 0.67로 다소 협소한 편이다.

이어지는 6개의 대단지인 구의동 현대 2단지, 현대 프라임 아파트, 광장 현대 3단지, 광장 현대 5단지, 광장 현대 8단지가 이곳 광진구 구의동의 핵심지역이다. 이들 단지의 세대수는 각각 1,606세대(총 15개 동), 1,592세대(총 15개 동), 1,056세대(총 10개 동), 581세대(총 6개 동), 537세대(총 3개 동)로 광진구에서는 보기 드문 대단지 아파트 밀집지역이다. 모두 용적률은 높지만 광진구 한강변의 핵심축이다.

구의동 현대 2단지는 인근 구의·자양 재정비 촉진지구 완공 시 동반 상승 가능한 대단지 아파트이며, 현대 프라임 아파트는 인근 테크노마트와 롯데마트 등 생활편의 시설과 강변역 이용이 편리한 입지 좋은 한강변 아파트다. 광장 현대 3단지는 세대수만 보면 1천 세대가 넘는 대단지지만 주차가 다소 심각한 수준인 점을 감안해서 주중·주말·낮·밤 모두 주차장을 반드시 확인해 볼 것을 추천한다. 3단지에서 4분 정도 거리에 있는 광장 현대 5단지와 광장 현대 8단지는 광남초·중·고를 끼고 있고, 특히 광장 현대 5단지는 앞을 가로막는 게 없고 앞으로도 건물이 들어올 리 없는 영구 한강 조망 아파트다.

광장 현대 8단지에서 5분 정도 걸어가면 한강 영구조망권이 있는 삼성 1차 아파트가 나오는데 165세대(총 1개 동)이지만 용적률이 208%로 다소 낮은 편이기 때문에 재건축 추진 중이다. 입지만 좋으면 나홀로 아파트도 재건축이나 리모델링이 가능하다는 것을 증명하고 있으며, 한강변 나홀로 아파트들의 미래가 암울하지만은 않다는 것을 보여주고 있다.

이제 삼성 2차 아파트를 지나서 광나루역 쪽으로 걸어가자. 중간에 나오는 광장 극동 1차는 광나루역 초역세권 한강뷰 아파트로 최근 젊은 층 유입과 동네 수준이 올라가면서 주차가 점점 협소해지고 있는데, 이는 한강변 오래된 아파트들의 공통적인 특징이다. 최근 몇 년 동안에 한강변 오래된 아파트에 젊은 층의 유입이 급증했으며, 이로 인해서 주차장에는 고급차들의 비중이 많이 올라갔다. 이제 896세대(총 11개 동)인 광장 극동 2차를 지나서 광나루역 5호선으로 들어가도록 하자.

광나루역 5호선에서 5분 정도 거리에 있는 광장동 현대 홈타운 12차는 2004년 비교적 최근에 지어진 광나루역 초역세권 한강뷰 아파트이면서 주차 공간이 2.32대로 젊은 층 선호도가 높다. 대단지(1,170세대, 총 13개 동) 광장동 현대파크빌 10차를 지나서 2012년 바로 옆에는 입주한 광장 힐스테이트가 나오는데 커뮤니티시설이 갖춰진 역세권이다.

5분 거리인 광장동 현대 9단지는 역에서는 약간 거리가 있으나 조용해서 거주 만족도가 높으며, 광장 청구 아파트는 주차가 0.78로 실거주는 다소 힘들 수 있다. 바로 옆에는 2008년 지어진 광장 자이 아파트가 있는데 이곳은 대형평형 위주로 세대당 주차가 2.32대로 넉넉한 주차를 선호하는 분들에게 인기가 있다. 바로 인근 광장 금호베스트빌은 주변의 녹지가 우수하나 지하철역이 거리가 조금 있다.

이제 아차산역 방면으로 움직이도록 하자. 6분 정도 거리인 래미안 구의 파크 스위트는 아차산역 도보 이용이 조금은 힘든 2018년 입주한 새 아파트이며, 4분 거리인 아차산 포레안은 서울시 물 연구원과 구의 야구 공원 등으로 둘러싸인 자연환경이 좋은 아파트이면서 아차산역도 도보로 5분 이내로 충분히 초역세권을 누리면서 살 수 있는 2010년 지어진 아파트다. 세대수가 125세대(총 3개 동)지만 주변 환경이 쾌적한 편이다. 이제 8분 정도 거리에 있는 아차산역 5호선으로 가서 광진구의 두 번째 임장을 마치도록 한다.

와이프는 그 남자를 보러갔고, 나는 가좌역 부동산을 갔다

서대문구-1

예전 언젠가 와이프에 이끌려서 간 이승환 공연에서 처음으로 'Fall to Fly' 노래를 들었었다. 당시 그 노래를 듣던 나는 그리스 로마 신화 속 이야기인 이카루스의 날개가 떠올랐다.

미케네의 미궁을 만든 그리스 최고의 기술자 다이달로스는 아들 이카루스와 함께 자신이 만든 미궁에 갇히게 되었다. 다이달로스는 미궁 속 작은 창으로 날아 들어오는 새의 깃털을 날마다 모아서 거대한 날개를 만든 후 자기와 아들의 몸에 꿀벌의 밀랍을 이용해서 날개를 이어 붙였다. 날개를 몸에 단 두 사람은 새처럼 날아서 미궁을 탈출했다. 다이달로스는 날기 전에 아들에게 신신당부했는데 밀랍이 녹으면 날개가 무너지기 때문에 반드시 바다와 태양의 중간에서 날아야 한다는 것이었다.

'너무 높이 날지도, 그렇다고 너무 낮게 날지도 말거라 아들아! 바다와 가까이 날면 습기 때문에 날개가 무거워져 떨어진단다. 반대로 태양

가까이 다가가면 밀랍이 녹아 버려서 죽게 되니. 꼭 유념해야 한단다.'

다이달로스와 이카루스는 날개를 이용해서 자유롭게 하늘을 날게 되었다. 아들 이카루스는 더 높이, 더 멀리 날아가고 싶었다. 그는 아버지의 당부를 잊고 태양 가까이 간 나머지, 날개의 밀랍이 녹아서 바다로 떨어지게 되었다. 그리스 신화 이야기는 이처럼 자신이 만든 날개로 하늘을 날다가 추락하는 아들을 보면서 다이달로스가 비명을 지르며 끝이 나는 비극이다.

만약 바다로 추락한 아들에게 다이달로스가 "괜찮아, 살다 보면 추락할 수도 있는 거야. 다시 날개를 달고 훨훨 날아오르면 된단다. 일단은 나랑 같이 헤엄을 쳐서 앞으로 나가보자. 이까짓 날개, 없어도 충분히 살아갈 수 있단다."라고 이야기 했다면 결과는 달라졌을 것이다.

수많은 청년들이 취업과 주거 문제로 많은 고통을 겪고 있다. 그동안 학교에서 부모님의 노력으로 달아준 그 밀랍 날개를 달고 훨훨 날아오를 줄 알았겠지만. 아쉽게도 부모님의 희생으로 만들어진 그 얇은 밀랍 날개는 사회에서 현실에 부딪히는 순간 대부분 이카루스의 날개와 같이 녹아 없어진다. 부모님이 만들어서 당신의 어깨에 달아준 그 밀랍 날개가 거친 세상에서 녹아서 바닥으로 추락하더라도, 훌훌 털어버리고 다시 날아오르기를 바란다. 날개가 녹아버려서 바다에 빠졌다면 헤엄쳐서 가면 되는 거 아니겠는가?

오늘도 공연장 근처에서 커피를 마시면서 와이프를 기다리며 글을 쓸까 하다가 공연장을 가기 전에 경의중앙선 신촌역에 내려달라고 했다. 이곳에서 나는 경의 중앙선을 타고 가좌역으로 갈 예정이다. 경의중앙선을 타고 가좌역에 와 보면 뭐랄까 가깝고도 먼 서울이라는 표현이 떠오른다. 서울 아파트에서 교통망 특히 지하철의 이용이 얼마나 용이한지가 중요한 포인트라는 것을 여실히 보여준다.

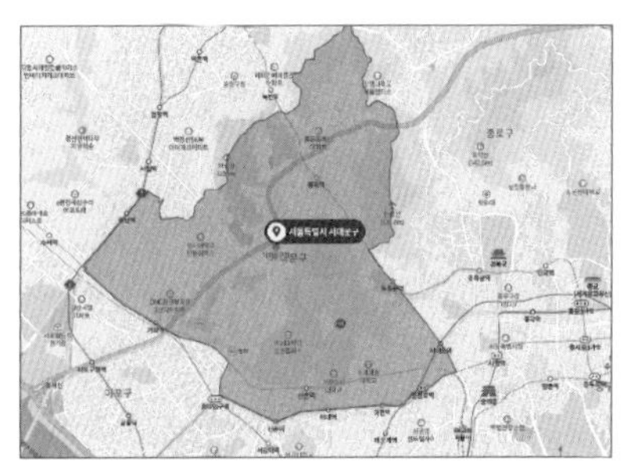

오래전 서대문을 가 본 분들이라면 연대·이대·홍대 등 대학가 주변의 낡은 빌라로 가득한 동네로 생각할 수 있다. 하지만, 세상이 바뀌었다. 서대문의 위치를 확인해 보면 일자리가 많은 종로·중구를 끼고 있으며, 마포와 용산과도 맞닿아 있는 핵심 요지다. 북쪽으로 은평구도 지척이다. 서대문역에서 광화문까지는 지하철 소요 시간 5분 안이다. 주요 일자리를 30분 이내에 갈 수 있는 곳, 그곳이 바로 서대문구다.

서대문구 아파트는 한 군데에 몰려있지 않고 크게 세 군데의 지역으로 분리되어 있다. 중간에는 안산과 백련산이 자리잡고 있으며, 연세대와 이화여대가 서대문구의 큰 부분을 차지하고 있다. 생각보다 대학이 굉장한 면적의 땅을 서대문구의 노른자위에 가지고 있는 이곳 서대문구 임장은 한 번에 보기 힘들다. 이에, 다음과 같이 3곳으로 나눠서 임장하는 것이 좋다.

서대문구 임장을 할 때에는 2023년 6월 이후 분양 예정인 아래의 재건축과 재개발사업 위치와 주변 환경도 함께 체크하자.

아파트명	상세 주소	건설사	전체세대	공급규모	분양 예정
남가좌동 DMC 가재울아이파크	서대문구 남가좌동 289-54	HDC현대산업개발	283	93	2023년 하반기
북가좌동 북가좌6구역재건축	서대문구 북가좌동 372-1	DL이앤씨	1,970	645	2025년
연희동 연희1구역재개발	서대문구 연희동 519-39	SK건설	1,002	322	2023년 하반기
영천동 서대문영천반도유보라	서대문구 영천동 69-20	반도건설	199	108	2023.10
홍은동 서대문센트럴아이파크	서대문구 홍은동 11-111	HDC현대산업개발	827	409	미정

[서대문구-1] 가좌역 인근 지역

서대문구의 경우 지리적으로 서울 중심부에 있는 구 같으면서도 가좌역에 와 보면 판교나 일산, 분당 같은 느낌이 든다. 이곳 남가좌는 내부 순환도로 때문에 분리된 듯한 느낌이 들지만 핫한 홍대와 광화문이 인근이라는 사실을 잊지 말아야 한다. 서울 주요 지역 일자리 중에서 강북쪽 일자리까지의 거리가 멀지 않다는 말이기도 하다.

가좌역 4번 '사천교' 출구로 나가서 DMC 파크뷰 자이단지 쪽으로 가보도록 하자. 큰길을 따라가도 좋지만 DMC 금호 리첸시아 옆 읍내 같은 시장통을 따라서 가는 길도 재미있다. DMC 파크뷰 자이는 경의 중앙선 가좌역에서 약 6분~10분 정도 걸리는 역세권 아파트다. 조경 및 편의시설(수영장 등)이 잘 되어 있는 약 4,500세대 대단지 아파트로 입학 전 아이들을 키우기는 좋으나 교육 등 주변 생활 인프라가 아직은 부족한 상태다. 경제력 있는 젊은 층의 유입으로 이 단점은 점점 좋아질 것으로 예상된다. 마포나 성동도 처음에는 인프라가 좋지 않았지만 신축 대단지 아파트로의 고소득 젊은 층의 유입으로 저절로 인프라가 좋아진 것과 같은 맥락인 셈이다.

바로 뒤 남가좌 현대 아이파크는 1999년 지어진 1,155세대 아파트로 지하 주차장 이용이 다소 불편하긴 하지만, 이쪽 아파트들 주민들은 대체로 배차 시간이 긴 경의 중앙선 가좌역보다 버스를 타고 광화문 등으로 출퇴근하는 비율이 높다.

DMC 쌍용스윗닷홈을 지나 명지대 인문 캠퍼스 바로 앞 DMC 센트럴 아이파크는 동간 거리가 넓고 쾌적해 보이는 게 서울 같지 않다는 말을 듣는 곳이다. 이 점이 바로 이곳 가재울 뉴타운의 특징이다. 특히 여기는 가재울 뉴타운 안쪽이라서 가좌역을 이용하기보다는 버스를 타는 게 더 편할 수 있기 때문에 직장이 강남 쪽이면 출퇴근은 다소 불편할 수 있다. 아마 부부가 모두 강남이 직장이면 이곳은 들어오지 않았을 것이다.

DMC 두산위브와 DMC 래미안 클라시스를 거쳐서 내리막길을 따라 오른쪽에 위치한 DMC 에코자이는 2019년 12월에 입주한 아파트다. 다시 가좌역 쪽으로 돌아가보자. DMC 에코자이 옆 래미안 DMC 루센티아는 2020년 2월에 입주한 1천 세대 이상의 아파트 단지다. 옆에 보이는 DMC 센트레빌과 DMC 아이파크는 활성화된 상가들이 인근에 있어서 가좌역 단지 중에서 거주 편의성이 높다. 이곳은 전반적으로 지하철 이용이 애매해서 마을버스를 타고 다녀야 하는 단점이 있다. 이제 DMC 래미안 e편한세상 1~3단지를 빙 둘러보면서 인근 단지들을 둘러보도록 하자. 여기서 경의 중앙선이 편하신 분들은 가재울역으로 가면 되고, 아니면 버스나 택시 등을 이용해서 가재울 뉴타운 임장을 마치도록 하자.

[서대문-2] 북아현 주택 재개발 지역

북아현의 위치는 서대문구 중에서도 가장 광화문과 중구에 가까운 핵심지역이다. 그럼에도 불구하고 그동안 재개발 이슈 등으로 많은 험난한 시절을 보낸 지역이고 빛을 볼 날이 이제 머지않았다. 서대문구에 갔다면 북아현 인근을 방문해 보고 입지 파워를 느끼고 오는 것만으로도 충분하다. 2지구 같은 경우는 2·5호선 더블역세권인 충무로역을 쉽게 이용할 수 있는 초역세권 직주근접 서울 아파트로 탈바꿈될 것이다.

[서대문-3] 홍은동과 홍제역 인근 지역

3호선 홍제역 4번 출구로 나와서 보면 산세가 좀 있는 동네라는 것을 알 수 있다. 바로 앞 704세대의 홍제 현대는 홍제역 역세권으로 한눈에 보기에도 아파트 지대는 좀 높아 보인다. 그래도 여기만큼 종로 을지로 쪽으로 출퇴근하기에는 좋은 동네는 없다. 인근 안산이나 홍제천 산책도 가능하고, 일부 지역은 내부 순환도로 때문에 소음이 좀 있지만 직주 근접의 차원에서 한번 접근해 보자.

내부순환도로 건너편의 홍은동 현대는 백련산 바로 밑에 있는 숲세권 아파트이나 일부 동은 내부 순환도로 소음이 좀 있다. 홍은동 북한산 더샵은 아파트 배치가 일자로 배치가 되어 있어서 집에서 보면 백련산 조망이 우수한 단지다. 내부순환도로 및 일부 자동차 소음이 있지만, 2017년도 입주한 새 아파트라 방음이 잘 되어있어서 크게 시끄럽지는 않다.

바로 옆 홍은동 풍림 1차는 한 개 동 소단지이지만 자금력이 부족하고 광화문·종로 직주근접이 필요하다면 실거주로 추천할 만하다. 1차 옆의 홍은동 풍림 2차는 인왕산과 안산을 모두 쉽게 이용할 수 있어서 산을 좋아하는 분들에게는 딱이고 북한산 더샵이 입주를 하면서 주변 환경이 점점 좋아지는 중이다. 신축단지 옆의 구축들은 다 비슷한 간격을 두고 같이 움직이는 공통적인 특징이 있다. 홍은동 홍은 벽산 정문 쪽은 내부순환로 소음이 일부 있어 보이지만 안쪽으로 들어와 보면 아파트와 북한산 자락길이 연결되어 있어서 리조트에 사는 것처럼 숲세권을 느낄 수 있다. 여기 홍제동은 전반적으로 숲세권 아파트다.

홍제 3구역은 규모가 꽤 큰 편이고, 개발이 완료되면 인왕산 벽산 아파트와 문화촌 현대 같은 곳은 인근 효과로 동반 추가 상승 가능성이 있다. 개발하면서 발생하는 발파소음이나 공사 소음을 조금 견뎌야 하겠지만, 그 시간이 끝나면 결실이 기다리고 있을 것이다. 이곳에서는 버스로 30분 정도면 광화문까지 갈 수 있다

홍제역 해링턴 플레이스는 약 1,200세대 대단지 아파트로 정문 입구 101~104동은 홍제역 역세권으로도 좋다. 처음 분양할 때만 해도 아파트 브랜드 등 이런저런 말이 많았지만 지금은 쏙 들어갔다. 서울 중심부는 아파트 브랜드보다는 입지라는 것을 증명한 셈이다. 홍제원현대(홍제원힐스테이트)는 동에 따라서 홍재역보다는 무악재역이 좀 더 가까울 수 있고 세대수도 1천 세대에 육박하는 역세권 아파트로 산 아래에 있어 조용하고 공기가 좋다. 이제 무악재역 쪽으로 가보도록 하자.

인왕산 현대(인왕산 힐스테이트)와 인왕산(금호) 어울림은 무악재역 역세권 아파트로 산 바로 아래에 있으며, 광화문 직장인이라면 도보 출퇴근도 가능하다. 건너편 홍제 센트럴 아이파크로는 2018년 12월 입주한 새 아파트로 홍제역과 무악재역의 중간에 위치해 있다. 도로에 경사가 있으니 출근할 때는 내리막길의 무악재역을 이용하고, 퇴근할 때는 홍제역에서 내려서 걸어 내려오면 좋다. 홍제동 홍제 한양도 1천 세대 달하는 내단지이고 안산 바로 밑 무악재 초역세권이지만, 생각보다 무악재역 상권이 발달하지 않았기 때문에 뭐든 사거나 먹으려면 홍제역으로 올라가야 하는 단점이 있다. 무악재 한화 같은 경우 무악재역 초근접 아파트로 광화문 종로 직장인들에게 가성비 좋은 아파트지만 학군이 약간 아쉽다.

무악 청구 1차와 같이 언덕이 있는 아파트는 반드시 걸어보고 결정해야 한다. 1차와 2차는 합치면 거의 1천 세대고, 바로 앞 2022년 10월에 입주한 서대문푸르지오센트럴파크로 인해서 주변이 완전 탈바꿈을 했다. 홍제 삼성 래미안은 안산초등학교가 지척인 초품아라서 초등생 학부모들에게 인기가 좋은 아파트다. 인근에서 이런 단지가 많지 않기 때문이다. 독립문 극동은 서대문 독립공원 뷰가 좋고 주말에는 생각보다 사람들이 매우 많은 편이다. 서대문 형무소가 이렇게 변할 줄 누가 알았을까. 인고의 세월을 견뎌 탈바꿈한 서대문 독립공원을 앞마당처럼 이용할 수 있는 아파트가 되었고 지금은 리모델링 추진 중이다.

독립문 삼호와 천연 뜨란채는 경사가 좀 있지만 인근이 재개발 지역이고 안산 숲세권 아파트인 점을 주목해야 한다. 이 두 아파트는 지하철이 약간 애매한 단점이 있다. 서대문역을 이용해야 하는데, 걷기에는 좀 부담스럽다. 여기서 서대문역 쪽으로 걸어가 보면서 보이는 동부 센트레빌은 관리가 잘 되는 아파트로 언덕이지만 산 밑이라 숲세권 아파트이기도 하다. 여기서 5호선 서대문역까지 한 15분 정도 걸어야 하기 때문에 한여름이나 겨울에는 걷기가 힘들기에 대부분 도보보다는 마을버스를 이용하는 편이다. 바로 밑 돈의문 동부 센트레빌도 좀 언덕이지만 바로 산 밑이라 공기는 좋은 편이다. 산 같지만 이래 봬도 역세권으로 5호선 서대문역까지 약 5분 정도 걸린다는 점을 주목하자.

부동산 정보탐색은 길게, 의사결정의 순간에는 전광석화로

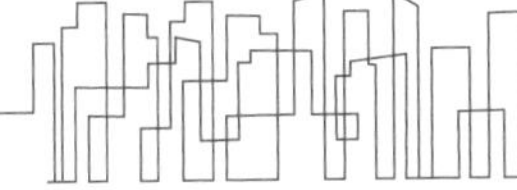

마포구-1/2

초등학교 친구들 중 담력이 있는 애들은 학교 뒤 폐허가 된 집의 담을 타고 들어가 안에 있는 버려진 물건들을 자랑삼아 들고 오거나, 학교 뒷산 무덤에서 삐라를 주워 선생들에게 칭찬받곤 했지만 나는 얼씬도 하지 않았다. 어느 날, 친구를 따라가서 놀다가 집에 갈 시간이 되니 겁이 덜컥 났다. 겁에 질린 나는 친구에게 울면서 물어봤다.

"우리 집 어떻게 가야 해? 나 집 못 찾겠어."

"이 길로 쭉 가면 나오는데? 저기 문방구 옆이 너네 집이잖아?"

와이프 역시 독산동에서 태어나, 독산 초등학교를 나왔지만 눌러앉기를 좋아하는 나와 달리 한 곳에 오래 못 있는 성격이었고 무언가 자신의 삶을 업그레이드하고자 하는 강한 열망이 있었다. 우여곡절 끝에 둘은 다시 만나서 결혼했지만, 꿈과 현실의 괴리는 너무 컸다. 우리가 가진 결혼 자금은 5천만 원이 전부였고, 와이프는 결혼 전 수년간 가장의 역할까지 하느라 모아 놓은 돈이 없었다. 당시 우리가 가진 돈으로는 별다른 선택권이 없었기에 안산 5천만 원 전셋집에서 시작을 했다. 당시 나보다 보는 눈이 넓었던 와이프는 강남에 있는 미분양된 아파트나 주상복합을 사자고 이야기했지만, 나는 빚내기 싫어 거들떠보지 않았다.

그 와중에 창업했던 벤처가 망하고, H 카드로 옮겨 괜찮아지겠다 싶을 때 와이프는 학원 사업을 시작했다가 망했다. 이 두 번의 연이은 삶의 구렁텅이를 벗어나는 데 자그마치 10년이 걸렸다. 두 개의 깊은 구렁텅이를 가까스로 벗어나던 그때, 당시 경기도 3억짜리 아파트에 살고 있었고 융자는 갚아가는 중이었다. 때는 바야흐로 2014년 초였다. 무조건 인서울을 하겠다는 열망으로 부동산 공부를 하고 긴 임장과 탐색 끝에, 3억 5천만 원 정도의 마포의 한 낡은 아파트를 점찍었다.

우리가 살던 경기도 새 아파트를 팔고 5천만 원 정도를 더 내면 마포의 그 점찍어 둔 낡은 아파트로 갈아탈 수 있었지만, 집이 팔리지 않았다. 경기도 집을 파는데 6개월 이상이 걸렸다. 드디어 집을 파는 계약을 하고 우리는 즉시 마포 부동산으로 달려갔다.

"3억 5천에 이 앞 ○○아파트 매물 나온 게 있을까요?"

"3억 5천이면 언제 적 가격입니까. 지금 4억 5천 정도입니다. 그마저 매물도 거의 없어요."

마지막으로 알아봤을 때보다 6개월 만에 1억이 올라버렸다. 와이프는 마포 집을 못 사겠다고 했다. 이제 막 빚을 갚았는데 또 빚을 갚는 거는 싫다고 하면서 전세를 가자고 했다. 이미 경기도 집을 팔았으니 집을 사든 혹은 전세를 가든 결정해야 했다. 와이프의 손을 붙잡았다.

"1년 동안 우리가 긴 시간 투자를 해서 공부하고 여기까지 왔는데, 그냥 사자. 내가 공부하고 확인한 바로는 저 가격 감당할 수 있어. 빚은 내가 다 알아서 할게."

와이프가 망설이는 사이에 나는 가계약금을 이체해 버리고 일을 저질렀다.

마포에 이사한 후 1년 정도가 흘러 주변 환경에 적응한 뒤, 다시 부동산 공부와 임장을 하기 시작했다. 눈에 들어온 두 아파트는 용산에 있는 낡은 ○○아파트와 지금 살고 있는 성동구 금호동의 재개발 진행 중인 조합원 입주권이었다. 마포에서 출근 시간 30분이라는 경이로운 경험을 한 나는 30분만큼은 놓치고 싶지 않았다. 용산을 사면 출근 시간은 50분이고, 금호동을 사면 30분이 걸리는 구조였다. 나는 금호동을 밀어붙였다. 우리는 금호동의 부동산으로 갔다.

"이 앞 ○○재개발 조합원 매물 나온 게 있을까요?"

"네, 매물 나온 게 마침 하나 있습니다."

이상하게도 바로 일이 진행되고 나는 가계약금 500만 원을 바로 이체했다. 그러나 계약서를 쓰는 날 집주인은 나타나지 않았다. 계약 파기를 한 것이다. 가계약금을 돌려받는 데 무려 1개월이 걸렸다. 가계약금이 들어온 것을 확인한 날, 다시 부동산으로 갔다.

"1개월 전에 사려고 했던 같은 평수의 물건 매물 나온 게 있을까요?"

"한 달 전보다 그 새 5천이 올랐어요. 그마저 매물도 하나밖에 없어요."

1개월 전보다 5천만 원이 올라버렸고 와이프는 못 사겠다고 했다. 1개월 전 5천을 덜 주고 살 수 있던 물건을 어떻게 지금 한 달도 안 돼서 5천이나 더 주고 사느냐고 했다. 마포 집도 있으니 더 안 사도 되는 거 아니냐 하면서 집으로 가지고 했다. 나는 와이프의 손을 붙잡았다.

"1년 동안 우리가 긴 시간 투자를 해서 공부하고 여기까지 왔는데, 그냥 사자. 내가 공부하고 확인한 바로는 저 가격 감당할 수 있어. 빚은 내가 다 알아서 할게."

결국 우리는 한 달 만에 5천을 더 주고 성동구 금호동의 재개발 조합원 입주권을 샀고, 시간이 흘러 그 자리에 들어선 아파트에서 은행으로 도어 투 도어 30분 출퇴근을 하였다. 그리고 지금 빚은 없다. 마포와 성동구의 아파트 모두 각각 1년 정도 긴 임장과 탐색 끝에 물건을 결정했다. 그러나 실제 매입을 결정해야 할 순간이 왔을 때 내가 들인 시간은 각각 1분이 안 되었다.

혹자는 수억의 물건을 어떻게 그렇게 쉽게 결정해서 살 수 있냐고 하지만, 실제로 내가 그 결정을 하는데 들어간 시간은 각각 1년 이상이었다. 1분은 결정하는 데 들어간 시간이 아니었다. 이미 결정을 한 상태였으니까. 부동산 정보탐색은 길게 하여야 하는 것이고, 의사결정의 순간에서는 전광석화처럼 결정해야 하는 것이다. 우주 왕복선 발사를 위해서는 긴 시간 테스트를 하지만, 일단 카운트다운이 들어가면 10초면 끝나는 것과 같은 이치라고 보면 된다. 반대로 정보탐색을 짧게 하고

의사결정을 질질 끈다면 부동산 투자 필패를 맛보게 될 것이다.

마포구는 서울의 모든 구 중에서 한강을 가장 넓게 끼고 있는 구다. 지하철 2호선과 5호선이 북에서 남으로, 6호선과 경의 중앙선이 한강을 끼고 서에서 동으로 뻗어 있는 사통팔달 교통의 요지가 되었다. 마포구의 핵심 지하철역에서 강남을 제외하면 대부분 20분대다. 마포의 유일한 교통 단점은 대중교통을 이용한 강남 출퇴근이 힘들다는 점이다.

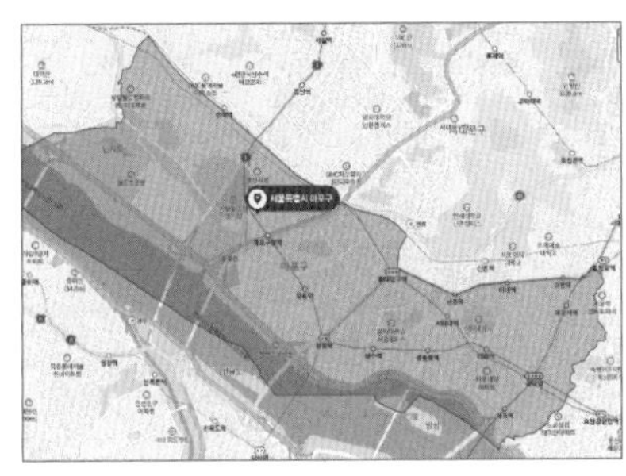

마포구 임장을 할 때에는 2023년 6월 이후 분양 예정인 아래의 재건축과 재개발사업 위치와 주변 환경도 함께 체크하자.

아파트명	상세 주소	건설사	전체세대	공급규모	분양 예정
공덕동 공덕1구역 재건축	마포구 공덕동 105-84	GS건설/현대건설	1,101	847	2023.11
아현동 마포로3-3지구	마포구 아현동 613-1	대우건설	239	126	2023.09
아현동 마포로3-1지구 재개발	마포구 아현동 617-1	현대엔지니어링	176	35	미정

[마포구-1] 이대에서 공덕 상수

2호선 이대역 6번 출구로 나오면 바로 뒤편에 위치한 신촌 그랑 자이는 2020년 2월 입주한 이대역 초역세권 평지 아파트다. 이곳은 아현 2주택 재건축 인근으로 이후에도 아현동 재개발의 후광을 얻을 수 있을 것이다. 여기서 10분 정도 언덕을 오르면 도착하는 마포 프레스티지 자이는 이대역에서 15분 정도로 역세권이라기에 좀 애매하며, 바로 옆의 염리동 상록아파트가 주변 공사 소음으로 그동안 고생이 많았으나 지금은 많이 조용해졌다. 10분 정도 걸으면 마포아트센터 이용이 편리한 마포자이 3차가 있고, 이제 여기에서 아현역을 지나 방송에도 많이 나오고 아현역과 애오개역 모두 이용이 가능한 마포 래미안 푸르지오(마래푸)로 가보자. 일명 마래푸는 약 4천 세대의 대단지 아파트로 동마다 전철역의 거리 편차가 많기 때문에 동마다 가격 차이가 많은 편이다.

마래푸 바로 옆 공덕 래미안 5차는 애오개역과 공덕역 이용이 가능하나 약간 거리가 있으며 초역세권이라 하기에는 애매하다. 이어지는 공덕 삼성래미안 4차 역시 역까지 약간 거리가 있으며 애오개역에서 오르기에는 언덕이 있는 편이다. 옆 마포 현대 역시 언덕에 주차 공간이 0.8로 협소한 편이며, 바로 옆의 염리동 삼성래미안은 용강초, 숭문중고 이용이 편리하며, 주변 재개발 완료로 거주 환경이 많이 좋아졌다.

인근 공덕 현대도 언덕이 좀 있으며, 주차 공간이 0.7로 협소한 편이다. 래미안 공덕 3차는 공덕역에서 가까운 역세권이고 큰길 뒤편에 있어서 상대적으로 조용한 편이다. 옆 공덕 SK리더스뷰는 2020년 8월 입주한 공덕역 초역세권 아파트다.

공덕역 쪽으로 오면 보이는 공덕 삼성은 공덕역 초역세권으로 공덕시장 이용도 매우 편리하며, 롯데캐슬 프레지던트는 5·6·경의중앙·공항철도로 연결된 공덕역과 연결된 초역세권 오피스텔이다. 바로 인근의 공덕 파크자이와 공덕 더샵은 공덕역 인근 주상복합이다. 이제 염리 초등학교 쪽으로 오면 염리초에 바로 붙어 있는 마포 GS자이와 대흥 마포태영이 보일 것이다. 이곳은 공덕역과 마포역 역세권에 경의선 숲길 이용이 편리하다.

바로 이어지는 용강동으로 들어오면 마포 용강 래미안이 보이는데 이곳이 일부 108동과 109동은 한강뷰가 가능하고, 인기 있는 래미안 마포 리버웰과 e편한세상 마포 리버파크 역시 강변북로와 마포역 이용이 매우 편리하다. 여기서 15분 정도 걸어가면 한강뷰는 매우 좋으나 역 이용이 약간 불리한 래미안 마포 웰스트림과 마포 강변 힐스테이트를 확인할 수 있다. 이어지는 도로를 통해서 한강변 아파트로 광흥창역 도보 10분 이용이 가능한 서강 GS와 30평대 신축으로 이루어진 한강 밤섬자이를 확인할 수 있다.

마지막으로 상수역 쪽으로 오면서 서강 한진해모로, 래미안 밤섬 리베뉴 2차와 1차를 확인할 수 있는데 이곳은 상수역 5분 역세권으로 조용하고 상수역 맛세권이지만 마트 등의 편의시설이 일부 부족하나 당인리 발전소의 개방으로 추가 상승이 예상되는 곳이다. 여기서 상수역 혹은 광흥창역(6호선)으로 나가서 마무리하도록 하자.

[마포구-2] 아현과 공덕, 용산 옆 도화동

5호선 애오개역으로 오면 아현 699번지 일대 주택 재개발 지구를 확인할 수 있다. 이곳 주택 재개발 지구에서 7분 거리에 위치한 아현 아이파크는 지금은 어수선한 아현동 재개발이 완료되면 더 좋아질 것으로 예상되며, 바로 옆 공덕자이는 단지 수영장과 사우나가 있는 아파트로 원래 앞서 살펴본 마래푸보다 비싼 단지였으나 등기 문제로 가격이 주춤했던 적이 있다. 삼성래미안 공덕 2차는 애오개·아현·서울역 모두 이용이 편리하며 공덕 1구역 재건축 후 좀 더 살기 좋아질 것으로 예상된다.

신공덕 삼성래미안 2차 인근은 효창공원을 바로 이용할 수 있는 아파트로 용산가격이 오를 때 같이 오르고, 마포 오를 때 또 오르는 아파트다. 신공덕 삼성래미안 3차와 1차는 공덕역 10분 역세권이나 일부 동은 언덕과 옹벽이 조금 있다. 공덕역 바로 뒤에 숨어있는 브라운스톤 공덕을 지나 경의선 숲길과 공덕과 마포 모두 도보 이용이 가능한 언덕 위의 도화 현대와 도화 현대 1차로 향하도록 하자. 이곳은 98·96년으로 연식이 좀 있어서 일부 인테리어 후 입주를 해야 실거주에 편리하다.

인근 도원 삼성 래미안은 길 하나만 건너면 바로 용산으로 갈 수 있으며, 도보로 효창공원앞역까지 6분, 마포역까지 15분인 것도 큰 메리트다. 옆의 도화 현대 홈타운 2차는 공덕과 마포 모두 도보 이용 가능하나 약간 언덕에 위치해 있다. 마포 삼성은 마포역과 공덕역 모두 도보 이용 가능한 대표 평지 아파트로 새 아파트들이 들어오기 전까지 마포의 대장 평지 아파트였다. 정문 앞이 마포 음식점 밀집 골목이라 약간 어수선하고 시끄러울 수 있다.

여기서 5분 정도면 연식이 91년으로 좀 되었고 언덕에 있으나, 용산 바로 인근이며 마포 인프라를 그대로 이용할 수 있는 도화 3지구 우성 아파트가 있다. 바로 옆의 마포동 쌍용 황금 아파트는 마포역 3분 역세권에 한강 바로 앞이나 강변북로에서 좀 떨어져서 조용한 편이다. 이제 5분 정도 걸어 5호선 마포역으로 가서 마포 임장을 마무리하도록 하자.

강 대리, 웬만하면 와이셔츠 좋은 거 하나 사입지?

용산구-1

졸업 후 근무했던 두 회사의 공통점은 옷에 대해서 신경 쓸 필요가 없었다는 것이다. 직원 3명의 첫 회사는 반드시 양복을 입고 다녀야 했지만 당시 신입사원인 나에게 꼴랑 월급 100만 원 주면서 좋은 양복을 사 입으란 이야기는 차마 못 하였는지 후줄근한 옷에 대해서 아무 말 없었다. 그래도 나는 매일 양복과 와이셔츠를 빳빳하게 다려 입고 출근했다. 두 번째 직장인 벤처회사는 아예 양복을 입을 일이 거의 없었다. 3년 내내 청바지와 티셔츠를 입고 출근했고, 어쩌다가 1년에 한두 번 양복을 입을 기회가 있었지만, 당시 우리 모두 후줄근한 양복을 입었기 때문에 내 옷이 두드러지게 못 나 보이지 않았다.

문제는 그다음 회사였던 H 카드였다. 벤처가 망한 후, 나의 노력과 천운이 더해져서 여의도에 본사가 있는 H 카드의 경력 정규직 대리로 입사하게 되었다. 창업을 하고 청춘을 바쳤던 벤처회사에서 쫓겨나고 정처 없이 역삼동을 헤매던 나에게 손을 내밀어 준 건 당시 H 카드의 본부장님 이셨다.

입사 후 며칠 간은 분위기 파악하느라 정신이 없었고 입사 직전에 대학교와 대학원 강의까지 막 시작한 바람에 더 정신이 없는 하루하루였다. H사 규정상 겸업은 금지였으나 학기 중간에 그만둘 수 없었기에 그 학기까지만 하고 더 이상 하지 않기로 약속하고 입사하였다.

강의가 끝나고 한 달 정도 뒤, 회사에서 엘리베이터를 탔는데 혼자였다. 문이 닫히는 찰나, 손이 쑤욱 들어오면서 닫히는 엘리베이터 문을 열었다. 벤처가 망하고 역삼동을 정처 없이 떠돌던 나에게 손길을 내밀어 주신 본부장님의 손이었다. 반갑게 인사를 한 후 엘리베이터 안에서 본부장님은 내 뒤로 쓱 가셨다. 응? 왜 뒤로 가시지?

아무 생각 없이 서 있었는데 본부장님이 뒤에서 내 와이셔츠 목 부위를 만지셨다. 깜짝 놀라 뒤를 돌아본 나에게 나직한 목소리로 말씀하셨다.

"자네가 기분 안 나빴으면 하는데, 와이셔츠는 목과 소매 깃이 헤지거나 올이 나가면 생명을 다한 거야. 그깟 옷 가지고 남들이 당신을 평가하면 억울하지 않겠어? 월급날도 얼마 안 남았으니 이번에는 좀 신경을 써서 와이셔츠 좋은 거 하나 사 입어 봐."

나는 머리를 세게 한 대 얻어맞은 기분이었다. 약간의 당황과 상당한 수치심과 대단한 고마움이 동시에 머릿속으로 밀려 들어왔다.

"비키봐라. 나 5층에 회의 있다. 니가 비켜야 내가 내리지."

본부장님은 회의실로 종종걸음으로 사라지시고 엘리베이터 문은 닫히고 있었다. 닫힌 엘리베이터의 문에 후줄근한 양복과 와이셔츠를 입은 내 모습이 반사되고 있었다.

고민을 하다가 그날 저녁 와이프에게 이야기를 하니 무척 놀라는 눈치였다. 그리고는 자기가 신경을 쓰지 못해서 미안하다며 주말에 같이 옷을 사러 가자고 한 후 내일 저녁에 여의도에서 오래간만에 맛있는 밥을 사 먹자고 했다. 당시 와이프는 밤낮이 뒤바뀐 학원 강사였고, 회사 근처에는 안 오는 사람이었다. 다음 날 퇴근 후 와이프를 만났는데, 퇴근하기 몇 시간 전부터 회사 앞 카페에 앉아 있었다.

"왜 일찍 와서 기다렸어? 맞춰서 나오지 않고?"

"회사 사람들이 얼마나 잘 입고 다니는지 알아야 그 수준을 맞출 거 같아서. 근데 정말 다들 잘 입고 다니는구나. 다들 잘 생겼고 옷 잘 입고 이쁘고 훤칠하네. 그동안 내가 생각 못해서 미안해. 이태원에 와이셔츠 잘 만들어 주는 데가 있대. 거기서 와이셔츠 여러 벌 맞추고 양복은 좀 비싸니까 아울렛으로 가 보자. 양복도 내가 알아봐 본 데가 있어."

"와이셔츠를 맞춰 입는다고? 너무 비싸지 않을까?"

"자기 팔이 너무 짧고 목은 두껍고 상체가 길어서 일반 시중의 기성 와이셔츠 입으면 안 될 거 같아. 그래서 더 후줄근해 보였는지도 몰라. 딱 맞춰서 입자."

우리는 돌아오는 주말에 이태원으로 가서 와이셔츠를 여러 벌 맞췄고 아울렛에서 지금 생각해도 쌔끈한 양복 두 벌을 샀다. 맞춤 와이셔츠와 양복 기단을 줄이는 데 1주일이 걸렸다.

"이렇게 입혀 놓으니 자기도 인물 나는구나. 다녀와."

나의 쌔끈한 양복과 와이셔츠를 보고 사실 팀 사람들은 별 말 없었다. 기껏해야 우리 층의 패셔니스타였던 B 대리가 옷 잘 어울리신다고 한 정도? 다시 엘리베이터에서 만난 본부장님도 별 말이 없다가 내리시기 직전 내 등을 툭 쳤다.

"잘했어, 돈 벌어 뭐해. 이런 데 쓰는 거지."

엘리베이터 문이 닫히고 본부장님은 종종걸음으로 회의실로 들어가셨다.

용산공원과 남산을 뒤로하고 앞으로는 한강이 흐르는 용산은 북에서 남으로는 1호선이 서울역에서 남영, 용산을 지나 노량진으로 이어지고 4호선이 서울역에서 삼각지와 이촌을 지나 한강을 건너 동작으로 관통하고, 북쪽으로는 6호선이, 중앙 아래로는 경의 중앙선이 지나는 교통의 요지이다.

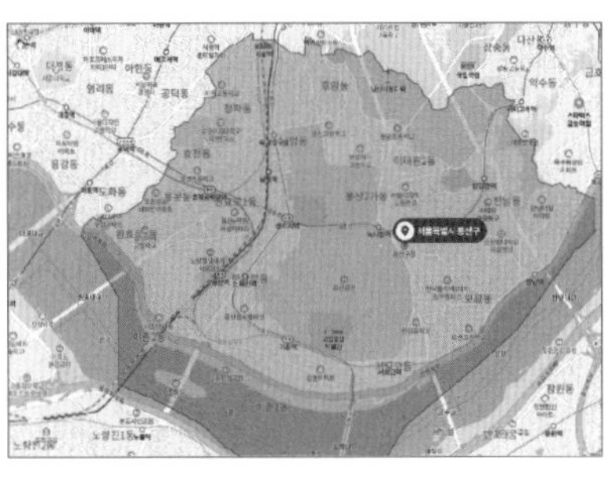

서울 한가운데 위치한 용산은 이태원과 한남동 고급 주거지역, 일제강점기 시대 일본 관료들의 고급 주거지이었던 이촌동, 용산공원, 용산역개발사업군, 국제업무지구 개발 후광지역의 5곳으로 크게 나눠볼

수 있다. 이들의 공통점은 판교를 제외한 나머지 지역을 모두 30분 내로 갈 수 있다는 직주근접, 한강변과 용산공원의 배산임수 지역이라는 점이다. 이외에도 전자상가 재생사업, 효창공원 일대 개발, 유엔사·수송부·캠프킴 대지 개발, 한남뉴타운도 중요한 용산 개발 관련 아이템이지만, 우리가 지금 눈여겨 볼 수 있는 수준이 아니니, 그냥 이런 곳이 있다 정도만 체크하고 넘어가도록 하자.

용산구 임장을 할 때에는 2023년 6월 이후 분양 예정인 아래의 재개발사업 위치와 주변 환경도 함께 체크하자.

아파트명	상세 주소	건설사	전체세대	공급규모	분양 예정
한강로3가 아세아 아파트	용산구 한강로3가 65-584	부영건설	969	819	미정

[용산-1] 이태원과 한남동 고급 주거지역

누군가에게 용산은 유흥지역 이태원이 대부분으로 인식되지만, 이곳은 한남동으로 불리는 고급 주거지역을 끼고 있다. 대한민국 최고의 재개발지구라 불리는 한남뉴타운에 혹시 관심이 있다면 별도의 시간을 가지고 다시 방문하자. 지분의 가격이 상상을 초월하고 우리와 같은 일반 사람들은 지금 한남뉴타운을 구입하기에는 무리가 있다.

이태원 지역은 6호선 녹사평역(용산구청)에서 시작하는데 먼저 남산을 집 앞 마당처럼 이용할 수 있는 고즈넉한 아파트인 남산 대림 쪽으로 가보도록 하자. 용적률이 106%인 이 아파트는 남산 바로 밑이라 재건축 시 층수 제한이 있다. 대중교통 이용이 약간 불편하지만 꾸준하게 가격이 받쳐주고 있다. 바로 옆에 위치한 이태원 주공은 남산대림 바로 옆 아파트로 지속적으로 재건축 추진 중이나 단지가 130세대로 작다는 게 큰 단점이다. 그러나 평수가 단일평형이라서 재건축 진행이 의외로 빠르게 진행될 수 있다.

이제 이태원역 6호선 쪽으로 와서 버스를 타거나 천천히 걸어서 나인원 한남으로 이동해 보자. 이곳은 길 건너 예전 단국대학교 부지 위에 지어진 한남 더 힐과 바로 앞 유엔빌리지와 더불어 용산을 포함한 대한민국 최고의 부촌 지역이다. 이곳 나인원한남·한남더힐·유엔빌리지에 살 수 있다면 대한민국 Top 1%라 봐도 무방할 것이다.

이곳에서 10분 정도 가면 나오는 한남 시범 아파트는 1970년 지어진 오래된 아파트로 현대건설 디에이치브랜드로 재건축이 결정되어 진행 중인 아파트다. 여기에서 25분 정도 걸어가면 한강진역 6호선이, 혹은 15분 정도 걸어가면 나오는 옥수역(3호선)으로 가서 용산의 첫 번째 임장을 마치게 된다.

우리는 언젠가 한 번은 결혼해야 할 팔자야

용산구-2

IMF 직후, 무작정 건너간 미국 아칸소주의 주유소에서 일을 하고 있을 때였다. 아무런 꿈 없이 그냥 하루하루 살고 있었다. 꿈이 없으니 삶은 나아질 리 없었다. 백인들을 상대로 장사를 하는 곳에서 내 영어 실력이 한참 모자라 주에서 운영하는 무료 영어 강습소를 찾아갔다. 이곳은 이민을 왔지만 영어를 하지 못하는 사람들을 위한 곳이었다.

불법 이민자 천지였던 그곳은 말 그대로 인종의 도가니였다. 멕시코, 중국, 체코, 베트남 등 다양한 국적의 사람들이 강의를 듣고 있었고, 한국인은 나밖에 없었다. 사실 영어 실력 향상에 큰 도움이 되지는 않았지만, 이역만리 타국에서 기댈 곳 없던 나에게는 그곳에 있는 하루 한 시간 정도가 매우 큰 삶의 위안이었다. 주말에는 미국 백인들이 우글거리는 교회를 갔다. 미국 남부 지방이 인종차별이 심하다는 말이 있어서 긴장을 했지만, 그곳 교회의 백인들은 오갈 데 없는 나를 스스럼없이 받아줬고 주말마다 교회에서 영어로 찬송가를 부르고 가끔 그들과 점심을 먹게 되었다.

그중 한 백인 부부와 친해진 나는 한국에서 있었던 이야기를 했다. 당시 나는 한국에서 경영학과 회계학을 공부했고 미국 회계학과 세법도 잘 알고 있었다. 아무것도 모를 줄 알았던 한국에서 온 더벅머리 청년이 미국 회계학과 세법을 이야기하자 놀라며 회사를 하나 소개해 줬다. 이곳의 인사 담당자가 자신들과 매우 친하고 마침 회계 담당자를 한 명 뽑고 있으니 면접을 보러 가라고 했다.

그 회사는 지금 AT&T라는 거대 통신회사로 합병된 올텔(ALLTEL)이라는 통신사의 아칸소주지부였다. 올텔 인사팀을 찾아갔고 면접은 순조롭게 진행되었다. 당시는 지금보다 영어를 잘할 때였으니까.

약 1시간 정도 인사팀 및 기타 여러 부서 사람들과 면접을 본 후, 인사팀 직원과 1:1 미팅을 다시 했다. 이 직원은 영주권 번호를 알려달라고 했다. 당연히 나는 영주권이 없었고 올텔에서는 영주권자인 줄 알았다 하며 영주권이나 시민권 없이는 나를 뽑을 수는 없다고 하였다. 그렇게 면접은 아무 소득 없이 끝나버렸다. 나에게 기회를 준 그 부부는 안타까운 표정을 지었다. 그래도 이렇게까지 도와주셨는데 고맙고 미안할 따름이었다.

며칠 후, 다시 무료 영어 강습소를 가니, 아무래도 내 얼굴 표정이 좋지 않았는지 친하게 지내던 태국 아주머니가 무슨 일 있냐고 물었다. 올텔이라는 곳의 면접을 봤는데 영주권이 없어서 무산되었다고 했다. 태국 아줌마는 잠시 생각하더니 말했다.

"음… 여기서 결혼을 한 후 미군에 지원하는 게 어때? 마침 내가 아는 분이 있는데 한 번 만나 볼래? 미국인과 결혼하고 얼마 전 이혼한 한국분인데 아직 애는 없어. 영주권 문제도 해결되고 좋지 않을까? 나도 그렇게 해서 영주권 얻으려는 젊은 멕시코 남자와 결혼했는데 뭐."

당시 아무런 비전이 없었던 나는 한번 만나보기로 했다.

아칸소주 리틀록(Little Rock) 시내에 위치한, 도넛 가게에서 그분을 만나기로 했다. 태국 아줌마가 이야기한 시간에 맞춰서 도넛 가게를 방문했다. 얼마 후 태국 아줌마는 한국인 여성분을 데리고 들어오셨다. 그분은 나를 보고 흠칫 놀랐다. 그때 내 나이 20대 중반, 그분의 나이는 30대 중후반이었으니까. 태국 아줌마는 우리에게 즐거운 시간 보내라고 말한 후 사라졌다. 나는 무슨 말이든 해야겠다고 생각하고 횡설수설하고 있는데 그분이 나의 말을 가로막았다.

"저기요 총각, 이렇게까지 살지 않아도 돼요. 무슨 이유로 여기서 결혼해서 살려고 하는 줄은 알겠는데, 아직은 젊으니까 다른 길을 알아보는 게 좋을 거 같아요."

어색한 침묵이 흐른 후, 아주머니는 자리를 일어났다. 도넛 가게에서 아주머니와 헤어지고 나서 며칠간 많은 생각이 들었다. 이런저런 생각을 하다가 결론을 내지 못한 나는 주유소 아르바이트를 그만두고 무작정 미국 일주 여행을 떠났다.

오늘날까지 부모님과 누나, 여동생은 내가 미국에서 얼마나 처절하게 살았는지 모른다. 심지어 누나와 여동생은 내가 미국 어학연수를 다녀왔다고 생각하고, 부모님도 미국 여행 정도로 생각하고 계시다. 혹시 당시 내 나이가 좀 더 많았거나, 그 아주머니가 조금만 더 어렸다면 우리의 만남과 결혼은 가능했을까? 아주머니와 결혼한 후 올텔에 취업했을까, 아니면 미군에 지원해서 영주권을 얻은 후 결혼을 정리했을까? 아니면 아이들을 낳고 살았을까?

나의 궁금증을 와이프가 정리해 줬다.

"아마 너는 첫사랑을 못 잊고 그분과 이혼해서 나를 찾아왔겠지. 우리 사주팔자를 본 그분이, 우리는 언젠가 한 번은 결혼해야 할 팔자라고 했어. 그때 내가 강남에서 사주팔자 본 집 기억나지?"

[용산구-2] 용산의 전통 강자, 이촌동과 한강지역

이촌역(4호선·경의 중앙) 3-1 출구를 나오면 '이질적이고 고즈넉하며 치안이 좋은' 이촌동을 확인할 수 있다. 이촌역을 나와서 용강중학교를 지나면 바로 보이는 이촌동 한가람은 이촌역 1분 초역세권에 용산 국립중앙 박물관·용산공원·한강공원을 모두 편리하게 이용 가능한 전통적인 인기 아파트다.

5분 정도 걸어가면 이촌동 한강대우아파트가 나오는데 이곳은 주차장이 세대당 1.39대로 인근의 이촌동 오래된 아파트에 비해서 조금 더 여유가 있으나, 생각보다 많이 지나가는 경의 중앙선 소음이 다소 있고 일반 한강변 아파트의 강변북로 소음과는 다르기 때문에 시간대별로 소음이 얼마나 되는지 확인하여야 한다. 이곳에서 4분 정도 거리에 있는 이촌동 우성은 243세대(총 2개 동)로 단지가 작지만 일부 동은 한강뷰가 가능하다는 장점이 있다. 현재 조합설립이 인가되어 리모델링이 추진 중이다.

나 홀로 아파트로 투자보다는 실거주로 접근이 필요한 이촌 두산위브 트레지움을 지나면 강변북로 이용이 편리하고 세대당 주차가 1.55 지정 주차제로 근방 아파트 중에서 주차가 매우 용이하다는 평을 듣고 있는 이촌동부 센트레빌이 있으며, 바로 옆에는 대형 평형 비중이 매우 높아서 동부이촌동은 물론 용산의 최고 아파트로 분류되는 LG한강자이 아파트를 볼 수 있다. 이곳 LG한강자이의 아이들 대부분은 사립학교 및 외국인 학교를 다니는 아파트로 분위기는 용산의 최고급 거주지인 한남 더 힐과 같은 분위기인데 대단지에 한강뷰 아파트라는 특장점이 있는 단지이다.

여기서 7분 정도 가면 1971년에 건축된 용적률 100%의 660세대(총 23개 동)가 자리 잡고 있는 이촌 한강맨션아파트를 볼 수 있다. 이곳은 2022년 말에 관리처분계획 인가가 되었기 때문에 곧 재건축이 완료되면 LG한강자이를 능가하는 최고의 아파트가 될 것으로 예상된다. 바로 옆에는 252세대(총 2개 동)로 세대수가 적어서 관리비가 조금 비싸지만 재건축 후가 기대되는 한강 삼익아파트를 확인할 수 있다.

이어서 이어지는 이촌 삼성 리버스위트는 한강뷰가 좋은 아파트이며, 2002년에 지어져서 주차 공간 2.49대로 여유가 있는 대형평 아파트인 중앙 하이츠를 지나 74년 지어진 40년 이상이 된 아파트로 재건축을 목전에 둔 왕궁 맨션을 확인할 수 있다. 손을 대면 바스러질 것 같은 왕궁 맨션 바로 옆에 우뚝 서 있는 래미안 첼리투스는 56층으로 재건축되어 2015년 입주한 동부이촌동 최고의 커뮤니티시설을 자랑하는 아파트로, 지금은 한강변 35층 제한이 되었기 때문에 향후 이런 높이의 한강변 아파트는 지어지기 어려울 것이다.

이어지는 이촌동 반도 아파트(1977년)와 리모델링 진행중인 이촌 현대(현대맨션, 1974년) 강촌아파트는 1001세대(총 9개 동) 대단지이나 지하철역이 다소 멀고 주차장이 엘리베이터와 연결이 안 되어 있으며, 이촌 코오롱도 1999년 지어진 약 800세대 이상의 대단지로 관리가 잘 되는 편이나 그만큼 관리비가 다소 나오는 편이고 주차 공간이 부족한 편이다.

마지막으로 배산임수로 유명한 서빙고역 초역세권 아파트인 신동아아파트(1,326세대, 총 15개 동)를 확인한 후, 이촌역(4호선·경의 중앙)쪽으로 이동하면 된다.

우리는 가지고 있는 모든 카드를 꺼내서 보여줬다

용산구-3/4

약 10년 전 용산구 부동산을 돌아볼 때였다. 그때 우리의 눈에 한 단독주택이 들어왔다. 대지 지분 50평 정도에 반지하 포함 3층짜리 집이었고, 조그만 앞마당이 있었다. 급매 13억 원에 나온 집이었다. 그동안 서울 부동산을 여기저기 기웃거린 안목으로 돈이 될 게 보였다. 그러나, 수중에는 돈이 없었다. 어림도 없었다.

당시 주택은 공시지가 기준으로 약 50% 정도의 대출이 나올 수 있었고, 이런저런 요건을 감안하면 그 집으로 5억 정도의 대출이 가능했다. 지하층은 말이 지하층이었지 지하 같지 않은 느낌이 들어서 충분히 세를 줄 수 있는 곳이었고, 이미 세입자가 보증금 1억에 70만 원 월세를 내면서 살고 있었다. 계산을 해보니, 1층도 임대를 놓으면 2억에 월 70만 원 정도 받을 수 있고, 우리가 3층에 산다면 5억만 있으면 가능한 구조였다. 그러나 당시 우리에게 5억이라는 돈은 없었다.

"자기야, 우리 엄마랑 합칠까?"

평생 엄마와 사이가 안 좋았던 와이프가 고민 끝에 이야기 했다. 그만큼 절박했다. 장모님을 찾아가 우리가 발품 팔아서 발견한 급매 주택을 설명드렸고, 주말에 한 번 용산에 가보자고 했다. 장모님도 그 집을 보는 순간 마음에 들어 했다.

"너네 얼마 있니? 이거 나랑 반반해서 살 수 있나?"

5억의 반이면 2.5억이었는데 당시 우리의 형편으로는 마이너스 통장도 이용하고 말 그대로 모든 것을 털면 맞출 수 있었다.

"가능할 것 같습니다."

장모님은 잠시 고민했다. 절박했던 우리는 장모님이 갈등하자 한 가지를 더 추가 제안을 했다.

"월세에서 이 집 대출금 이자를 빼면 매월 50만 원 정도 남는데, 그거는 장모님이 평생 용돈 쓰세요. 대출 원리금은 우리가 갚을게요."

그 집의 대출을 우리가 갚는다는 건 장모님이 투자하는 3억을 빼고 거의 10억을 우리가 영끌을 한다는 말이기도 했다. 대출을 우리가 평생 갚아야 하니까. 그렇게 우리가 가지고 있는 모든 카드를 꺼내서 보여줬다.

"집 명의를 내 명의로 해 주면 할게."

"명의를 장모님에게요?"

나와 장모님의 대화를 듣고 있던 와이프가 대화에 끼어들었다.

"우리가 융자를 평생 갚아 나가야 하는데, 집을 엄마 명의로 해 달라고? 공동명의로 해야지."

"내가 너희를 어떻게 믿니."

나는 할 말을 잃어버렸다.

이날 장모님과의 대화 이후 깨달았다. 재테크를 포함해서 인생을 살아가는 우리는 어디도 기대서는 안 된다는 사실을. 그날 장모님은 마지막에 한 마디를 더하셨다.

"그런데 너희들 결혼한 지 몇 년인데 돈 다 어디 가고 그거밖에 없니? 이런 거 하나 척척 못 사고……."

이날 이후로 우리는 세상 누구의 도움도 기대하지 않았다. 어느 누구에게도 기대지 말고 우리 힘으로 헤쳐 나가기로 했다. 더 발품을 팔고 더 재테크에 매진하고, 휴가 때 해외여행도 자주 가며 인생을 즐기면서 살기로 했다. 한 번 사는 인생 돈만 벌다가 가면 얼마나 억울하겠는가? 이때부터 요리에 집중했다. 오늘은 맛있게 먹고 다음부터 집에서 똑같이 만들어 줄게!

그날 용산 단독주택 부동산을 보고 온 이후, 10년 정도가 흘렀고 우리 부부는 그동안 재테크를 꾸준히 하면서도 많이 놀러 다니면서 맛있는 것도 원 없이 먹으며 살았다. 장모님은 여전히 안양 아파트에 살고 계시는 중이다. 장모님, 이제 저희 부부는 누구의 도움 없이도 잘 살 수 있답니다. 건강하시고 아프지 마세요. 아. 맞다. 그 때 그 집 어제 용산 갔다가 부동산 확인해 보니 비슷한 단독주택이 50억에 매물 나왔다네요.

[용산구-3] 용산역 인근 주상복합 지역

용산의 세 번째는 일제 강점기 이후 미군기지를 거쳐 100년 만에 서울시민의 품으로 돌아오는 용산공원과 인근 주상복합 지역이다. 효창공원역(6호선·경의 중앙선) 5번 출구로 나오면 보이는 용산 e편한세상에서 시작해서 삼각지역으로 이어진다.

용산 e편한세상은 효창공원역세권에 당고개 순교성지 공원을 끼고 있어서 매우 쾌적한 단지다. 그러나 일부 민감한 분들은 가끔 특정한 소음이 들리는 경우가 있는데 경의선 철로가 휘어지는 구간이기 때문에 열차가 천천히 방향을 바꾸면서 내는 소음이다.

5분 정도 더 걸어가면 나오는 용산 아크로타워와 용산 CJ나인파크는 주상복합으로 용산역까지는 도보 20분, 효창공원역은 도보 10분 정도 소요되는데, 아침 일찍 출근해야 하는 일반 직장인들이 초역세권 직주근접으로 다니기에는 한계가 있을 것이다. 이어지는 용산 KCC 웰츠타워와 리센치아용산은 모두 인근 생활편의 시설이 좋은 주상복합들이며, 5분 거리에는 효창 5주택재개발이 완료되어 2019년에 입주한 용산 롯데캐슬센터 포레가 있다.

이어지는 용산 이안 1차(이안 용산)와 용산 이안 프리미어는 삼각지역 주변으로 일부 소음이 있으나 삼각지역과 남영역을 모두 도보로 이용이 가능한 역세권 주상복합이며, 용산 더프라임은 남영역과 숙대입구역을 편하게 이용 가능하고 커뮤니티시설이 우수한 주상복합이다. 용산파크자이는 삼각지역 초역세권이며 용산공원을 이용할 수 있는 주상복합으로 경부선 소음이 일부 있으나 2005년 준공된 관계로 방음이 잘 되어 있는 편이다.

[용산구-4] 용산개발 효과를 입을 후광지역

지금은 약간 시들해졌지만 한 때 TV에서 온통 용산개발 뉴스로 도배된 적이 있다. 아마 얼마 지나지 않아 다시 용산이 들썩이면 같이 들썩거릴 용산 인근 주요 5대 단지를 소개한다. 아래의 5개 단지들은 모두 용산구에 위치해 있지 않지만 성동구·중구·마포의 아파트로 길 건너면 용산인 곳이다. 용산 개발이 다시 가시화되어서 용산이 들썩이면 같이 들썩일 것이고, 실제로 용산보다 거주하기에는 더 조용하고 좋은 주거지역에 위치한 아파트들이다. 시간이 된다면 꼭 방문해 보도록 하자.

한남 하이츠(성동구)	옥수역에서 4분
옥수 하이츠(성동구)	옥수역에서 2분
극동그린(성동구)	옥수역에서 13분
남산타운(중구)	약수역에서 4분
도원 삼성 래미안(마포)	효창공원역에서 6분

돈 벌고 싶으세요? 그러면 돈을 쓸 줄 알아야 합니다

용산구-5

와이프의 학원이 망한 후, 오랜 시간이 흘렀다. 그동안 은둔 생활을 하던 와이프가 드디어 밖으로 나가기 시작했다. 며칠 뒤 오래간만에 저녁 외식을 하면서 이야기했다.

"내가 까먹은 돈 벌어야지. 나 과외할까 봐. 학원은 이제 나가기 싫고 그나마 내가 가장 잘하고 자유롭게 할 수 있는 일은 과외밖에 없는 거 같아."

"그래. 잘 생각했어."

드디어 와이프 마음 한편의 응어리가 풀어진 것 같아서 적극 찬성을 했다. 와이프는 무슨 말을 하려다가 잠시 생각하더니 입을 열었다.

"대신에 과외라는 일 특성상 주말에 일을 해야 하고, 저녁 늦게까지 해야 하는데 자기 괜찮지? 내가 원래 안산에서 학원을 해서 과외도 거기서 해야 할 거 같아. 광명에서 안산까지 왔다 갔다 하는 데 시간도 걸릴 거 같아. 밤낮으로 열심히 일해서 까먹은 돈 벌어볼게."

와이프는 고등학생 과외를 해야 했기 때문에 주말이나 밤늦게 해야 하는 걸 알고 있었다. 그런데 나는 광명에서 안산까지 먼 거리를 운전하는 게 염려됐다. 와이프에게 답변했다.

"아, 그래. 당신 과외하는 거 난 괜찮아. 대신 몇 가지 조건이 있어."

첫째, 주말에는 일하면 안되. 주말에는 남편이랑 놀아야지.

둘째, 나보다 늦게 퇴근하면 안 돼. 저녁은 남편이랑 먹어야지.

셋째, 광명에서 안산 도로가 화물트럭이 많이 달리는 산업도로니까 지금 차로는 안되. 차 바꿔줄게. 나는 네가 돈 벌겠다고 나갔다가 사고라도 나면 못 산다.

"자기야. 과외로 돈을 벌려면 주말에 하고 저녁에 해야 하는 거야."

"알고 있어. 그냥 용돈 번다 생각하고 과외를 하라 이거지. 차라리 내가 잠을 덜 자고 책을 쓰는 게 내 맘이 더 편해. 그리고 돈은 써야 모인다 하니, 이번 기회에 차를 바꾸자."

와이프의 커다란 눈이 똥그래졌다.

"옷도 좀 사 입어. 좋은 옷과 튼튼한 새 차 뽑아줄 테니 당당하게 일해. 예전 미국에서 정처 없이 방황할 때, 사고 한번 나보니 무섭더라. 사고는 순식간이고 차는 튼튼해야 한다는 걸 느꼈어. 시간 남으면 재테크에 관심을 가지는 게 당장 얼마 더 버는 것보다 나을 수 있어."

그로부터 몇 개월 뒤, 와이프는 내가 사준 유명 디자이너 옷과 벤츠를 몰고 과외를 하러 다니기 시작했다. 그리고 남는 시간에는 서울 부동산을 보러 다니기 시작했다.

"니 돈 잘 버나 보네?"

어느 날 욕심이 가득한 얼굴로 장모님께서 말씀하셨다.

"너 벤츠 살 돈이면 차라리 그랜저나 소나타를 두 대 뽑아서 너희들 하나 타고, 남는 한대는 나를 주면 덧나나."

나는 내 귀를 의심했다. 와이프에게는 나밖에 없구나. 어렸을 때 돈밖에 모르는 엄마 때문에 맘고생이 심했다고 했었는데 정말이었다.

장모님은 과외 하나 없이 어렵게 명문대에 입학한 딸의 대학교 입학금만 대주고, 자신의 노후를 준비한다고 그 이후 모든 경제적 지원을 끊은 분이었다. 와이프는 대학교 2학년 때부터 학비와 매달 장모님에게 줄 집안의 생활비를 벌기 위해 저녁에 입시학원 강의를 해야 했다. 그 후 어렵게 대학교를 졸업한 와이프가 교육대학원을 가서 학교 선생님을 하고 싶다고 이야기하자, 반대하면서 자신의 노후 생활비를 벌어오라고 하셨다. 나보다 백배는 똑똑한 와이프는 평생 학원에서 벗어날 수 없었다.

장모는 자신의 딸이 벌어온 그 돈으로 고전무용을 배우고 친구들과 놀러 다니고 승용차도 뽑아서 재미있게 사시다가 갑자기 내가 나타나 딸과 결혼하겠다 하니, 자신의 노후 생활비를 벌어야 하는 관계로 우리의 결혼을 몇 년 미루라고 말씀한 분이셨다. 그러나 나는 우직하게 결혼을 밀어붙였었다. 나는 장모님께 이야기를 했다.

"65세 넘으면 대중교통 무료예요. 장모님 이제 70 넘으셨는데 뭐 하러 돈 쓰세요. 저도 나중에 65세 되면 차 팔고 대중교통 타고 다닐 겁니다."

장모님은 아무 말씀이 없으셨다.

"대신에 장모님 따님에게는 포르쉐 사줄 겁니다. 저희는 돈을 써야만 모이는 팔자거든요."

거짓말같이 우리 부부가 돈에 집착하지 않고 인생을 즐기며 산 지 10년 정도가 지났는데 우리의 자본금은 그동안 수십 배가 늘었다. 결혼 후 10년간 돈만 쫓아가면서 악착같이 살 때는 그토록 안 모이던 돈이라는 놈이, 매사 여유를 가지고 삶을 대하니 모이기 시작한 것이다.

[용산구 임장-5] - 용산공원과 마포역 인근 지역

용산의 마지막은 용공원 인근과 효창동 일대를 통해서 마포역으로 이어지는 루트이다. 이 루트는 삼각지역(4호선·6호선) 초역세권인 용산파크 e편한세상에서 시작하게 된다. 바로 옆에 우뚝 솟아 있는 한강로 벽산메가트리움과 한강로 대우아이빌은 삼각지역 초역세권 주상복합으로 마트·백화점·영화관과 같은 생활 편의시설이 밀집되어서 이용이 편리하나 그만큼 관리비는 부담스러울 수 있다.

신용산역(4호선)과 용산역(1호선·경의중앙선) 방면으로 이동해보면 2017년 지어진 최신 주상복합인 래미안 용산 더센트럴·용산 푸르지오 써밋·용산 센트럴파크 해링턴 스퀘어를 볼 수 있으며, 이 중에서 용산 센트럴파크 해링턴 스퀘어는 1,140세대(공공임대 194세대 포함, 총 5개

동)로 근방에서 가장 세대수가 많은 주상복합이다. 삼각지역을 나와서 보면 알 수 있지만 여기까지는 대부분 주상복합 위주이며 삼각지역 열차 소음이 예민한 사람들은 불편할 수 있으니 주의해야 한다.

용산 센트럴파크 해링턴 스퀘어에서 7분 정도 걸어가면 나오는 한강로 쌍용 스위트 닷홈은 2개 동 98세대로 세대수가 적어서 관리비가 좀 부담될 수 있으며, 10분 정도 걸어가면 나오는 이촌 현대 한강아파트는 최고의 영구 한강 조망 아파트이나 주차가 0.73대로 향후 리모델링이 되기 전까지 주차난은 해결되기 힘들 것으로 보인다.

바로 옆의 동아 그린아파트는 499세대(총 6개 동) 아파트로 경부선 옆에 위치해 있기 때문에 일부 동은 소음이 심할 수 있다. 바로 옆의 이촌동 대림은 최고의 영구 한강 조망 아파트이며 주차 1.08대로 그나마 서부이촌동에서는 괜찮은 편이나 역과의 거리가 조금 있는 편이다. 이어지는 북한강 성원은 최고의 영구 한강 조망 아파트지만 주차가 힘들며, 대중교통 역시 이용이 불편하다는 단점이 있다.

바로 옆에는 대박 재건축 단지처럼 보이는 이촌 시범과 중산 1차 시범(이촌 시범 중산)이 있는데, 주의해야 할 점은 여기는 1970년 지어진 아파트로, 부지가 서울시 소유라 재건축은 서울시와의 문제가 있으며, 앞의 북한강 성원 때문에 하루 종일 그늘진 곳이 있으니 실거주라면 반드시 체크를 해야 한다. 이제 15분 종정도 걸어서 현대자동차 별관 쪽으로 이동해 보도록 하자. 이곳에서 마포는 생각보다 멀지 않다는 것을 느낄 수 있을 것이다.

현대자동차 별관 옆의 원효 산호 아파트는 용산에 위치해 있으나, 지하철을 타려면 마을버스를 타고 마포역으로 가야 한다. 방송이나 책을 보면 용산이 교통의 요지라고 하지만 모든 용산이 꼭 그렇지는 않다. 10분 정도 걸어가면 위치해 있는 천년 명가 청암자이는 2005년에 지어진 50평대 이상의 비교적 새 아파트로 수영장과 커뮤니티가 훌륭하고 주차장 이용이 3.14대로 매우 편리하나, 지하철을 이용한다면 역시 마포역까지 마을버스를 타야 하기 때문에 대중교통을 이용하는 직장인보다는 자차 출퇴근 거주자에게 추천한다. 물론 50평대 이상 용산구 아파트를 살 수 있는 직장인이 지하철을 탈 리 거의 없겠지만.

이제 7분 정도 마포역 쪽으로 이동하면 용산구에서 드문 1천 세대 이상의 대단지 조용한 아파트 리버힐 삼성이 나오는데 여기서 마포역까지는 도보로는 넉넉하게 15~20분 잡아야 한다. 마지막으로 한진 그랑빌 한강타운을 지나서 7분 정도 걸어가면 마포역(5호선)이 나오고, 이를 통해서 마포역 도보 이용이 가능한 용산구 아파트들을 직접 확인할 수 있다.

재테크 작가님이니까 당연히 강남에 사시겠죠?

금호동

우리는 '동네'라는 말보다 동 이름과 아파트 이름을 거론하는 것이 더 익숙한 시대에 살고 있다. 아마도 내가 살고 있는 아파트가 부촌이라는 것을 뽐내기 위한 이유도 있을 것이다. 20권 정도의 책을 출간하면서 많은 질문들을 받았지만, 재테크 책을 출간한 이후에 가장 많이 받은 질문은 "작가님은 어디 사세요?" 다. 아무래도 대한민국에서 재테크의 성공이 거주하는 아파트와 보유한 주택과 땅에 따라서 많은 부분이 결정되다 보니, 당연한 질문이겠지. 그 질문을 하는 사람에게 "성동구 금호동에 삽니다."라고 하면 실망하는 눈빛을 보내곤 한다.

서울 강남에도 살지도 못하면서 무슨 재테크 책이냐? 라는 조롱 섞인 눈빛도 많이 받았지만, 나는 당당하다. 흙수저도 아닌 무수저가 여기까지 왔으니까. 그리고 대답한다.

"그러면 재테크 책을 사지 마시고 압구정동에 가서 거주하는 분들 아무나 붙잡고 재테크를 상담하세요. 저는 지금 금호동에 삽니다."

'서울 하늘 아래 첫 동네'라고 불렸던 금호동은 마용성의 '성'에 속하는 성동구이면서 해발 200m 위에 5호선 신금호역이 있어서 서울에서 가장 지하철역사 지대가 높다. 과거 서울의 대표적인 달동네였다.

2년 전 낯선 금호동이라는 곳으로 이사 오면서 대규모 신축 아파트 옆에 오밀조밀한 집들, 작은 가게들, 오래된 시장, 구불구불하고 좁은 골목, 가파른 경사길, 작은 로터리가 어우러진 조금은 복잡하고 낡은 상권이 형성되어 있고 끝날 것 같지 않은 가파른 계단과 경사길을 와이프도 처음에는 못마땅해했다. 물론 나는 좋았다. 신금호역에서 광화문까지 10분이고 빠르게 걸으면 현관문에서 신금호역까지 5분, 지하철 10분, 광화문역에서 은행까지 5분 해서, 총 20~30분에 집에서 글을 쓰다가 종각에 있는 은행의 내 자리까지 갈 수 있으니까!

이곳 금호동이 미술관, 박물관, 공연장 등을 다니기 매우 수월한 지역이라는 것과 운동 삼아 걸어 다닐 만한 곳도 많다는 것을 알게 되면서 와이프는 조금씩 동네에 대한 애착이 생기기 시작했다.

작은 트럭에서 뻥튀기를 직접 튀겨 파는 청년, 텃밭에서 가꾸신 오이나 고추 등을 작은 소쿠리에 담아 나오신 할머님, 그때그때 제철 과일을 비닐봉지에 수북이 담아 파시는 트럭 아저씨, 부담스럽지 않은 가격의 작은 미니 화초들을 파시는 수염이 길게 자란 할아버지를 만나는 일은 대형마트만 이용하던 우리에게 소소한 즐거움이 되었다.

금호동은 지리적으로 서울 도심의 동쪽에 위치해 있으면서도 역사적 유적이 많이 남아있는 강북의 명소와도 가까워 편하게 주말 나들이

하기 적합한 곳이다. 또한 응봉산은 봄의 소식을 알리는 개나리가 노랗게 물들면 개나리 축제가 열리고 매봉산은 흐드러지게 벚꽃이 만발해 벚꽃 축제가 열린다. 가을이면 성동교에서 시작되는 송정제방길은 서울시의 아름다운 단풍길로 손꼽히는데 이 길은 조선 전기에 만들어진 가장 긴 돌다리인 '살곶이 다리'로 이어진다. 겨울에는 중랑천으로 찾아오는 황조롱이나 백할미새 등 철새들을 관찰할 수도 있다.

가장 좋은 점은 한강은 물론 동서남북으로 산책할 수 있는 공원이 있다는 점이다. 아파트 단지 앞 횡단보도를 건너 응봉공원이 있고, 그 맞은편으로는 응봉 근린공원이 매봉산 공원으로 이어져 있는데 이 길을 따라 남산까지 갈 수 있다. 아파트 아래로는 조망 명소로 유명한 달맞이봉 공원과 조선시대 왕이 매를 풀어 사냥을 즐기기도 했다는 응봉산이 있고 한강을 따라 용비교를 건너 대규모 도시 숲인 서울숲까지 갈 수 있다.

매일 저녁 가볍게 걷기 운동을 하기 위해 한강을 가거나 응봉공원을 가고 주말에는 서울숲이나 남산을 가거나 한양도성길을 따라 걷기도 한다. 이 길을 따라 장충동 신라호텔 옆으로 난 '한양도성 다산 성곽길'로 오르기도 한다. 다산 성곽길의 초입은 가파르게 보여 부담스러울 수 있지만 계단이 많지 않아 편안하게 성곽을 따라 걷기 그만인 산책길이다. 삭막한 고층 아파트의 틈에서 소통보다 단절하며 살아가는 사람들에게 주변에 크고 작은 공원들이 많고 걸어서 문화생활을 향유할 수 있는 박물관이 많다는 것도 금호동의 자랑이다.

성동구는 말 그대로 한양도성의 동쪽에 있다는 말에서 유래되었다. '서울의 달'이라고 옥수동 달동네를 배경으로 한 드라마는 옛날이야기다. 지금 옥수동은 동호대교 하나만 건너면 5분 안에 압구정으로 바로 갈 수 있고 용산 중에서도 가장 부촌인 한남동 바로 옆이라는 지리적인 이점이 드러나는 곳이다. 옥수동 옆 금호동은 또 다른 새로운 부촌으로 떠오르는 성수동 바로 옆이면서 서울 시내 어디를 가도 사통팔달 교통이 편리한 교통의 요지다.

금호동과 옥수동 모두 대규모 신축 아파트 밀집지역으로 20~30대 젊은 사람들이 선호하는 서울의 핵심 주거지가 되었다. 옥수동은 개발된 지가 좀 되어서 몇몇 단지들은 리모델링 이야기가 나오고 있고, 지금은 5호선 신금호역 쪽의 개발이 마무리되고 있다. 이 두 곳은 강남과 가까운 지리적인 특성 때문에 강남에서 살다가 결혼 후, 성동구로 와서 신혼살림을 차린 젊은 부부들의 비중이 높다. 분가하는 자식들에게 서울 중심부에 아파트를 사줄 형편이 되는 강남 엄마들이 자식들을 인근에 살게 하고 싶은 욕망과 주말에 5분 만에 차를 가지고 강남 엄마 집으로 가서 그곳의 인프라를 누리고 싶은 젊은 사람들이 금호동과 옥수동 분위기를 만들었다. 사통팔달 편리한 지리적인 특성과 한강 쪽 인접 단지들의 강변북로 진입 수월성으로 인해서 연예인들도 많이 사는 동네가 바로 옥수동과 금호동이다.

성동구는 내부간선도로와 동부간선도로가 중앙을 관통하고 있는데, 특이한 점은 뚝섬을 성동구 옆 광진구와 칼같이 나눠서 행정구역을 분리하였다는 점이다. 지하철의 경우 왼쪽으로는 중구에서 내려온 3호선이 옥수동을 지나서 동호대교를 건너 압구정으로 이어지고 있고, 동대문구에서 내려온 분당선이 왕십리를 지나 서울숲을 거쳐서 다시 압구정으로 연결되고 있다. 또한 성동구 북쪽으로는 5호선이 신금호-행당-왕십리-마장-답십리를 지나서 동대문구로 이어지고, 중구 신당동에서 내려온 2호선이 왕십리를 거쳐 한양대-성수동을 거쳐서 광진구로 나가고 있다. 마지막으로 경의 중앙선이 한강을 따라서 옥수동과 응봉을 지나 왕십리를 거쳐 북쪽으로 빠져나가는 것을 볼 수 있다.

일단 지하철만 해도 왕십리는 무려 4개 노선이 지나가는 엄청난 곳이 되었다. 그리고 압구정으로 바로 연결되는 지하철도 2개나 되는 걸 보면, 역시 옥수·금호동과 압구정·강남은 떼 놓을 수 없는 밀접한 관계다. 왕십리에는 조만간 GTX도 들어오는데 지하철망이 성동구 북동쪽은 여전히 비어 있는 듯한 느낌이 들지만, 전반적으로 봤을 때 북쪽에서부터 신금호, 왕십리, 옥수동, 서울숲의 4개 지역이 성동구의 핵심인 것이다.

성동구의 주요 지하철역에서 서울 주요 핵심 일자리인 강남, 여의도, 광화문, 용산, 판교까지의 소요 시간을 확인하면 판교를 빼고는 성동구 주요 역에서 서울 대부분의 주요 일자리까지 30분 이내면 갈 수 있다. 만약 부부 중 한 명이 강남에 근무하고 한 명이 광화문이나 종로에 근무를 한다면 이곳 성동구 만한 곳이 없다. 이게 바로 고소득 젊은 맞벌이 부부들이 신금호·옥수·왕십리를 선호하는 주 이유인 셈이다.

성동구 임장을 할 때에는 2023년 6월 이후 분양 예정인 아래의 재개발사업 위치와 주변 환경도 함께 체크하자.

아파트명	상세 주소	건설사	전체세대	공급규모	분양 예정
용답동 청계천 리버뷰자이	성동구 용답동 108-1	GS건설	1,670	797	미정
청계지역주택조합(용답동 청계SKVIEW)	성동구 용답동 121	SK에코플랜트	396	85	미정
행당동 라체르보푸르지오써밋(행당7구역)	성동구 행당동 128-1	대우건설	958	135	미정

아파트님, 결국 당신은 또다시 오르기 시작하셨군요

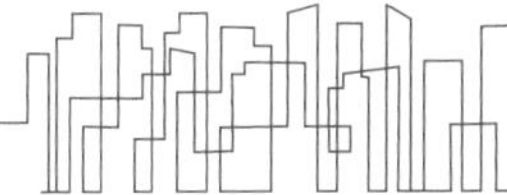

성동구-1

10년 전에 출간된 나의 첫 재테크 책은 많이 팔리지 않았다. 다른 저서 19권은 베스트셀러도 있었고 그래도 평균 이상 판매되는 책들이었다. 저자 입장에서 책이 안 팔리면 여간 곤욕스러운 게 아니다. 특히 작은 출판사나 사장님과 개인적인 친분이 있다면 더더욱 이다. 전업 작가가 아니라 생계에 문제는 없었지만, 어려운 출판사 형편에 내 책을 흔쾌히 내 주신 10년 지기 사장님이 걱정됐다.

책이 망했다는 것을 직감한 후, 사장님과 소주 한잔을 하기 위해 출판사를 찾았다. 사장님은 괜찮다고 하였지만 내가 괜찮지 않았다. 도대체 무엇이 문제였을까? 제목이 문제였을까? 내용이 문제였을까?

어느 날, 한 독자분에게 연락을 받았다. 책을 읽고 난 후 만나서 궁금한 것을 물어보고 싶다고 하였다. 반가운 마음으로 독자분과 커피숍에서 만났는데 다짜고짜 "작가님은 지금 어디 사세요?"라고 물었다. 당시 나는 마포 한강변 아파트에 살고 있었고, 곧 성동구 금호동의 새 아파트로 입주를 앞두고 있었다. 나의 답변을 들은 그분은 충격적인 말을 하였다.

"재테크 저자분이면 최소한 강남에 사서야 하는 거 아니에요? 그러니까 책이 안 팔렸겠죠. 강남에 집 한 채도 없으면서 어떻게 재테크 책을 쓰고 컨설팅하시는 건가요?"

독자분이 책을 가지고 와서 사인해 달라고 하는 판타스틱한 만남을 기대했던 나는 충격을 받았다. 재테크 저자가 강남에 집을 가지고 있다는 단순한 이유로 그분의 재테크 방법을 그대로 따라 할 수 있다고 생각하는 분은 거의 없지 않을까?

[성동구-1] 신금호역에서 서울숲 푸르지오와 옥수동까지

신금호역은 지상으로 올라오는 에스컬레이터가 한강 수심 때문에 깊어진 여의나루역만큼 깊다. 한강 인근도 아닌데 왜 이렇게 깊이 지하철을 팔 필요가 있었을까? 엉뚱하게도 그 점이 바로 여기 성동구 신금호역 주변 아파트들의 특징 중 하나다. 다른 대부분의 역세권 대표 아파트 단지들은 언덕이 아닌 평지에 지하철역이 있고 언덕 위 아파트 거주민들이 퇴근 후 집에 가려면 지하철 출입구를 나와서 언덕을 힘들게 올라가는 게 일반적이다. 그러나 이곳 5호선 신금호역은 언덕 위에 지하철 출입구가 있어서 오히려 언덕 아래에 있는 아파트에서 지하철을 타려면 오히려 마을버스를 타고 이쪽으로 올라와야 한다.

신금호역 4번 출구를 나오면 바로 정문인 신금호파크힐스는 신금호역까지 초역세권에 1,300세대가 넘는 대단지이고 단지 안 평탄화와 커뮤니티시설도 잘 갖춰진 아파트다. 반면에 저 밑 평지에 있는 아파트들은 지하철을 타려면 신금호역이나 3호선 금호역까지 마을버스를 타고 와야 한다. 금호파크힐스는 정문에서 5호선 신금호역이 3분 초역세권이고 후문에서는 역시 5호선 행당역을 도보 9분이면 갈 수 있는 특징이 있다. 보통 정문 입구의 아파트 동들만 초역세권 혜택을 누리는데 이곳은 정문 후문 모두 초역세권의 장점을 누릴 수 있다.

신금호역 뒤쪽으로 신금호 파크자이가 보일 것이다. 이곳도 신금호역 초역세권 대단지 아파트다. 파크힐스 쪽의 길은 금호로인데 원래는 좁은 2차선이었다가 도로 확장공사와 지하철 출입구 신설 공사가 마무리 되어 지금은 시원시원하게 차들이 다니고 있다. 금호 파크힐스 정문 건너편의 금호자이 1차는 보기에 약간 언덕 차가 있고 동 간 간격이 조금 좁아 보인다. 세대수도 약 400세대로 조금은 적은 편이다.

여기부터 다음 아파트로 내려가는 길은 경사가 있다. 그래도 래미안 금호 하이리버 정도면 신금호역까지는 걸어서 올 만하다. 하이리버는 지대가 높아서 한강 조망이 잘 되는 금호동 한강뷰 아파트 중의 하나로 커뮤니티시설도 잘되어 있고, 단지 내 상가가 활성화되어 있다. 단지 내도 굉장히 조용하고 조경도 잘 되어 있고 안으로 들어와 보면 밖에서 볼 때와는 다른 분위기가 난다.

이제 언덕길로 내려와서 한강 쪽으로 가면 금호 삼성 래미안이 보이는데, 하이리버에서 내려오는 이 길은 경사가 있다. 이곳은 평지에 있지만 5호선 신금호역, 3호선 금호역 모두 도보로 20~30분 이상 걸리는 관계로 초역세권과는 거리가 있다. 만약 신금호역이 이곳 금호 삼성래미안 사거리에 있었으면 여기가 금호동의 메인 상권이 되었을 것이다. 그러나, 이곳도 바로 앞 힐스테이트 서울숲 리버의 등장으로 괜찮은 주거단지로 탈바꿈되었다.

서울숲 리버는 바로 옆 응봉산과 최근에 지어져서 시설이 우수한 대규모의 금호스포츠센터를 끼고 있고, 앞에 한강을 조망하는 평지 아파트지만 걸어서 지하철을 가기 힘들다. 참고로 바로 앞에 위치한 서울숲 푸르지오도 그렇고 이름에 '서울숲'이 들어간 거 보면 서울숲이 바로 옆일 거라고 생각할 수 있는데 저기 보이는 응봉산 뒤의 서울숲은 한강변을 따라 유유히 걸으면 약 30분 정도 소요된다. 고층에서 볼 때 서울숲과 한강이 같이 조망된다는 장점이 있으며 일부 동은 앞의 시야를 가리지 않는 영구 한강 조망이다.

바로 앞의 서울숲 푸르지오 2차는 서울숲 푸르지오 1차와 더불어 앞 동은 영구 한강 조망이 가능한 아파트로 바로 뒤에 옥수초등학교가 있다. 안으로 들어가 보면 2차보다는 1차가 좀 더 오래되어서 그런지 서울 같지 않고 리조트 같은 느낌이 들고 조용하다. 1차에서 옥수역까지는 도보로 10분 정도 걸리는데 주민들은 보통 마을버스를 이용한다. 바로 옆 한강공원을 통해 옥수역으로 갈 수도 있지만 바쁜 출퇴근 시간에 이용하기는 무리다.

한강을 끼고 3호선 금호역 쪽으로 천천히 걸어서 15분 정도면 도착하는 동호대교 인근은 매연과 소음이 좀 있다. 어디나 동일하지만 한강 다리 인근의 아파트는 의외로 소음과 먼지가 좀 있는 편이다. 한강변 아파트들은 모든 동과 층마다 한강뷰의 차이가 커서 가격차이가 큰 편이니 잘 알아보고 반드시 안으로 들어가서 거실은 물론 각 방마다 한강이 얼마나 보이는 매물인지를 확인 후 구매해야 한다.

옥수 하이츠 쪽으로 가면 언덕이 시작되는데 여기도 한강이 잘 보이는 단지로 한남동 바로 옆인 아파트이다. 용산에 인접한 1988년에 지어진 옥수동에서 입지가 매우 좋은 편이고 리모델링 이야기가 아주 예전부터 있다. 여기서 보이는 한남하이츠는 곧 재건축이 진행되면 예전과는 다른 모습으로 변할 것이다. 그 뒤의 담장이 보일 텐데 그 뒤가 그 유명한 유엔빌리지와 한남더힐이다. 이곳은 용산 한남동 고급 주택가다. 한남하이츠 바로 옆의 옥수 삼성은 옥정초와 옥정중을 끼고 있는 대단지 아파트로 아이들 통학 때문에 학부모들에게 인기가 많고 교통 편의성과 접근성이 좋으나 언덕이고 주차장 이용이 조금 불편한 편이지만 거주 만족도는 대단히 높다.

바로 보이는 극동그린은 보기에도 경사가 좀 있는 편이다. 가능하면 마을버스를 타고 극동그린 맨 위의 동까지 한번 편하게 가보는 것을 추천한다. 올라와 보면 산 밑에 위치해서 공기가 매우 좋은 편이고 대형 평수도 많아서 예전에는 군 장성들이 많이 살았었다고 한다. 바로 뒤가 남산이 이어지는 매봉산 공원인데 한 마디로 앞에는 한강이 흐르고 뒤로는 산이 있는 완벽한 배산임수 지역이다. 이 특징은 바로 옆 옥수극동도 유사하다.

이제 10분 정도 걸어서 2012년에 입주한 옥수동의 랜드마크 아파트 래미안옥수리버젠으로 가보자. 언덕 위지만 단지 안은 평탄화가 잘 되어 있고 동호대교 이용이 편리하다. 압구정에서 동호대교를 건너서 바로 아파트 입구로 이어지기 때문에 입구 동의 경우 10분이면 자차로 압구정에서 집으로 올 수 있는 장점이 있다. 약점은 지하철역이 조금 이용하기 쉽지 않다. 바로 옆 금호 브라운스톤 1차와 2차가 옥수역을 이용하기 편할 것이다.

e편한세상 옥수파크힐스 역시 한눈에 봐도 언덕 위에 위치해 있어서 들어가서 볼 엄두가 나지 않을 수 있으나, 정작 들어가 보면 단지 내 곳곳에 엘리베이터가 있고, 지하 주차장으로 금호역이 바로 연결되기 때문에 크게 불편하지는 않다. 신금호파크힐스와 비교하면 단지 내 평탄화는 신금호 파크힐스가 더 잘 되어 있고 단지 내 조경 및 인근 상권은

옥수 피크힐스가 조금 더 좋아 보인다. 옥수파크힐스는 3호선 옥수역을, 신금호 파크힐스는 5호선 신금호역을 초역세권으로 각각 그 특징이 있기 때문에 다니는 직장이 어디인지에 따라서 옥수동과 금호동의 아파트를 적절히 비교하고 결정하자. 부부 직장이 광화문·을지로·여의도라면 '신금호 파크힐스'가, 부부 중 한 명이 광화문이고 다른 한 명이 강남·판교에 직장이 있다면 '옥수 파크힐스'가 직주근접을 완벽하게 맞춰줄 것이다. 아래의 옵션들은 옥수동과 금호동의 지리적인 장점을 파악할 수 있는 좋은 루트로서 임장을 권한다.

Option 1 : 옥수동에서 동호대교를 건너면 강남의 상징 압구정이다. 차로 옥수동에서 5분 금호동에서는 10분이면 압구정에 갈 수 있다.

Option 2 : 남산타운 아파트는 옥수파크힐스 뒤에 위치한 버티고개역 역세권 아파트로, 신당동에 있는 5천 세대가 넘는 대단지 아파트다. 서울시에서 리모델링 추진 중이고 서울시가 관리하는 남산의 혜택을 그대로 이용할 수 있다는 큰 장점이 있다.

Option 3 : 대한민국의 대표 고급 주거지인 한남 더 힐 바로 앞에 있는 한남 시범 아파트로 1970년에 지어졌고 현재 재건축 추진 중이다.

Option 4 : 대한민국 최고의 부촌 한남 더 힐을 한 번 가보자, 어차피 단지 안은 못 들어갈 테니 주변 맛집에서 맛있는 거 먹고 간다 생각하고 한번 방문해 봐도 좋다. 인근에 분위기 있는 맛집이 꽤 많다.

아칸소주의 주유소 사장님은 어쩌다가 그렇게 되었을까?

성동구-2

결혼 초기 가장 비참하고 초라하고 돈이 없을 때 그놈의 어금니가 아프기 시작했다. 치통으로 생각하고 진통제를 먹으면서 버텨봤지만 나아지지 않았다. 밤에 끙끙거리기 시작하니, 와이프가 어디가 아프냐고 추궁했고 심한 치통이 있음을 이실직고했다. 몸이 아프면 이야기를 해야지 왜 바보같이 참고 있냐고 화를 내면서 자신의 신용카드를 줬다. 다음 날 아침이 되자마자 실업자인 나는 근처 치과를 찾아갔다. 치과 의사는 내 어금니 하나가 기형적으로 크다며, 웬만한 어금니의 두 개 정도 크기라서 가격도 두 배가 들어간다고 했다. 당시 나의 어금니 하나를 금으로 씌우는데 30만 원을 달라고 했던 기억이 난다.

수십 번을 망설임 끝에 와이프가 준 신용카드로 결제하면서 생각했다. 그래도 어금니니까 빼서 그냥 놔둬도 되는 거 아닌가? 보이는 앞니도 아닌데…. 그 순간, 나는 1998년 IMF가 터진 직후에 미국 아칸소주로 무작정 가서 아르바이트한 그 주유소 사장님이 생각났다.

당시 40대 초반으로 추정되는 주유소 사장님을 찾아가서 아르바이트하게 해 달라고 졸랐다. 사장님은 와이프가 몸이 좀 안 좋아서 마침 사람을 뽑을 계획이었다고 했고 나를 채용했다.

사장님과 처음 만난 날, 사장님의 앞 윗니가 하나도 없어서 매우 놀랐다. 앞니 대부분이 없던 사장님은 말을 할 때마다 그 사이로 발음이 새어 나와서 웅얼웅얼하는 것처럼 들렸다.

"사장님, 앞니는 언제 그렇게 되신 건가요? 미국에 오신 지 10년 넘었다고 하지 않으셨어요?"

"아, 네가 아직 그 방송을 못 봤구나?"

사장님은 가게 안쪽을 뒤지더니 낡은 비디오테이프를 들고 왔다. 비디오에 TV를 연결하니 영상이 나오기 시작했는데 FOX 뉴스였다.

"오늘 놀라운 비디오를 하나 소개해 드리겠습니다. 아칸소주의 한 주유소에 총을 든 무장 강도가 난입했는데요. 이 강도는 가게 주인이 한국 특전사 출신이라는 걸 몰랐나 봅니다. 자 영상 보실까요?"

이어지는 영상을 보니 내가 서 있는 지금 이곳에 총을 든 무장 강도 한 명이 난입했고, 사장님은 이소룡처럼 하늘을 날아올라 강도를 향해 돌진했다. 사장님은 강도가 가지고 있던 총으로 안면 가격을 세게 당했지만, 굴하지 않고 강도 제압에 성공하는 장면에 이어 다시 뉴스 아나운서가 나왔다.

"너, 죽을래 아니면 돈을 내놓을래? 아, 저희 같으면 그냥 돈을 주고 강도를 내보낼 거 같은데요. 저 총으로 안면을 세게 가격당해서 앞니가 성치 않을 거 같습니다. 아무튼 놀랍습니다. 미국 강도 여러분, 한국 특전사 출신의 사장님이 있는 주유소는 얼씬도 하지 마세요?"

사장님은 자랑스럽게 뉴스를 보여주셨다. 사장님 내외는 미국에 와서 15년 이상 매일 하루도 빼놓지 않고 일을 하셨다. 아침 9시부터 밤 9시까지는 아주머니가, 저녁 9시부터 다음 날 아침 9시까지는 특전사 출신 남편이 카운터를 맡아 15년 이상 쉬지 않고 일을 하신 상태였다. 이렇게 죽도록 일만 하는 게 미국 이민이고 아메리칸드림인가? 그러다가 아내분이 병에 걸려서 도저히 가게 일을 할 수가 없게 되었고, 그때 아르바이트를 시켜달라고 내가 나타난 것이었다.

두 분의 아들과 딸은 당시 이미 완벽한 미국 고등학생이 되어 있었다. 아침마다 등교할 때 용돈을 10달러씩을 받아 갔고, 사장님은 흐뭇한 표정으로 카운터에서 20달러를 꺼내서 자신의 꿈과 희망인 아들과 딸에게 돈을 줬다. 아이들이 매일 같이 받아간 그 20달러는 아버지의 앞니 치료비였고, 그 시간이 하루 중에서 유일하게 사장님이 웃을 수 있던 시간이었다.

[성동구-2] 행당역에서 성동구 교통의 요지가 된 왕십리까지

5호선 행당역 2번 출구를 나오면 바로 초역세권 단지인 행당 브라운스톤이 보일 것이다. 이곳 행당역은 예전부터 인근 대단지 아파트들이 많아서 롯데마트를 비롯한 생활편의 시설이 많다. 행당 대림 아파트는 경사가 좀 있지만 언덕이라는 점만 빼면 교통·마트 등 생활편의

시설 등 이용이 등이 매우 편리한 약 3,500세대 대단지이다. 아파트 내부에는 언덕이 있기 때문에 지하철 출입구가 있는 동이 아니면 출퇴근 때 조금 시간이 걸린다는 단점이 있다. 이곳 일대 상당수 아파트 단지가 리모델링 추진 중이다.

대림에서 10분 정도 걸어가면 도착하는 행당역 풍림 아이원도 경사가 좀 있는 편이다. 그렇지만 근처 구축 20평대들이 복도식이고 이곳은 계단식이기 때문에 젊은 사람들은 방금 본 행당 대림보다는 여기를 더 선호할 걸로 보인다. 단, 언덕이라서 도보 지하철 이용이 힘들고 가능하면 마을버스를 이용해야 하는 단점이 있다.

이제 이곳에서 6분 정도 걸어가면 왕십리 자이 아파트가 나오는데 이곳의 최대의 단점은 교통으로, 도보로 편하게 이용할 수 있는 지하철이 없다는 것이다. 인근 편의시설도 부족한 편이고 평지가 아니라서 도보로 걸어 다니기에는 부담스럽다. 그렇지만 요새 사람들은 다 자가용을 타고 다니니까 예전처럼 이런 언덕 위 아파트들에 대해서 크게 거부감이 없어지는 트렌드다. 단지 내 평탄화도 한몫을 했다.

왕십리 자이 건너편의 신당 래미안하이베르는 2·6호선 신당과 5호선 청구역이 인근이지만 지하철역이 언덕 아래에 있어서 도보로 지하철을 이용하기에는 약간 불편하다. 이제 앞의 무학봉 근린공원 옆길을 통해서 하왕십리 금호 베스트빌로 가보도록 하자. 하왕십리 금호 베스트빌은 방금 지나온 무학봉 근린공원 인근 언덕 위에 있는 조용한 아파트로 뷰가 좋다. 여기서 역까지는 내리막길이라 출근은 괜찮은데 퇴근 시에는 아마 힘들어서 걸어오기에는 부담스러울 것이다. 이어지는 한신무학으로 가는 길 역시 언덕임이 느껴진다. 한신 무학은 무악초등학교를 끼고 있는 초품아 아파트라서 초등학교 학부모들에게는 인기가 좋다. 저 밑으로 5분 정도 내려가면 상왕십리역으로 이용이 편하지만 역시 언덕이다. 상왕십리역 쪽으로 걸어가서 왕십리의 대장주인 아파트를 보고 마무리를 하자.

왕십리 뉴타운(센트라스 1·2차) 아파트는 방금 본 아파트들과는 확실히 다르다. 그냥 아파트 재건축한 게 아니라 인근을 모두 헐어버리고 뉴타운으로 들어온 아파트이기 때문이다. 센트라스는 2,500세대, 텐즈힐은 약 3천 세대로 두 단지를 합치면 거의 6천 세대의 대단지 아파트로 왕십리 최고의 입지로 교통과 모든 편의시설이 완비되었다.

하왕십리동 벽산(청계 벽산) 아파트는 청계천 옆 위치해서 산책 등이 매우 용이하고 센트라스 텐즈힐의 편의시설을 편하게 이용이 가능하다. 과거 텐즈힐이나 센트라스 공사할 때 소음 등으로 스트레스를 받았겠지만 지금은 형님 동생 하면서 같이 가는 아파트다. 이제 상왕십리역 2호선으로 가서 마무리하도록 한다.

아파트 너 얼음! 정부가 땡! 할 때까지 움직이지 마시오

성동구-3

조선은 세계 최고의 빙수 제국이었다. 조선 후기 전국 곳곳의 빙고에 얼음을 저장하던 용량은 어마어마했다. 사료에 따르면 1개당 거의 20kg 정도가 되는 얼음 조각 5백만 개 이상을 조선 황실의 관영 빙고와 개인들의 수많은 사빙고에 저장했다고 전해지는데, 서울 인구 1명당 연간 50kg 이상의 얼음을 소비했다는 연구도 있다.

21세기에 살고 있은 지금의 나도 연간 50kg의 얼음을 먹지 않을 듯한데, 50kg이 아니라 인당 5kg이라 해도 정확한 자료만 남았다면 우리 조상님들의 여름철 얼음 소비량은 기네스북에 등재되고도 남을 것이다. 19세기 이후, 얼음 사용량이 문명도의 지표로 사용된 것을 고려하면 조선의 문명도는 당대 세계 최고 수준이었다.

그중 우리에게 익숙한 동빙고(東氷庫)는 원래 조선시대 서울 성동구에 설치, 운영되었던 조선 황실의 얼음창고였다. 1396년에 처음 성동구에 설치되었고, 우리가 아는 용산 동빙고동 근처로 옮겼다가 1898년에 폐지되었다. 때는 대한제국 초대 황제인 고종의 35년 차 집권기였다. 조선 황실의 중요한 얼음을 관장하던 동빙고는 왜 1898년 폐지가 되었을까? 정확한 자료는 남아있지 않지만 개인적으로 추측하기로는 1862년 에테르를 냉매로 사용해 공기압축기를 장착한 최초의 현대식 냉장고가 나온 것을 유추해 봤을 때, 1898년 그해 아마 미국이나 러시아에서 고종 황제에게 서양의 신문물로 냉장고를 선물한 것은 아닐까?

조선은 냉장고 개발 이전에 이미 얼음 천국이었다. 조선은 미개한 나라가 아니었다. 우리가 본 구한말 낡은 조선의 사진은 일본에 의해 참혹하게 피폐해진 조선이었을 것이다. 조선시대 서울은 한여름에도 얼음이 흔한 곳이었다. 당시 한양의 주막집 상황을 상상해본다.

"주모, 여기 얼음 동동 띄운 시원한 콩국수나 하나 말아 주시구려."

[성동구-3] 신금호역에서 행당동/응봉동을 거쳐, 왕십리까지

5호선 신금호역을 나와서 보이는 e편한세상 금호파크힐스의 정문을 통과해서 후문 쪽으로 가보도록 하자. 아파트를 돌아서 갈 수도 있지만 그러면 좀 더 멀다. 신금호 파크힐스 후문 횡단보도 건너에 보이는 벽산아파트는 얼핏 볼 때는 커 보이지 않지만 2001년 입주한 약 2천 세대의 대단지 아파트다. 단지 안으로 마을버스가 순회해서 쉽게 지하철 이용이 가능하며 리모델링을 활발하게 추진 중이다. 후문에서 왼쪽의 언덕 위로 올라가면 5호선 신금호 역인데, 반대 방향인 오른쪽 밑으로 걸어가서 5호선 행당역으로 걸어가도록 하자. 벽산 아파트 입구에서 천천히 걸어가면 행당역까지 도보 5~10분 정도가 소요된다.

벽산아파트 옆의 행당 한진타운 역시 행당역 초역세권이고 바로 앞에 보이는 롯데마트 등을 편리하게 이용할 수 있다. 단지 내는 경사가 있는 편이고 뒤에 대현산공원이 있어서 공기도 좋은 초역세 숲세권 아파트이다. 옆 행당동 두산위브는 만약 평지를 선호한다면 추천한다. 앞서 본 한진타운보다 조금 더 비싸지만 행당역 초역세권이고 왕십리역도 도보 이용이 가능한 수준이다.

이제 약 10분을 걸어서 서울숲 행당 푸르지오와 행당동 신동아(서울숲 파밀리에) 쪽으로 가보면 이곳도 단지 내 경사가 꽤 있는 편이라는 것을 알 수 있다. 행당, 왕십리, 응봉역 모두 이용이 편리하다는 장점이 있다. 평지에서만 살아보면 이런 언덕은 기피할 수 있지만, 막상 살아보면 크게 불편하지는 않다.

약 7분을 걸어가면 보이는 응봉동 대림 1차는 초·중학교가 가까우며 고층은 한강뷰가 가능하다. 바로 앞 응봉 대림 2차와 같이 주차가 힘들고 지하철역을 도보로 이용하기에 힘들다는 단점이 있지만 리모델링 혹은 재건축 추진 중이다. 그 옆 응봉 1 주택 재건축이 언젠가 완성되면 오히려 이곳이 한강뷰에 바로 뒤 응봉산으로 배산임수를 통한 응봉동의 메인 아파트가 될 수 있을 것이다.

길 건너 대림 강변타운과 서울숲 리버그린 동아는 중랑천·응봉산 조망과 도보로 서울숲 이용이 편리한 아파트이다. 뒤의 행당동 재개발이 완공되면 이 지역은 몰라보게 변모할 것이다. 이제 이곳 응봉 1 주택 재건축의 미래 모습을 보러 서울숲 리버뷰 자이 쪽으로 이동하자. 서울숲 리버뷰 자이 아파트는 커뮤니티가 우수하고 중랑천과 서울숲 이용이 편리하지만, 소음에 민감한 사람이라면 중앙선 철길이 지나는 쪽 소음을 확인해 봐야 한다.

뒤의 행당 7구역 푸르지오가 입주하면 여기 주변도 몰라보게 변화할 것이다. 경의 중앙선 건너에 있는 서울숲 더 샵은 오피스텔 69세대가 포함된 약 500세대 신축으로 왕십리역, 이마트 및 엔터식스와 같은 편의시설 이용이 편리하고 뷰가 좋은 아파트다. 건물 자체도 이쁘게 잘 지었다. 왕십리역까지는 도보 15~20분 정도니까 지하철을 타고 이동하는 직장인들도 편리하게 이동할 수 있다.

마지막으로 왕십리역 바로 앞에 위치한 행당 삼부 아파트는 왕십리역의 모든 지하철 라인과 편의시설을 쉽게 도보로 이용 가능한 왕십리역 초역세권 아파트다. 주차장이 엘리베이터와 연결이 안 되어 있지만 센트라스와 텐즈힐 입주 후 가격도 가파르게 상승했다. 혹시 생각이 있다면 재건축보다는 리모델링을 감안해서 구매를 해야 한다.

[성동구-4] 뚝섬역에서 성수동과 서울숲의 고급 주상복합 아파트까지

왕십리역에서 2호선을 타고 뚝섬역 2번 출구로 나오면 성수동1가 중앙하이츠빌이 보인다. 뚝섬역은 2호선이지만 고가 위 지상철이기 때문에 중앙하이츠빌 앞 동은 지상철 구간 소음이 있다. 바로 뒤 성수 쌍용은 뚝섬의 아파트 중 보기 드물게 거의 천 세대인 800세대로 뚝섬역 인근에서 대단지 아파트라고 볼 수 있다. 방금 지나온 중앙 하이츠빌과 같이 뚝섬역 3분 초역세권에 서울숲을 도보 10분으로 편리하게 이용 가능하다. 8번 출구 건너편에 서울숲 아이파크 리버포레가 825세대로 2024년 5월 입주 예정으로 공사 중이다.

성수 수제화 거리 바로 뒤에 위치한 뚝섬 현대는 2호선 소음이 조금 덜하고 동이 1개라 단점이지만 내부는 연식에 비해 깨끗하다. 성수역 쪽으로 더 가보면 나오는 성수 롯데캐슬파크는 2003년 입주한 아파트로 성수역 2분 초역세권으로 성수 주변 생활 편의시설 이용이 가능하다. 이곳 뚝섬 쪽은 모두 초중고 학군은 아직 좋지 않아서 초등학교 입학 전 혹은 아이들이 대학교에 모두 입학 후에 살기 좋은 곳이라고 다들 인식하고 있으니 학부모들은 참고하기 바란다. 10분 정도 걸어서 보이는 서울숲 힐스테이트는 같은 서울숲이지만 앞서 살펴본 서울숲 푸르지오보다는 더 서울숲 분위기가 난다. 이곳도 한강과 서울숲, 이마트 이용이 모두 편리하고 성수역까지 도보 약 7분이면 가는 역세권 신규 아파트다.

15분 정도를 걸어서 도착하는 성수동 2가 강변 임광은 단지도 작고 지하철역이 멀어 보인다. 이곳 인근 아파트들은 한강 조망이 좋으나 역이 멀어서 도보 이용이 힘들 수 있다는 단점이 있지만 전세가가 저렴해서 신혼부부들이 처음 서울에서 터를 잡고 시작하기에 나쁘지 않다. 이제 20분 정도 걸어서 유명한 트리마제로 이동하도록 하자. 서울숲 트리마제는 파노라마 한강뷰 일부와 커뮤니티 시설이 완비된 곳으로 가격과 학군 때문에 아이를 키우는 집이 적어 층간소음도 거의 없다. 인근의 서울숲 한진타운은 서울숲 역세권에 서울숲을 도보로 쉽게 이용할 수 있는 편리성이 있지만 주차는 0.74대로 비좁은 편이고 주말에는 서울숲을 놀러 오는 사람들로 붐비는 단점이 있다.

10분 정도를 걸어가면 보이는 아크로서울포레스트는 서울숲을 앞마당처럼 이용할 수 있는 최고의 주상복합이고 방금 본 트리마제, 갤러리아 포레와 어깨를 나란히 하는 서울숲 지역은 물론 성동구 성수동의 랜드마크다. 갤러리아 포레 역시 서울숲을 앞마당처럼 이용할 수 있는 최소 70평 이상의 주상복합이라서 주차장도 넓고 매매가가 상상을 초월하는 곳이다.

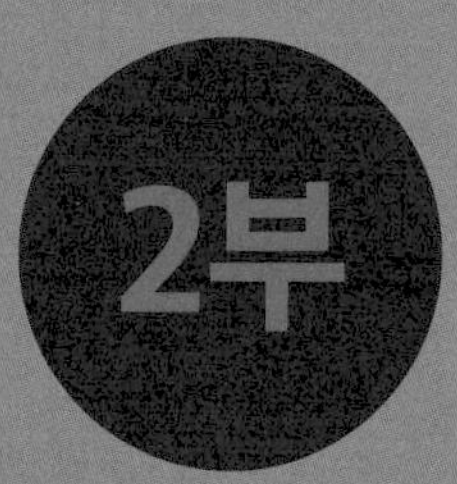

기초

서울핵심부동산/ 청약/
신도시/ 담보대출

부동산 투자의 기초

(기초 1)

아직 부동산에 관심이 없는 분들이 알아야 하는 진실 5가지

진실 1. 부동산 경험 영역을 확장해야 한다.

주변 사람들이 부동산으로 큰돈을 벌었다는 말을 들으면 부러워하지만, 노력하지 않는 분들이 많다. 대부분 자신의 의지와 상관없이 결혼 전까지는 부모님이 자리 잡은 곳에서 살게 되고, 그 주변에 정착한다. 그러나 부동산 재테크 성공을 위해서는 나의 발과 눈으로 부동산 경험 영역을 확장하는 것이 중요하다. 그래야 청약이든 구축 매입이든 재건축 재개발이든 좋은 아파트를 내 집으로 만들 수 있다.

진실 2. 상위 연봉 직장인들은 직주근접을 원한다

연봉을 많이 주는 회사들을 본사 주소로 정리해 보면 서울시 중구가 10개로 가장 많다. 여의도(8), 종로(5), 강남(5), 분당(4), 서초(3) 마포(2)와 송파(2)에도 연봉을 많이 주는 대기업 본사가 있다. 종로 광화문은 지리적인 위치상 중구로 봐야 한다. 나머지 용산·양천(목동)·구로·강동에도 각각 1개가 있다.

중구를 중심으로 인접하는 구를 표시하면 마포·용산·성동·동대문·종로·서대문이 하나의 구역으로 묶이고, 여의도를 중심으로 하면 마포·용산·동작·영등포·양천구가, 강남구를 중심으로 하면 용산·성동·광진·송파·서초가 묶이는 것을 확인할 수 있다.

서울의 핵심구와 비핵심구가 확연하게 차이가 나는 것을 알 수 있다. 마용성(마포·용산·성동)의 주변에는 고액 연봉의 샐러리맨들이 많다는 것이다. 서울시 중구에 있는 연봉 1억의 좋은 직장을 다니고 있다면 직장에서 가깝고 쾌적한 새 아파트에서 출퇴근을 하고 싶을 것이다. 서울 외 지역도 마찬가지다. 안정적이고 고연봉의 좋은 직장을 다니는 사람이라면 직장에서 가까운 쾌적한 대단지 새 아파트에 살면서 출퇴근을 하고 싶을 것이다.

고소득 연봉자들이 직장 근처 쾌적한 거주 공간을 찾게 되고 수요가 늘면 공급이 늘어야 하는데, 아파트라는 재화의 특성상 공급은 제한적이다. 수요가 늘어난다고 해서 없는 땅에 아파트를 만들 수는 없으니까. 설사 땅이 있더라도 바로 공급할 수 없다. 땅 파고 공사하고 골조 올리고 분양하고 입주하고 최소 3~5년은 걸리는데 수요와 공급의 타이밍을 맞추기가 너무 어렵다. 수요가 늘어났는데 공급이 없으니 서울 마용성 부동산 가격이 2016년 이후 급격하게 올라간 것이다. 용산은 원래 비싼 곳이었고 마포와 성동이 오른 이유는 중구(광화문 포함), 여의도, 강남의 고소득 직장인들의 30분 이내 출퇴근을 할 수 있는 '직주근접'에 대한 수요가 폭발적으로 증가했기 때문이다. 이곳의 신축 아파트는 제한적인데, 수요가 늘었으니 가격이 뛰었고 신축 가격이 뛰니까 그 옆의 구축도 덩달아 뛴 것이다.

2022년에 일어난 부동산 가격의 급격한 하락은 금리가 예상치 못하게 빠르게 올라서 새로 주택을 구입하거나 전세를 사는 사람들의 이자 부담이 갑자기 커졌기 때문이다. 부동산 이외 모든 자산의 가격 조정이 발생한 이유도 있다. 부동산 가격은 심리적인 영향이 크게 작용하는데, 가지고 있는 주식과 가상자산의 가격이 예상치 못하게 하락하니, 대출을 많이 받아야 하는 부동산을 고금리하에서 선뜻 지르기 쉽지 않다. 그동안 거의 공짜와 다름없는 저렴한 이자율의 전세자금대출을 받은 세입자들은 올라간 이자가 부담되니 전세를 연장하지 않고 전세금을 낮춰 이사를 하고, 이로 인해 집주인들이 전세금을 낮추니 갭투자 세력도 예전처럼 과감하게 투자 활동을 못 하게 된 이유도 있다.

그러나 금리는 변동하게 되어 있고, 자산시장은 다시 급격한 변화를 맞이할 것이다. 혹자는 경제위기가 발생해서 금리가 여기서 더 크게 증가하면 아파트 가격이 IMF만큼 폭락할 것이라 하는데, 만약 금리가 아르헨티나만큼 비정상적으로 오르면(2023년 5월 현재 아르헨티나의 기준 금리는 97%이다. 100만 원을 은행에 넣어두면 1년 이자가 거의 100만 원인 셈이다.) 현금과 전세보증금은 종잇조각이 된다. 그때는 부동산이든 동산이든 현금 외 실물 자산 보유자가 승자가 되는 것이다.

진실 3. 내가 돈이 없다고 모두 없는 건 아니다.

아무리 가격이 폭락했다 해도 서울 핵심 아파트는 20평대 구축은 최소 7~8억, 신축은 10억, 강남은 15억이 훌쩍 넘어간다. 10억 원은 매년 5천만 원씩 20년을 모아야 하는 금액이다. 10억 원을 내고 누가 그 아파트를 살 수 있을까? 그러나 다음 세 가지를 생각해 보자.

첫째, 내가 돈이 없다고 해서 모든 사람들이 다 돈이 없지 않다. 서울의 수많은 빌딩들, 서울 주요 핵심구의 아파트에는 이미 주인이 있다. 지금 당장 십억 이상을 거주하는 집에 깔고 앉아있는 가구 수만 해도 무시할 수 없다. 지금 당장 거주하고 있는 집을 처분하고 10억 이상의 현금을 만들어 더 비싼 아파트로 이사 할 수 있는 사람이 백만 명이 넘는다는 것, 그리고 생각보다 많은 사람들이 부모님 찬스를 받고 있다는 것도 고려해야 한다.

둘째, 샐러리맨들의 비장의 무기인 '신용'과 '안정적 급여'를 이용하면 주택담보대출을 장기로 빌릴 수 있다. 부모님 찬스가 아니라는 게 서글플 수 있지만 그거라도 있는 게 다행이다. 아무리 좋은 직장을 다녀도 인적 보증 없이 대출을 해주지 않은 시대가 수십 년 전이었다.

셋째, 자금력이 부족하지만, 청약 특별공급 대상이 된다면 청약시장을 노려서 자산 형성 시기를 단축할 수 있다. 또한 대규모 택지공급이 예정된 신도시 중에서 서울 접근성이 좋고 교통 인프라가 좋은 곳은 당첨 확률이 높기 때문에 우선으로 고려해 볼 가치가 있다. 그렇지만 청약만 바라보다가는 이도 저도 안 될 가능성도 있다. 만약 지금 내가 무주택자라면 무주택자나 신혼부부 특별공급 청약을 집중적으로 노려보면서, 중간에 좋은 매물이 나오고 감당할 수 있는 수준이라면 과감하게 무주택 청약을 포기하고 좋은 위치의 구축 아파트를 매입할 것이다. 통장은 그 후에도 사용할 수 있지만 좋은 물건은 매번 나오지 않는다. 끊임없이 부동산을 공부하고 발품 팔아야 한다.

진실 4. 비슷한 경제 수준의 배우자를 만나는 시대가 도래했다.

요즘 젊은 분들을 보면 직업이나 경제력이 비슷한 수준의 사람하고 결혼하는 비율이 높다. 고액 연봉을 받는 남녀가 결혼하면, 둘의 연봉은 1억~2억 원 정도로 직주근접이 가능하고 편의시설이 있는 서울의 대단지 아파트를 구입하는 건 무리가 아니다. 담보대출을 많이 받아도 융자금 상환에 무리가 없다. 냉철하게 재테크 측면에서 봤을 때, 미혼의 근로소득자라면 '신용'과 '급여', 그리고 '결혼'을 이용한 레버리지를 이용하는 것이 가장 빠른 재테크 방법이다.

진실 5. 금수저들은 자기들끼리만 뭉쳐 살고 싶어 한다.

강남·서초·송파의 경우, 아파트 단지 내에서 어릴 때부터 자라온 아이들이 같은 초중고를 다니면서 친구가 될 가능성이 크고, 이들은 성인이 되어서도 친구로 지내며 그곳에서 살기를 원한다. 어릴 적 살던 동네라서 심적으로 편한데, 집값도 받쳐주고 모든 사람들의 선망의 대상이 되었으니 그곳을 벗어나고 싶을 리 없다. 이곳은 자기들만의 커뮤니티를 구성하고 다른 이들이 들어오는 것을 꺼려하고 점점 폐쇄적으로 변하고 있다. 아파트 출입문을 외부인이 못 들어오게 하는 건 기본이고, 어릴 적 친구가 같은 아파트 단지에 거주하고 있는 친구에 국한될 가능성도 커지고 있다. 이는 시간이 갈수록 더 두드러질 것이다. 초중고를 강남에서 자라고, 양질의 사교육을 받아서 좋은 직업을 가지게 된 젊은 부부들이 강남을 떠날 수 있을까? 결혼 초기 어쩔 수 없이 다른 지역에 살다가도, 여력만 되면 부모 찬스를 이용해서 강남으로 돌아오려 할 것이다. 최소한 자기들이 어릴 적 강남에서 자라고 받은 혜택을 자신의 아이들에게 돌려주고 싶을 것이다.

직주근접에 포커스를 두고 마용성에 아파트를 마련한 40대 고소득자들의 자녀들이 중고등학교에 진학하기 직전이라면 학군에 신경 쓸 수밖에 없다. 내 몸이 편하게 회사 출퇴근을 하는 것과, 자녀들이 강남 8학군의 혜택을 누리는 것 중에서 고민을 하게 될 타이밍이 온다면 선택할 수 있는 항목은 제한되어 있다. 마용성의 신축 아파트 살고 있는 고연봉 40대 대기업 부부가 아이들의 교육에 신경을 써야 할 타이밍이 왔다면, 어떤 선택을 하겠는가?

(기초 2)
재테크와 부동산 공부는 돈을 모은 후에 하는 것이 아니다

부동산 가격이 주춤한 지금, 우리는 더 우울해졌다. 지금 살고 있는 집 가격은 떨어졌고, 가고 싶은 아파트는 천정부지로 올라버렸고, 심지어 아직 전세나 월세로 사시는 분들도 부지기수다. 보유 중인 자산으로는 '영끌'을 해도 강남은 커녕 서울 주요 신축 아파트는 꿈도 못 꾸는데 시간 내서 공부를 해야 할 필요가 있을까? 그러나 이는 '지금 돈이 없는데 재테크 공부를 당장 할 필요가 없지 않나요?'라고 물어보는 것과 같다. 지금 돈이 없다고 공부를 하지 않고, 돈이 모일 때까지 기다렸다가 재테크 공부를 시작하는 게 맞을까?

재테크 공부는 돈을 모으기 위해서 하는 공부지 돈을 모은 후에 하는 공부가 아니다. 부동산 역시 마찬가지다. 부동산 공부는 좋은 부동산을 사기 위해서 하는 공부다. 좋지 않은 부동산을 어쩌다 매입 후 그때서야 부동산 공부를 시작하는 건 쓸모없는 짓이다.

많은 분이 강남·서초·송파·마포·용산·성동이 비싸다고만 생각하지, 왜 비싼지 눈으로 직접 확인해 볼 생각은 해보지 않는다. 돈을 모으기 위해서는 재테크 공부를 미리 해야 하는 것이고, 부동산도 같은 맥락으로 봐야 한다. 틈틈이 시간 날 때 서울 핵심 지역이 왜 비싼지를 공부하면서 몸소 확인하면, 지금 당장은 자금여력이 안 되어서 그곳 아파트를 살 형편이 안 된다 하더라도 '좋은 거주지'와 '좋은 아파트'를 선택할 수 있는 안목이 올라가는 것이다. 지방에 거주하는 분들이라 하더라도 서울에 올 기회가 생긴다면 홍대나 성수동의 맛집만 다니지 말고, 서울 핵심 아파트도 구경해 보는 것은 어떨까? 이 동네가 왜 비싸지? 하면서 천천히 둘러보면 부동산 가격의 원리를 터득할 수 있고, 그 원리를 내가 사는 지역에 적용할 수 있다.

'좋은 거주지'와 '좋은 아파트'란 재산 대부분이 걸려있는 집의 가격 방어가 잘 되는 '재테크 목적'과 내 가족이 안전하고 편하게 살 수 있는 '거주 목적'을 충족시켜 주는 아파트를 의미한다. 강남 아파트가 이 두 가지를 충족시켜 준다고 많은 사람들이 믿으니까 인기가 좋은 것이다. 마용성 신축 아파트가 '직주근접'을 기반으로 가격 하락기에도 '가격 방어'가 다른 지역에 비해서 잘될 것 같으니까 고소득 맞벌이 부부들이 모이는 것이다. 부동산 재테크로 돈을 벌지 못했다면 저 아파트가 왜 비싼지 특징을 파악하는 게 중요하다. 그리고 그 특징을 자신이 사는 지역에 적용해 보자. 만약 서울 핵심지역으로 인서울 할 생각이 있다면 나에게 맞는 구와 목표 아파트를 여러 개 선택하고 꾸준하게 관심을 가지고 가격추이를 관찰하는 것이 필요하다. 무엇이든 관심을 가지고 꾸준하게 살펴보는 것이 가장 좋은 재테크 방법이다.

(기초 3)
안정적인 거주지 마련이 재테크 성공의 기반이 된다

몇 년 전까지만 해도 정부가 아무리 부동산 규제를 해도 서울 아파트 가격은 정부 정책을 비웃었다. '내가 사는 아파트는 요지부동인데 그러니 다들 강남 강남 하는 거지.'라고 생각하면서도 강남의 낡은 20평대가 15억에서 20억으로, 마용성의 신축 20평대가 10억에서 15억에 매매되고 있다는 뉴스 앞에서, 나와 가족이 거주하고 있는 집 가격은 스스로를 초라하게 만들고, 재테크 의지를 꺾어 버리기 충분했다. 최근 서울 및 일부 지방 부동산이 다시 오르는 기세라는데 왜 내가 사는 동네는 떨어진 가격에서 요지부동일까?

거주하는 동네가 당신의 재테크 성공과 사회적 지위를 표현하는 이 시대에, 당신은 현재 어디에 거주를 하는가? 지금 당신과 사랑하는 가족이 거주하는 그곳은 구석구석 다른 곳도 알아보고 결정한 최선의 방향이었는가? 혹시 큰 고민 없이 어릴 적부터 살았던 동네라서, 아이를 돌봐주는 부모님 댁 근처라서, 쥐꼬리 월급을 주는 직장이 가까운 곳이라서 지금의 아파트를 사지 않았는가? 누구나 여력이 되면 강남이나 서초, 잠실, 마용성(마포·용산·성동구)에 살고 싶다. 서울 외 각 도시마다 가격방어가 잘 되고 사람들이 선망하는 아파트 단지들이 있지만, 내가 자금 여력이 안 되니 아직 못 가는 것이라고 말이다. 그러나, 이제 더 이상 우리 가족의 거주지는 단순 논리로 선택해서는 안 된다. 당신이 어디 사는지가 재테크 성공을 보여주는 시대에서 우리가 앞으로 어떠한 거주지를 선택해야 할 것인지는 너무나 중요한 문제가 되었다.

살고 싶은 집들을 직접 시간을 들여 둘러본 적이 있는가? 거기가 왜 좋은지, 나중에 자금 여력이 되면 어디로 갈지 눈으로 확인하고 부동산을 방문한 적이 있는가? 1만 원이 안 되는 점심 메뉴를 선택하는데도 1분은 고민한다. 아파트 가격을 5억 원이라 가정하면 약 60일을 쉬지 않고 고민해야 정상인 것이다. 현재의 당신이 살고 있는 거주지를 결정하기 위해 얼마나 치열하게 고민했는가? 많은 분들이 거주지를 결정 시 치열하게 시간을 투자하지는 않는다. 다른 말로 하면 전 재산의 행방을 너무 쉽게 결정한 것이다.

물론 집값은 변동한다. 더 떨어질 수 있고 또 폭등할 수 있다. 그러나 대충 고른 집에서 집값이 급격하게 변동한다면 다음 스텝을 어떻게

밟아야 할지 감을 못 잡게 된다. 충분한 공부와 치열한 고민을 통해서 고른 집이라면 확신이 있을 것이다. 확신이 있다면 집값의 변동에 연연하지 않고 주택 외 다른 재테크에 관심을 가지고 다양한 머니 트리를 만들어 나갈 수 있다.

대부분의 사람들이 보유한 머니 트리 중에서 거주하는 내 집 하나는 자신이 보유한 가장 핵심 머니 트리여야 한다. 최소한 평균보다 오르거나, 평균보다 덜 떨어지는 곳에 나와 내 가족이 삶의 터전을 자리 잡아야 하는 것이다. 그래야 내 재산을 지킬 수 있는 것이다. 이 핵심 머니 트리에 대한 확신이 흔들리면 나머지 머니 트리도 제대로 만들기 쉽지 않을 것이다.

아파트 가격은 영원히 올라가지도, 영원히 내려가지도 않는다

KB부동산 주간 KB아파트 매매 가격지수를 살펴보면 21년 10월부터 매매 가격지수 변동률 상승 폭이 하락하는 추세로 전환되었다. 즉 이 시기부터 아파트 가격이 예전처럼 오르지 않았다. 22년 6월에 변동률 0이 되었는데 아파트 가격이 떨어지고 있다는 걸 모두가 체감하는 시점이었다. 그 후 지속적으로 하락 폭이 커졌는데, 23년 4월부터는 하락 폭이 점차 둔화되고 있다.

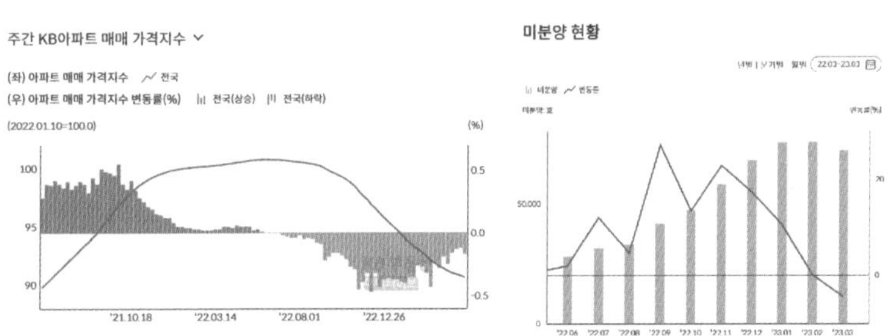

출처: KB부동산 - KB통계보드 - https://data.kbland.kr/databoard

또한, 23년 1월(75,359호)까지 악화 일로를 걷던 전국 미분양 주택 수는 2월(75,438호)에는 전월 대비 0.1% 증가에 그치더니, 2월에는 전월 대비 거의 5%가 감소한 72,104호가 되었다. 아파트 거래량은 22년 5월까지 증가하던 거래량이 22년 6월부터 감소 추세로 전환되었고, 감소된 거래량이 유지되다가 23년 2월부터 거래량이 다시 늘어나고 있는 것을 확인할 수 있다. 동일 기간 아파트 외 연립·다세대·다가구·단독 주택의 거래량 트렌드도 유사한 것을 확인할 수 있다. 이처럼 아파트와 주택 시장은 영원히 한 방향으로만 움직이지 않는다.

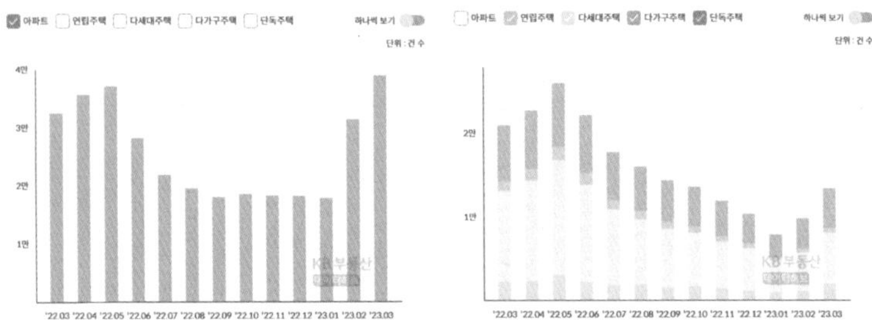

출처: KB부동산 - KB통계보드

이 와중에, 2022년 말 인천 미추홀구에서 터지기 시작한 전국적인 전세 사기는 기존 전세 세입자들로 하여금 "나의 전세금은 안전할 것이다"라는 확신을 뒤흔들어 놓기 충분했다. 또한 깡통 빌라에 대한 우려가 기존의 빌라 전세 거주자들이 소형 아파트 매입으로 관심을 돌리게 된 계기가 되었다.

모르면 당신만 손해, 주택청약

코로나와 전쟁으로 인한 인플레이션은 분양시장 역시 강타했다. 현재 건축 중인 아파트 현장마다 급격하게 오른 자재비로 몸살을 앓고 있다. 공사비가 오르면 아파트 분양가는 올라간다. 이와 더불어 민간택지 분양가 상한제가 완화되면서 분양가 자체가 주변 아파트 시세보다 크게 낮았던 건 옛말이 되어 버렸다. 심지어는 주변 새 아파트 시세가 급격하게 떨어진 바람에 분양가가 주변 입주한 아파트 시세보다 더 높았던 사례도 있다. 그렇지만, 오랜 기간 무주택자이거나, 신혼 초, 국가유공자 등과 같은 특별공급 대상이 된다면 최우선으로 청약 시장을 노려야 한다. 핵심지역 좋은 단지에 당첨되는 것은 로또와 같은 확률이지만, 당첨만 된다면 기대수익 역시 가장 높기 때문이다.

(1) 2023년 하반기 청약 트렌드와 전망

청약통장의 납입기간 횟수, 부양가족, 무주택 기간에 따라 가점을 두어서 시대별, 정부별로 당첨 기준을 변경하고 있다. 2022년까지는 무주택자들이 유리했지만, 정부가 바뀌고 부동산 시장이 둔화한 2023년 기준으로 85m² 이하 추첨제가 다시 등장했고, 1주택자 주택 처분 의무, 무순위 청약 거주지 및 무주택 요건 폐지 등이 논의되고 있어서 유주택자들도 청약 시장에 대한 관심이 증가하고 있다. 비규제 지역의 분양 아파트는 한 번 당첨된 이력이 있어도 1주택자라면 청약을 넣을 수 있기 때문이다. 반드시 알아야 하는 주요 변경 사항은 아래와 같다.

주요 정책	정책 변경과 그에 따른 청약관련 주요 변경사항
규제지역	강남, 서초, 송파, 용산을 제외한 지역이 비규제 지역으로 변경
1순위 청약자격	기존 세대주만 청약이 가능했지만 이제는 세대원도 1순위 청약이 가능
추첨제	비규제 지역 85m² 이하 평형 추첨제 물량 60%로 확대 (규제지역의 경우에도 평형에 따라 증가)
중도금 대출	분양가에 상관없이 모두 중도금 대출 가능(비규제 지역의 경우 세대당 2건 대출 가능)
분양권 전매제한	분양권 전매제한 완화
주택 처분의무	1주택자의 주택 처분의무 폐지

왜 규제를 다시 풀어주는 걸까? 정부는 가격이 폭락하는 것을 원하지 않는다. 미분양 주택의 증가로 인한 건설회사의 줄도산도 원하지 않는다. 말로는 시장원리에 따른다고 하지만, 정작 대형 건설사가 미분양으로 인해서 도산의 위기에 처한다면 정부는 그 건설사를 살리기 위해

서 노력할 수밖에 없다. 이러한 미분양 주택을 줄이기 위해서는 무주택자가 아닌, 유주택자와 다주택자들이 지갑을 열어서 미분양 아파트를 사줘야 하기 때문이다. 그리고 예전에 재미를 봤던 유주택자와 다주택자들은 미분양 아파트도 잘만 고르면 시간이 흘러 알짜배기가 되리라는 것을 잘 알고 있다. 이러한 사실을 모르는 사람은 주택을 소유한 적이 없는 무주택자뿐이다.

현재 무주택자라면 지금 청약에만 올인해서는 안 된다. 알짜배기 청약은 대규모 택지개발이 아닌 이상, 대부분 경쟁률이 치열한 서울 중심부 재건축 재개발 아파트다. 아무리 분양가격이 저렴하게 책정된다 해도, 정부 소유의 땅에 택지개발 아파트가 들어서지 않는 한, 청약 당첨자가 내야 하는 분양가는 조합원들이 부담하는 비용보다 높다. 누구나 원하는 서울의 핵심지역의 대부분의 땅에는 이미 사람들이 살고 있고 과천, 분당, 일산과 같은 서울 최인근 지역의 택지개발은 이제 거의 불가능하다. 청약통장에 가입하자마자 알짜배기 아파트에 청약 당첨이 되기를 바라지만, 당첨이 생각보다 오래 걸리고 원하는 곳은 당첨될 확률이 매우 낮다는 현실을 인지하고 접근해야 한다. 평소 관심을 가지고 공부를 해야 기회가 보이고, 청약시장이든 구축아파트 매입이든 최소한 계약금 정도의 시드머니가 있어야 기회를 잡을 수 있다. 청약에 당첨이 되기 위해서는 '청약가점 표'에 대한 이해가 먼저 필요하다.

[한국 부동산원 청약홈(https://www.applyhome.co.kr) 참조]

(2) 청약 가점 표

청약가점은 무주택기간(최고 32점), 부양가족 수(최고 35점), 입주자 저축가입기간(최고 17점)의 세 가지 항목으로 구성되어 있다. 만점 84점을 받으려면 무주택기간이 15년 이상이면서 부양가족 수 6명 이상, 저축가입 기간 15년 이상이면 된다. 더 자세하게 확인하기 위해서 한국 부동산원 청약홈(https://www.applyhome.co.kr)에서 제공하는 청약 가점기를 확인해 보자.

Q1〉 무주택기간

무주택기간은 만 30세 이후부터 입주자 모집 공고일까지의 무주택 기간을 의미한다. 예외적으로 그 전에 결혼해서 무주택을 유지하는 경우 혼인신고일부터 만 30세 이전의 기간도 무주택으로 간주한다. 지금은 무주택이지만 과거 주택을 소유한 적이 있다면 더 복잡해진다. 이외에도 예외 사항들이 많은데 이 부분은 청약홈에서 확인하거나 아파트 입주 모집 공고 시, 견본주택 상담소에서 상담 후 정확하게 기입해야 한다.

Q2〉 부양가족

부양가족은 주민등록등본상 세대원(배우자, 직계존속, 배우자의 직계존속, 직계비속)을 모두 의미한다. 다시 말하면 청약 만점 84점을 받기 위해서는 청약통장 가입을 15년 이상 유지하면서 주민등록등본상 세대원 모두 15년 동안 무주택으로, 결혼 후 외벌이로 아이를 5명을 낳거나, 외벌이로 60세 이상의 무주택 부모님을 모시면서 3명의 아이를 낳아서 부양하면 된다. 아니면 60세 이상의 양가 무주택 부모님 네 분을 봉양하면서 외벌이로 아이를 1명을 낳으면 된다. 요즘 같은 시대에 이 조건을 맞추기가 쉽지 않을 것이다. 직계존속이나 배우자가 보유한 주택이 소형이나 저가 주택 기준에 충족되는 경우 해당 주택은 고려하지 않는다는 것과 직계 비속의 경우 이혼하고 돌아온 자식이 있다면 부양가족으로 보지 않는다는 점도 확인하자.

Q3〉 청약통장 가입 기간

Q3의 청약통장 가입 기간은 자동으로 계산되기 때문에 큰 문제가 없지만, Q1의 무주택기간과 Q2 부양가족의 경우 잘못 계산해서 당첨 후 부적격 자격으로 취소되는 경우가 상당히 많이 발생하기 때문에 주의해서 봐야 한다.

(3) 청약 통장이란?

로또를 산다고 해서 1등이 보장되지 않는 것처럼, 청약통장만으로 짧은 기간에 원하는 아파트에 당첨되는 것이 쉽지 않기 때문에, 일단 청약통장을 만들고 그 특성을 공부하면서 전략적으로 청약을 하는 것이 중요하다. 청약통장에 대해서 간단하게 살펴보면 다음과 같다.

① 예전에는 세 가지 종류가 있었지만, 지금은 1인 1통장(매달 2만 원~50만 원)의 주택청약종합저축으로 통합되었다.

예전	현재
청약저축	주택청약종합저축
청약예금	
청약부금 - 국민주택규모(85m²) 이하	

면적과 각 시도별 요구되는 청약 예치 금액은 아래와 같다. 청약부금 가입자는 85m²이하 주택에만 청약 신청을 할 수 있으며, 85m² 이하 주택은 예치 금액부터 채워야 한다. 85m² 초과 주택은 최초 입주자 모집 공고일까지 차액을 일시 납부해도 1순위 청약이 가능하다.

면적	서울/부산	기타광역시	기타 시군
85m² 이하	300만 원	250만 원	200만 원
102m² 이하	600만 원	400만 원	300만 원
135m² 이하	1,000만 원	700만 원	400만 원
모든 면적	1,500만 원	1,000만 원	500만 원

② 청약통장으로 청약이 가능한 아파트에는 국민주택(공공임대, 공공분양)과 민영주택(민간 임대, 민간 분양)의 두 종류가 있다. 반드시 알아야 하는 부분만 확인해 보면 다음과 같다.

청약가능 아파트 종류	특징	제공 주택 규모	당첨자선정방법 (입주자선정방법)
국민주택 (공공임대, 공공분양)	공공택지 위주의 분양으로 국가나 자자체 주관(재정)으로 건설하는 주택	국민주택규모(85m^2) 이하 - 비도시 지역은 100m^2 이하	청약통장납입회수 납입인정금액
민영주택 (민간임대, 민간분양)	민간택지 및 공공택지분양으로 민간 건설사에서 건설하는 주택(국민주택 제외)	제한 없이 다양한 규모의 주택을 제공	가점 혹은 추첨제

(4) 청약 전략과 1순위 조건

청약통장을 만든 후에는 청약을 꼼꼼하게 준비해야 한다. 청약 1순위 조건은 상기에서 살펴본 청약 가능 아파트 종류에 따라 상이하다.

국민주택 청약 1순위(지역)		가입기간	납입회수	필수 확인 조건
투기과열지구 및 조정대상지역 (규제지역)		2년	24회	무주택세대주 세대구성원 전원 과거(최대10년)내 당첨이력이 없어야 함
상기 외	수도권	1년	12회	무주택 세대주, 무주택 세대의 세대원
	수도권 외	6개월	6회	

민영주택 청약 1순위(지역)		가입기간	기준 예치금액	필수 확인 조건
투기과열지구 및 조정대상지역 (규제지역)		2년	기준 예치금액 충족	무주택세대주, 1주택세대주 세대구성원 전원 과거(최대10년)내 당첨이력이 없어야함
상기 외	수도권	1년		세대주, 세대원
	수도권 외	6개월		

수년간 청약 당첨이 안 되어도 경제 사정이 된다면 저렴하게 나온 구축 똘똘한 아파트를 장만하는 것을 추천한다. 청약을 여러 번 하는 동안 틈틈이 구축 아파트를 임장하면서 무작정 당첨만을 기다리지 않고 좋은 가격의 아파트가 나왔을 때 주저하지 않고 과감하게 무주택을 포기하고 유주택자가 되는 것이다. 괜찮은 아파트의 경우 청약 당첨이 힘들고, 실제 주변에는 청약만 노리다가 이도 저도 안 되어서 장기간 무주택자로 살고 있는 분들이 많다. 청약만 준비하는 분들의 가장 큰 단점은 부동산 경기가 호황일 때 남들 자산이 폭발적으로 증가하는 것을 바라만 봐야 한다는 점이다. 현재 전월세로 거주하는 분들도 마찬가지다. 당첨 확률이 낮은 청약만 바라보거나, 이미 천정부지로 오른 구축 핵심 아파트만 바라보느니, 청약과 구축 핵심 아파트 매입의 투트랙 전략으로 내 집 마련을 준비하는 것이 가장 효율적인 방법이다.

신도시 청약에 대한 모든 것

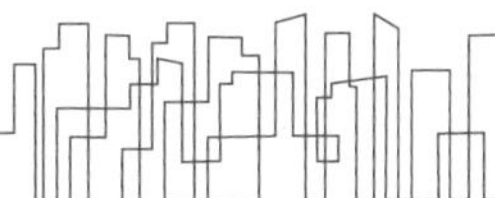

서울 외곽에 대규모의 아파트를 지어 서울에 몰리는 수요를 분산하고자, 1기부터 3기까지 신도시가 지어졌다. (4기는 추진 중) 그 전에 앞서 1973년도에 0기 신도시인 강남·서초·송파구가 있었다.

믿기 힘들겠지만 1970년도까지 서울의 중심은 영등포(永登浦)였다. 이때까지만 해도 강남은 소가 밭을 가는 시골이었다. 서울의 인구가 급증하자 강남구와 서초구 일대의 논밭을 아파트로 채워 넣기 위한 강남 개발이 시작되었다. 영동(永東) 즉, 영등포의 동쪽 강남이 경기도 광주와 시흥에서 서울로 편입된 지 10년 정도가 지난 시점이었다. 당시 그곳의 땅값은 평당 5,000원 정도였다. 우리가 알고 있는 강남은 이렇게 시작된 것이다.

(1) 제1기 신도시

1980년대 후반 서울 인구가 폭발적으로 증가했지만, 강남·서초·송파구와 같은 택지개발이 더 이상 불가능하게 되었다. 이에 정부는 '주택 200만 호 건설'이라는 목표로, 기존의 개발제한구역 외곽에 신도시를 건설하였는데, 이때 지어진 신도시가 분당·일산·중동·평촌·산본의 약 30만 호다. 나머지는 경기도 기타 지역과 대전, 부산 택지개발을 통해서 업무, 주거, 상업, 공용청사, 체육시설 및 공원. 녹지 등 생활 편익 시설이 완비된 도시로 종합적인 계획을 수립하여 건설되었다. 이러한 1기 신도시의 위치와 면적, 용적률, 최초 입주 시기는 아래와 같다.

	면적(ha)	용적률(%)	최초입주
❶ 분당	1,964	184	1991년 9월
❷ 일산	1,574	169	1992년 8월
❸ 평촌	511	204	1992년 3월
❹ 산본	420	205	1992년 4월
❺ 중동	545	226	1993년 2월

출처 : 국토교통부, 한국건설산업연구원, 연합뉴스

이후 2022년 대선공약으로 '1기 신도시 특별법'(노후 계획도시 정비 및 지원에 관한 특별법)이 추진되고 있는데, 주 내용은 1기 신도시(분당·일산·중동·평촌·산본)와 서울 목동·상계·개포 등 49곳 노후 택지지구의 재건축 안전진단을 지방자치단체장의 직권으로 면제하거나 완화해 주고, 용적률을 최대 500%까지 확대해 사업 수익성을 높이는 내용이다. 보통 정비 계획을 수립하는데 5년 이상이 걸리지만, 특별법을 통해 2년 이내에 계획을 수립하고 또 실제 사업 추진 과정에서 수많은 인허가들을 통합 심의해서 절차를 단축하고 신속하게 사업을 추진하고자 하는 게 주 내용이다. 이와 관련하여 연구용역(2022년 하반기 착수)을 거쳐 1기 신도시 재정비 마스터플랜을(2024년 중) 수립하겠다는 계획이 발표되었다. 또한 각각의 1기 신도시별로 아래의 주요 사업들이 추진되고 있으며, 이러한 주요 사업들이 1기 신도시 특별법과 함께 성공적으로 진행된다면 1기 신도시의 미래는 밝다고 볼 수 있다.

1기 신도시	주요 사업	주요 교통
분당	두산그룹 신사옥, 네이버2사옥, 현대중공업 R&D센터, 힐튼호텔, 백현마이스산업단지와 같은 고급 일자리 증가	신분당선
일산	일산 테크노벨리에 바이오와 콘텐츠 기업 유치, CJ라이브시티로 일자리 증가	GTA-A (킨텍스-대곡-창릉) 서해선 개통(일산-소사선)
중동	평균용적률 226%로 분당(184%), 일산(169%)대비 높아서 재건축과 리모델링 동시 추진	GTA-B, 서해선 연장, 대곡-소사선 부천종합운동장 역 정차
평촌	교육도시(학원가)	GTA-C 및 월판선 인덕원역 강남과 과천 인접성
산본	리모델링 추진	GTA-C 금정역 개발

(2) 제2기 신도시

집값이 오르자 정부는 2007년부터 2기 신도시 사업을 본격화 하였다. 그 결과 성남 판교, 화성 동탄1, 화성 동탄2, 김포 한강, 파주 운

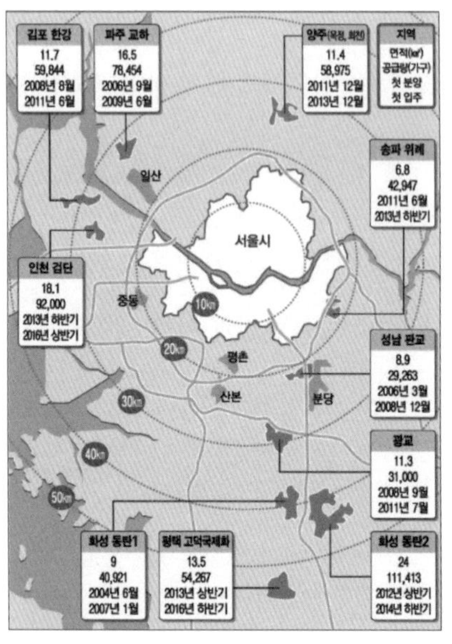

출처 : 국토해양부-한국토지주택공사

정, 수원 광교, 양주 옥정·회천, 평택 고덕, 성남 위례, 인천 검단, 아산 탕정·배방, 대전 도안의 12개 지구 약 67만 호를 2기 신도시로 건설하였다. 그러나 판교, 위례, 광교, 동탄을 제외하면 서울로부터 30km 이상 외곽에 건설되었기 때문에 1기 신도시처럼 서울 접근성이 좋지 않았다.

원래 신도시는 시의 원 시가지에서 떨어진 곳에 건설되다 보니, 기존 철도 노선과 연계가 부족하지만 2기 신도시는 더 심각했다. 현재 판교와 광교는 신분당선의 높은 요금 문제로, 한강신도시는 김포 도시철도의 수송 능력 한계가 큰 문제점이 되고 있다.

그러나 동탄2신도시에 운행 중인 수서고속철도(SRT)를 비롯해 GTX-A, 동탄 트램과 같은 광역교통망이 확충되고 판교신도시에는 신분당선 및 연장노선, 수인분당선, 경강선이 들어왔으며 월곶판교선, 성남 트램, 지하철 8호선 연장 등이 추진되고 있어서 2기 신도시의 부족한 교통은 점차 나아지고 있는 중이다. 또한, 판교를 제외하고는 양질의 일자리가 부족한 문제가 있었으나, 동탄2신도시 주변 삼성전자 화성 기흥캠퍼스, 현대자동차 남양연구소, 두산중공업, 한미약품 등 평균 연봉이 높은 대기업 및 10여 개 일반산업단지가 양질의 일자리를 뒷받침하고 있다. 최근 삼성전자의 화성공장 등도 2기 신도시의 일자리 문제를 해소하고 있다.

(3) 제3기 신도시

2018년 9월 정부가 발표한 3기 신도시 계획은 2기는 물론 심지어 1기 신도시들보다 서울과 더 가까운 곳에 조성하겠다는 목적을 가지고 추진되었다. 남양주시 왕숙지구(왕숙2포함), 하남 교산지구, 인천 계양지구, 고양 창릉지구와 부천 대장지구 등 6개 지구에 약 18만호를 건설하며, 이외에도 기타 공공주택지구로 과천, 안산장상, 인천구월2, 화성봉담3, 광명시흥, 의왕·군포·안산, 화성 진안에 약 19만호를 건설하는 것으로 지정되었다. 3기 신도시 개발은 ① 서울 도심까지 30분내 출퇴근(광화문, 영등포, 강남 30분 내) ② 일자리 공간 마련[주택용지의 2/3 이상을 자족용지(주거 외에 지구 내에서 필요한 자족기능을 할 수 있는 시설들에 대해 건축허가가 허용된 용지)로 확보] ③아파트 단지에 국공립어린이집을 계획하고 유치원은 100% 국공립 운영 ④ 전체 면적의 1/3 이상은 공원으로 조성하는 것을 목표로 하고, 수도권 주택 약 30만 호를 공급하는 사업이다. 1~3기 신도시와 수도권 신규 공공택지 위치는 다음과 같다.

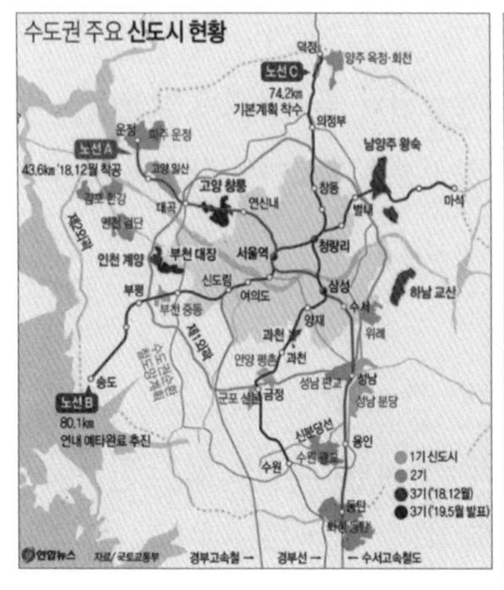

출처 : 연합뉴스

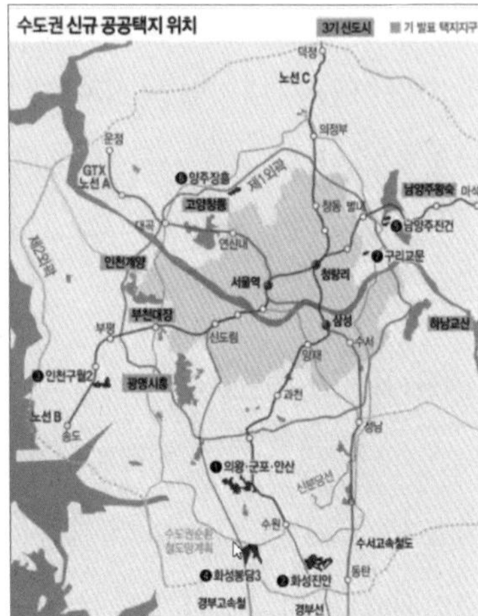

1) 3기 신도시 제공 호수 및 주요 교통망 (예정)

3기 신도시 지역과 기타 공공주택지구별 면적과 제공되는 호수는 전체적으로는 약 37만 호에 달하고 있다. 이 중에서 사업 준공이 가장 빠를 것으로 예상되는 지구는 인천 계양지구(2026년)이다.

3기 신도시	남양주 왕숙	남양주 왕숙2	하남 교산	인천 계양	고양 창릉	부천 대장
면적	865만 ㎡	239만 ㎡	631만 ㎡	333만 ㎡	789만 ㎡	342만 ㎡
호수	5만4천 호	1만4천 호	3만3천 호	1만7천 호	3만8천 호	2만 호
서울경계거리	3.5km	4.0km	2.2km	서울인접	0.7km	서울인접
사업준공	2028년		2028년	2026년	2029년	2029년

기타 공공주택 지구	과천	안산 장상	인천 구월2	화성 봉담3	광명 시흥	의왕 군포 안산	화성 진안
면적	169만 ㎡	221만 ㎡	220만 ㎡	229만 ㎡	1,271만 ㎡	586만 ㎡	452만 ㎡
호수	7천 호	1만5천 호	1만8천 호	1만7천 호	7만 호	4만1천 호	2만 호

2) 3기 신도시와 GTX

2기 신도시의 경우 교통망을 처음부터 연계하지 않아서 아직까지 많은 분들이 고생하는 것에 반해, 3기 신도시는 GTX 노선과 연계하여 서울 도심까지 30분내 출퇴근을 최우선으로 하였다. GTX의 3개 노선이 3기 신도시와 연결될 예정이다.

(https://www.xn--3-3u6ey6lv7rsa.kr/kor/Main.do)

	GTX-A	GTX-B	GTX-C
연장	삼성~동탄 39.5km	송도~마석 80.1km	덕정~수원 74.2km
	파주~삼성 43.6km		
비고	고양창릉(인접)	남양주왕숙	2.2km
		인천계양(인접), 부천대장(인접)	과천

3) 입주 예정 시기 및 사전청약 자격

3기 신도시 최초 입주 예정 시기는 '인천 계양'(2026년), '하남 교산' 및 '남양주 왕숙'(2028년), '부천 대장' 과 '고양 창릉'(2029년)으로 예상되고 있다. 입주 예정 시기는 정확하지 않기 때문에 2021년부터 진행된 사전 청약을 제외한 본청약 일정도 명확하게 발표되지 않은 상태이다. 사전청약 자격과 동일할 것으로 예상되나, 자세한 사항은 실제 공고를 확인해야 한다. (https://www.xn--3-3u6ey6lv7rsa.kr/kor/CMS/Contents/Contents.do?mCode=MN142)

〈3기 신도시 일반형〉

①3기 신도시 특별공급 - 총 물량의 80% 배정

신청자격	기관추천	다자녀가구	신혼부부	노부모부양	생애최초
물량배정	15%	10%	30%	5%	20%
공통	무주택세대구성원, 수도권(서울특별시·인천광역시·경기도) 거주자				
입주자저축	6개월, 6회 이상 ※국가유공자, 장애인 입주자저축 불필요	6개월, 6회 이상	6개월, 6회 이상	입주자저축 1순위자 (가입12개월 경과, 12회 이상 납입)	입주자저축 1순위자 (가입12개월 경과, 12회 이상 납입) ※ 선납금 포함, 600만원 이상
자산요건 (부동산:21,550만원, 자동차:3,557만원)	미적용	적용	적용	적용	적용
소득요건	미적용	적용	적용	적용	적용
세대주 요건	미적용	미적용	미적용	적용	미적용

② 3기 신도시 일반공급 - 총 물량의 20% 배정

신청자격	1순위	2순위
공통	무주택세대구성원, 수도권(서울특별시·인천광역시·경기도) 거주자	
자산요건(부동산: 21,550만원, 자동차: 3,557만 원)	신청 주택형 60㎡ 이하만 적용	신청 주택형 60㎡ 이하만 적용
소득요건	신청 주택형 60㎡ 이하만 적용	신청 주택형 60㎡ 이하만 적용
세대주 요건	미적용	미적용

〈3기 신도시 이익공유형〉

신청자격	특별공급			일반공급(20%)	
	신혼부부 (40%)	청년 (15%)	생애최초 (25%)	우선공급 (1순위)	잔여 공급
공통	무주택세대구성원(청년의 경우 무주택자), 수도권(서울특별시 · 인천광역시 · 경기도) 거주자				
입주자저축	6개월, 6회 이상	6개월, 6회 이상	입주자저축 1순위자(가입 12개월 경과, 12회 이상 납입) 선납금 포함, 600만원 이상	입주자저축 1순위자 (가입 12개월 경과, 12회 이상 납입)	입주자 저축 가입자

총자산요건	341백만원 이하	(신청자 본인) 260백만원 이하 (부모) 975백만원 이하	341백만원 이하	341백만원 이하	341백만원 이하
소득요건	적용	적용	적용	적용	적용

※3기 신도시 홈페이지에서 '청약일정 알리미'를 신청해서 중요한 청약 일정을 놓치는 일이 없도록 하자.

(https://www.xn--3-3u6ey6lv7rsa.kr/kor/Main.do)

(4) 컴팩트시티(Compact-city)와 4기 신도시(미정)

2022년 8월 정부는 '국민 주거 안정 실현 방안'을 발표하고 향후 5년간 전국에 총 270만 가구(인허가 기준) 주택을 공급하고 신규 공공택지도 조성하겠다고 하였다. 2023년 말까지 15만 가구 내외의 후보지를 순차적으로 발표한다는 방침을 발표하자 4기 신도시가 지정되는 게 아닌지에 대한 전망이 나오면서 고양 대곡, 하남 감북, 경기 구리·김포 등이 회자되고 있다

특히 철도역 인근에 개발 밀도를 높여 '컴팩트시티'(Compact-city) 컨셉을 적용하여 입지 선정부터 교통계획과 연계해 역 중심의 방사형으로 꾸린다는 방침을 세웠다. 예를 들어서 역 300m 지역(초역세권)에는 거점·고밀도 개발을 진행해서 쇼핑몰, 오피스, 복합환승센터를 조성

하고, 역 600m 지역(역세권)에는 중·고밀 개발을 진행, 청년주택 등 직주근접을 실현하는 한편, 그 밖의 배후 지역은 중밀 개발해 대단지 아파트 등 주거지로 채우겠다는 구상이다. 이러한 개발 방식은 고양 창릉, 남양주 왕숙 등 3기 신도시에서도 이미 시범 적용 중인 컨셉이다.

구분	기존 신도시	컴팩트시티(Compact-city)
입지	개발 편의에 따라 선정	철도역부터 500m~1km 내 지역 위주
광역교통	입지발표 後 교통계획 수립	입지 선정부터 교통계획과 연계
네트워크	격자형	역 중심의 방사형

또한, 3기 신도시에서도 GTX역(고양 창릉·남양주 왕숙) 주변지역에 컴팩트시티 컨셉을 시범적용 추진한다고 발표하였다.

고양창릉 역세권(GTX-A, 고양선)	남양주왕숙 역세권(GTX-B, 9호선, 경춘선)
• 7개 블록(10.2만㎡) • 지하도시형 역세권 개발 • 호텔, 방송 · 전시문화시설 등 • 약 1.6천호 공급(주상복합) • 지구계획 변경(~23년 하반기)	• 13개 블록(27.9만㎡) • 역사시설 상부 입체개발 • 쇼핑몰, 프라임급 오피스 등 • 약 1.5천호 공급(주상복합) • 지구계획 변경(~23년 하반기)

청약 및 부동산 공부에 유용한 사이트 정리

공부에는 왕도가 없다고 하지만, 스마트 시대에 보다 효과적으로 부동산 공부를 하기 위해서는 아래의 3개 사이트는 관심 등록을 하고 수시로 방문하는 습관을 기르도록 하자.

1) 한국부동산원 주택청약 Home 사이트

https://www.applyhome.co.kr/

한국부동산원 주택청약 홈사이트에는 청약 일정과 청약 신청, 청약 자격 확인, 당첨자발표에 이르는 청약과 관련한 모든 서비스를 제공하고 있다. 청약에 관심이 없어도 본 사이트에서는 다양한 청약 정보들을 제공하고 있으니 수시로 방문해서 내용을 익히도록 하자.

2) KB부동산(https://kbland.kr/)과

데이터 허브(https://data.kbland.kr/)

KB 부동산은 대한민국 부동산과 관련된 모든 정보를 총망라하였다. 특히 데이터 허브에서는 부동산 빅데이터를 제공하고 있으니, 최신 부동산 트렌드를 확인하는 습관을 기르도록 하자.

① KB부동산 분양정보

② KB부동산 부동산 지수 정보

3) 호갱노노 사이트 (https://hogangnono.com/)

아무리 부동산에 문외한이라 해도 본 사이트와 스마트폰 어플은 알고 있을 것이다. 대한민국 아파트 실거래 현황은 물론, 신고가, 인구, 공급, 상권, 직장인 연봉, 미분양, 심지어 역전세 정보까지 조회가 가능한 곳이다. 또한 호갱노노의 분양으로 들어가면 분양물량과 지도를 한눈에 파악할 수 있다. 직방(https://www.zigbang.com/)도 괜찮은 분양 정보를 제공하고 있다.

※ 각 아파트 건설사 홈페이지에서는 분양가 및 온라인 모델하우스 등을 확인할 수 있다.

부동산 담보대출 관련 주요 용어

청약은 물론, 일반 구축 아파트를 포함하여 안정적인 거주지 마련을 위해서는 은행에서 담보대출을 받을 때 사용하는 LTV와 DTI/DSR과 같은 금융 용어들과 친해져야 한다.

1) 담보 인정 비율 - LTV (Loan To Value)

LTV는 '담보대출(인정) 비율'이며, 이는 '집의 가치에서 집과 관련된 대출금이나 보증금이 차지하는 비율'을 의미한다. 즉, 아파트의 가치가 4억 원이고, 그중 주택담보대출 금액이 1억 원이라면 '1억/4억'= LTV는 25%가 되는 것이다. 대출금이 많을수록 LTV 비율이 높아진다. 만약 LTV가 100%라면 아파트의 순 가치는 '4억-4억'으로, 0이 되기 때문에 LTV는 높을수록 나쁜 것이다. 대출을 받아 아파트를 구입했다면 최대한 빠른 시간 내에 LTV를 낮춘 후 은퇴해야 노후 대책이 수월해진다. LTV는 다음과 같은 수식으로 표현할 수 있다.

LTV=(①집과 관련된 대출금이나 보증금/②우리 집의 가치)

금융기관에서는 대출 신청자의 신용 등급과 LTV 값을 함께 고려하여 대출 한도와 대출 가능 여부, 대출금리를 산출하는 데 사용한다. 각 항목별로 자세히 알아보자.

① 집과 관련된 대출금이나 보증금

LTV 수식의 분자에 해당하는 '집과 관련된 대출금이나 보증금' 항목은 다음과 같이 '대출 금액+선순위 채권+임대 보증금+소액 보증금'의 4가지 항목으로 다시 구분할 수 있다.

대출 금액	집을 담보로 은행으로부터 대출받고자 하는 금액을 의미한다.
선순위 채권	담보로 제공된 부동산에 대한 '선순위 저당권 설정 최고액'을 의미한다. 쉽게 풀어쓰면 담보(아파트) 처분시 해당 대출 채권보다 우선하여 배당을 받을 수 있는 모든 채권을 의미한다. 예를 들어 A 은행에서 1억 원의 대출을 받은 상태에서 B 은행에서 추가로 5000만 원을 대출받는다면, A 은행에서 대출해 준 1억 원은 B 은행의 입장에서 '선순위 채권'이 되는 셈이다.
임대보증금 + 소액보증금	대항요건을 갖춘 임차인이 있는 경우에는 임차보증금을, 임대차 없는 방이 있는 경우에는 공제 기준에 따라 산출된 소액보증금을 의미한다. 즉, 아파트에 전세를 주고 있는 경우나 주인이 살고 있는 상태에서 임대차 계약 없이 방 하나를 빌려 준 경우가 해당 되며 전세금이나 소정의 산식에 의해서 산출된 소액보증금도 '집과 관련된 대출금이나 보증금'에 속한다.

② 우리 집의 가치

LTV 수식의 분모에 해당하는 '우리 집의 가치'는 '감정가(담보 가치)'라고도 하며, 이는 감정평가법인에 의해 제시된 감정평가액 또는 시가 추정가액을 의미한다.

이러한 LTV는 은행의 주택담보대출 취급 한도를 산정하는 기준이다. 만약 모든 은행에서 집값의 100%만큼을 대출해 준다면 집값이 조금만 떨어져도 대출해 준 은행은 급격하게 부실화될 것이기 때문에 정부에서는 'LTV 규제'를 시행하고 있다. 'LTV 40% 허용'은 은행에서 집값의 40%까지만 대출받을 수 있다는 의미다.

③ LTV 규제 변천사와 현재 기준

IMF 직후인 2000년대 초반, 아파트 가격이 크게 폭락한 적이 있었다. 이때 정부가 부동산 경기 활성화를 위해 LTV를 80~90%까지 허용해 주었고, 2005년 이후 아파트 가격이 폭등하자 60%대로 낮추었다가 2014년에 70%로 완화하였고 이후 2020년 4월부터 9억 이하 집은 최대 집값의 40%까지만 대출이 가능했었다. 심지어 시가 15억 이상의 집들은 대출이 완전히 막혔었다. 그리고 2023년 5월 기준 정부의 LTV 규제는 아래와 같이 변경되었다. 이는 정부의 부동산 정책 방향에 따라서 LTV는 언제든 변경될 수 있다는 것을 의미한다.

LTV	규제지역	비규제지역
무주택자	50%	70~80%
1주택자	처분조건 50%	60%
다주택자	30%	60%

2) 총부채상환비율 - DTI

DTI(Debt To Income)는 '총부채상환비율'로 이는 '소득수준 대비 부채 상환능력 비율'을 의미한다. 즉, 소득으로 주택담보대출의 원리금을 갚을 능력이 되는지 체크하는 방법이다. 세후 연 소득이 5천만 원이고, 주택담보대출 1억 원을 15년간 매월 원금 50만 원과 이자 5%의 원금 균등 분할 상환 조건으로 갚아 나가기로 한 경우를 가정해 보자. 대출 후 처음 1년 동안은 대략 원금 600만 원과 이자 약 500만 원을 합친 1,100만 원을 은행에 내야 하는데 이 금액을 소득 5천만 원으로 나누면(1,100만 원/5,000만 원) DTI는 22%가 된다. DTI가 100%라면 월급의 전부를 은행에 갖다 바치는, 한마디로 생활비가 하나도 없는 것이다.

은행이 DTI가 100%인 고객에게 돈을 빌려 줄 수 있을까? 은행에서 빌린 돈을 갚으면 그달에 먹고살 수 있는 최소한의 생활비도 남지 않는데, 담보대출 기간 동안 고객이 문제없이 상환을 잘할 수 있을 거로 생각하는 은행은 없다. 이처럼 DTI는 국민들이 소득 대비 과도한 부채를 지지 않고 안정적인 삶을 살 수 있도록 정부가 금융기관을 규제하는 방법이다. DTI가 낮을수록 생활에 여유가 생기는 것이고, 그만큼 부채를 상환할 수 있는 능력이 높아진다. 은행에서는 부동산담보 대출 취급 시 신청자의 소득 증빙 자료를 받아 DTI를 산출하는데 이러한 DTI 산출 방법을 수식으로 표현하면 다음과 같다.

DTI=(주담대 원리금 상환액+기타 대출 이자 상환액)/연간 소득

3) 총부채원리금상환비율 - DSR 산출 방법

DSR(Debt Service Ratio)는 '총부채원리금상환비율'로 대출 상환 능력을 심사하기 위해 금융위원회가 2016년 마련한 대출 심사 지표이다. 아래 수식을 확인해 보자.

DTI=(주담대 원리금 상환액+기타 대출 이자 상환액)/연간 소득

DSR=(주담대 원리금 상환액+기타 대출 원리금 상환액)/연간 소득

DTI와 DSR의 차이는 기타 대출의 이자만 보느냐, 원리금을 모두 보느냐의 차이이며, DSR은 신용대출, 자동차 할부, 학자금 대출, 카드론 등 모든 대출의 원금과 이자를 모두 더한 원리금 상환액으로 대출 상환 능력을 심사하기 때문에 DTI보다 엄격하다. DTI 대신 DSR을 사용하면 분자인 금융부채가 커지기 때문에 대출 한도가 축소된다.

재테크의 기본 원칙은 최악의 상황에서도 나와 우리 가족을 지킬 수 있는 재무 구조를 만들어 가는 것이다. 우리에게는 책임지고 부양해야 할 가족이 있다는 것을 잊어서는 안 된다. 퇴직을 앞둔 당신의 DTI나 DSR이 높다면 은퇴 이후 가족 모두가 힘들어질 수 있다. 부동산에서 안정적인 월세가 나와서 은행의 대출이자를 상쇄하는 상황이라면 예외다. LTV와 DTI, DSR 관리를 위해서는 매월 상환해야 하는 주택담보대출 원리금을 계산한 후, 수입이 들어오는 순간 그 비용부터 지출하고

지출을 줄이고자 하는 의지가 필요하다. 도저히 목표를 달성할 수 없을 것 같다면, 집을 줄여서라도 해결해야 한다. 최소 10년 이상 갚아 나가야 하는 주택담보대출을 현명하게 받기 위해서는 부동산 중개업자나 은행원과 대화가 통하는 수준이 되어야 하는데 꼭 알아 두어야 하는 몇 가지 상식에 대해 살펴보자.

①주택 관련 대출의 종류

새로운 아파트를 구입하기 위해서 그 아파트를 담보로 대출받을 때는 '주택구입자금 대출'을, 현재 살고 있는 집을 담보로 대출받을 때는 '주택담보대출'을 받아야 한다. '경매'와 관련하여, 낙찰받은 물건을 담보로 대출받는 '경락잔금대출'도 있다.

②주택담보대출의 금리 결정 체계-CD, COFIX, 금융채

신용 대출은 물론 담보대출을 취급하는 모든 은행의 금리는 '기본금리+가산금리-우대금리'의 체계를 가지고 있다. 가산금리는 개인의 신용 상태와 LTV 등 개인 신용을 측정할 수 있는 계량화된 수치를 종합하여 산정되는데 기본 금리에는 CD금리(3개월 CD 유통 수익률)와 COFIX 금리, 금융채의 세 가지 종류가 있다.

잔액 기준 COFIX는 예전 주택담보대출의 주된 기준금리로 사용되었던 CD금리에 비해 금리 변동성이 작으므로 대출 이자율의 변동 위

험을 줄일 수 있다. 즉, 금리 상승기에는 잔액 기준 COFIX가 시장 금리보다 금리의 상승 속도가 느리고 완만하기 때문에 상대적으로 고객에게 유리하다. 그러나 반대로 금리 하락을 앞둔 시기라면 시장 금리의 하락 속도가 잔액 기준 COFIX보다 빠르기 때문에 시장 금리 연동 대출이 잔액 기준 COFIX 연동 대출에 비해 유리할 수 있다. 신규 취급액 기준 COFIX는 월중 신규 조달 자금을 대상으로 산출되므로 잔액 기준 COFIX에 비해 시장 금리의 변동을 신속히 반영하는 특징이 있다. 따라서 COFIX 및 각 기준금리의 특징을 이해한 후 본인에게 적합한 대출 상품을 신중하게 선택해야 한다. 금융채를 기준으로 한 담보 대출 상품도 많이 이용한다.

③상담받을 때와 실제로 대출받을 때의 금리가 다를 수 있다.

금융기관에서는 기표 일자의 금리를 적용하기 때문에 상담 시 알려준 금리와 실제 대출 기표 일자의 금리가 다를 수 있다. CD금리는 보통 3개월마다 변경되고 COFIX 금리의 경우에는 금리 변동성을 최소한으로 반영하기 위해 6개월 또는 1년마다 변경된다. 고정금리의 경우 보통 기표 시점의 기간별 금융채 10영업일 평균 기준금리를 이용하여 금리를 산정한다.

④주택담보대출의 우대 금리와 가산금리를 꼼꼼하게 챙기자.

은행에서 제공하는 우대금리 범위를 아는 상태에서 금리 할인을 요청하는 것과 아무런 정보도 없는 상태에서 요청하는 것 중에서 어느 쪽이 더 효과적일까? 우대금리와 가산금리를 받을 수 있는 항목들을 한번 살펴보고 나에게도 해당 사항이 있는지 체크하자.

우대금리를 받을 수 있는 경우	가산금리를 받을 수 있는 경우
• 중도상환 수수료 면제가 없는 대출을 신청한 경우 • 근저당 설정을 고객이 직접 부담하는 경우 • 은행의 우수고객으로 분류되어 있는 경우 • 신용카드를 일정금액 이상 사용하는 조건인 경우 • 고객의 신용 등급이 현저하게 좋은 경우 • 장애인 / 장애인 부양 세대주 및 세대원인 경우 • 대출 금액이 일정 금액 이상인 경우 • 은행과 제휴한 회사에 재직하는 임직원인 경우 • 재직 중 회사의 주거래은행에서 대출받는 경우 • 영업점장이 판단해서 우대금리를 승인하는 경우	• 대출 상환 방법이 마이너스/만기일시상환인 경우 • 담보 물건이 일반 아파트 외 환금성이 떨어지는 경우(상가, 근린 상가, 근린 주택, 오피스텔, 단독주택, 다가구·다세대·연립주택 등) • 고객의 소득이 현저하게 낮을 경우 • 신청한 대출 이외에 선순위 채권이 있을 경우(이미 같은 담보 물건으로 다른 은행의 담보대출을 받아서 사용하고 있는 경우) • DTI / DSR이 높아 상환 능력이 의심되는 경우 • 주택의 소유권 이전 전에 미리 주택담보대출을 실행해야 하는 경우(주택 구입 자금의 경우) • 대출 금액이 일정 금액 이하의 소액 대출인 경우 • 영업점장이 위험이 있다고 판단하는 경우

부동산 대출 상환과 종잣돈 확보를 동시에 진행하자

그 어렵다는 내 집을 마련하고 나면, 대부분 대출금을 상환하느라 허덕이게 된다. 그러다 보면 추가적인 종잣돈 모으기는 요원해지고, 이사나 추가로 집을 구입하는 것은 생각도 할 수 없게 된다. 그러다 보면 부동산 시장이 어떻게 흘러가는지 관심이 없어지고, 얼마 후 내 집은 이미 낡은 구축아파트가 되어 재건축은 앞으로 20년 이상 남은 상태가 된다. 어느 순간 허허벌판에 새로운 신도시가 건설되고 낡아서 무너질 거 같았던 옆 동네의 아파트가 재건축이 완료되어서 주변에는 새집을 마련 후 집값이 올라 기뻐하는 사람들로 넘쳐난다. 아무리 지금 집이 만족스러워서 절대로 이사를 가지 않을 것 같아도, 사람 일은 모르는 법이다. 집에 대한 무조건적인 애착을 버리고, 더 좋은 선택지가 있는지 끊임없이 탐색하자. 그러기 위해서는 어느 정도의 종잣돈이 필수다. 하다못해 계약금 정도의 자금이 있어야 뭐든 진행할 수 있다.

대출 금리보다 더 높은 수익률을 가져다주는 단기 투자 상품은 거의 없다. 그래도 월 소득의 두 배 정도의 규모로 단기 투자 상품에 가입해야 한다. 만약 월 소득이 300만 원이라면, 최소 500만 원 정도가 모일 수 있도록 단기 투자 상품에 가입하는 것을 추천한다. 단기 금융 상품의 수익률이 부동산 담보 대출 이자율보다 낮거나 비슷하다고 해서 단기 상품에 투자하지 않고 담보대출 상환에 올인하는 것은 바람직하지 않은데 이 유를 정리해 보면 아래와 같다.

① 의외로 높은 부동산담보 대출 중도상환 수수료

돈이 모이는 대로 원금을 마음대로 상환할 수 있다면 얼마나 좋을까? 대출을 받을 때 각종 수수료로 괴롭히더니, 미리 갚겠다고 할 때도 중도상환 수수료를 내라고 하는 곳이 바로 은행이다. 중도상환 수수료가 없는 경우도 있지만, 대부분 1년 이내 중도 상환하는 경우에는 상환금액의 2.0%, 2년 이내에 상환하면 1.5%, 5년 이내에 상환하면 1.0%의 중도 상환 수수료가 있다. 0.5%의 중도 상환 수수료라면 100만 원 상환 시 5천 원인데, 얼마 안 되는 것처럼 보이지만 연이자로 따지면 '0.5%×12개월 = 6%'로 무시할 수 없다.

② 예비 비상 자금 확보를 위한 여유 자금 확보

계획한 대로 모두 이루어진다면 얼마나 좋을까? 그러나, 세상은 호락호락하지 않다. 철저하게 자금 계획을 세워 미래를 준비하였다 하더라도 예기치 않게 목돈이 들어가는 경우가 종종 발생한다. 만약, 모든 자금을 담보대출을 상환하는 데 사용해서 당장 여유 자금이 없다면 어떻게 할 것인가? 그렇다고 해서 10% 이상의 신용대출이나 20%대의 저축은행, 30% 이상의 금리를 내야 하는 대부업체로 찾아가서 돈을 빌릴 수는 없는 노릇이다. 마이너스 대출은 재테크 최대의 적이라는 것을 잊지 말아야 한다. 마이너스 대출을 써서 생활비로 쓰는 순간, 재테크의 성공은 멀리 달아난다. 이런 급전이 필요한 비상사태를 대비해서 최소 월수입의 200% 내외로 단기 투자 상품을 굴리면서 필요한 경우 별다른 손해 없이 중도에 돈을 인출할 수 있는 비상 자금을 보유하도록 준비해야 한다.

③ 포트폴리오 다양화를 통한 위험 분산 효과

돈이 모이는 대로 담보 대출을 상환하는 구조라면, 모든 자산이 부동산(특히 아파트)에 편중된 구조일 가능성이 높다. 계란을 한 바구니에 담지 말라는 재테크의 명언처럼, 우리의 모든 자산을 부동산에 올인하는 전략은 예상치 못한 경기 변동이 닥쳤을 때 대응하지 못하고 큰 유동성 위기에 처할 가능성이 매우 높다.

④ 돈 모으는 재미를 알게 해주는 단기 투자 상품

그동안 우리는 '돈 모으는 재미'가 아닌, '부채를 끼고 산 아파트 호가가 오르는 재미'에 빠져서 살아왔다. 이제, 일부 지역을 제외한 부동산 가격이 예전처럼 오르기가 힘든 상황에서 이제는 다시 '돈 모으는 재미'

에 빠져야만 한다. 6개월 열심히 노력해서 목돈 600만 원과 이자를 받은 후, 이를 다시 1년 이상 장기투자 상품에 가입하고, 이자가 차곡차곡 느는 것을 직접 눈으로 보면 돈 모으는 재미를 느낄 수 있을 것이다.

⑤ 국내외 경기 변동에 대한 감각 키우기

미국이 긴축재정으로 금리를 올릴 것이고 부동산이 지속적으로 오르기에 한계가 왔다는 신호는 진작 있었다. 다만, 이 신호가 이런저런 국내외 경기 지수 속에 숨겨져 있었기 때문에 몰랐던 것이다. 부자들일수록 은행을 100% 믿지 않는다. 이들은 자기들만의 정보 수집 능력이 있으며, PB 직원들의 권유는 단지 참고용으로 듣고 의사 결정은 스스로 내리는 경우가 많다.

부자들의 돈 공부는 우리와 같은 흙수저에 비해 훨씬 더 치열하다. 흙수저인 우리가 부자가 되기 위해서는 그들보다 더 공부해야 한다. 끊임없는 경제 교육과 경기 변동에 대한 자료들을 꾸준하게 모아서 치열하게 공부해야 한다. 그리고 대출 갚는 재미가 아닌, 돈 모으는 재미를 찾아야 한다. 평생 대출만 갚다가 인생 끝나면 마지막 삶의 순간에 얼마나 허망하겠는가? 꼭 10억 원을 모아야 돈 모으는 재미가 생기는 건 아니다. 지금 당장 통장에 단돈 천만 원이라도 모아 보면 돈 모으는 재미는 늘어날 것이다.

아파트를 보러 다닐 때는 그냥 눈으로만 보고 지나가지 말고 각 아파트 특징을 간략하게 적어놓자. 주요 지역 임장을 마친 후, 관심이 있다고 표시한 아파트를 반복해서 확인하고, 데이터베이스화해서 나의 재산 상태를 고려한 최적의 매수 타이밍을 찾는 것이다. 최소한 관심 있는 아파트 리스트를 확보한 후, 다시 그곳 인근 부동산을 방문해서 물어보는 방법도 좋다.

첫 번째 방문에서 부동산에 들어가 물어볼 필요는 없다. 집을 살 사람이 사고자 하는 아파트에 대해서 잘 모르는 상태에서 부동산업자들과 이야기를 하면 얻을 수 있는 게 별로 없다. 공부를 한 후 부동산을 방문하는 것을 추천한다. 나만의 관심 지역 아파트의 리스트를 확보한 후 그 특징과 가격 변동 데이터를 확보 후, 부동산 중개인을 만나면 좀 더 자연스럽게 중개인과 대화를 할 수 있다.

상기 이외에도 난방방식이라든지 학군 및 아파트에서 학교까지의 거리도 확인해야 한다. 매매가와 전세 가격은 네이버 검색이나 호갱노노와 같은 실거래가 공개 어플을 이용해서 직접 확인하면 된다. 반드시 최근 매매가와 전세가 등을 확인하면서 다녀야 하고, 실제 부동산에 전화를 걸어서 아파트 매매가와 전세 가격을 물어보면 인터넷과 차이가 날 수 있다. 서울 핵심지역 아파트는 부동산 초보자가 덜컥 들어오기엔 어려운 지역일 수 있다. 전 재산이 걸린 아파트를 한 번만 보고 구매하는 것은 리스크가 크기 때문에 추천하지 않는다. 나만의 데이터를 구축한 후, 꼼꼼히 살펴보자. 다음은 실제 임장을 가기 전, 안정적인 거주지 마련을 위한 10단계이다.

0단계 : 청약 통장

당첨만 된다면 누구나 원하는 핵심 입지의 아파트 청약에 당첨되는 것이 가장 빠른 자산 형성과 똘똘한 내 집 마련 방법이다. 아래의 10단계를 진행하기 전에, 앞서 공부한 청약통장과 신도시 분양을 공부하고 청약 시장에 대한 관심을 가지되, 꾸준하게 구축 아파트에 대한 임장으로 전체적인 부동산 시장에 대한 감각을 키우도록 하자.

1단계 : 경기 분석

가장 먼저 확인해야 하는 사항은 경기 분석으로 경제 동향 등이 포함된다. 과연 지금이 집을 사도 되는 시기인지, 국제(미국) 금리는 어떻게 변동을 할 것인지, 지금 정부는 어떠한 스탠스를 취하고 있는지, 정부의 주택 관련 규제책이 어떻게 변화하고 있는지 등을 파악해야 한다. 경기 분석은 집을 매입하거나 팔거나 집을 소유하는 기간 내내 관심을 가져야 한다.

2단계 : 입지 분석(구별 임장)

두 번째로는 다양한 곳을 직접 확인해 보는 입지 분석이다. 그동안 살아온 영역을 벗어나서 좀 더 넓은 지역을 확인해 보자. 서울이 아니라 해도 좋은 입지의 아파트와 주택들은 많다. 어느 물건을 살지 아직 모르겠는 경우 최소한 구 별로 대충 훑어보기라도 한 후, 내가 어느 구에 관심이 가는지 각 구별 특징이 어떤지 정도는 적어보도록 하자.

3단계 : 물건분석(구내 임장)

상기에서 관심 있는 구를 선택한 후, 구 내에서 물건을 찾아보는 단계이다. 같은 구라 하더라고 동별로 분위기가 다르고 아파트 단지별로 분위기가 다르다.

4단계 : 물건 확정(기회가 오면 무조건 투자를 할 곳)

임장을 통해서 4개 단위별로 최소 5개 이상 후보 아파트를 선정 후, 대략적인 가격대 및 과거 등락 폭, 최근 5년 최고가 최저가를 확인 후 데이터를 구축하는 단계이다. 이 리스트는 향후 언젠가 기회가 오면 무조건 투자할 곳을 정해 두는 중요한 단계라 볼 수 있다.

①융자 없이 살 수 있는 집 : 현재 보유한 자금으로 바로 살 수 있는 물건

②상환 가능 융자로 살 수 있는 집 : 약 20%~30%의 융자를 끼고 살 수 있는 물건

③무리해서 살 수 있는 집 : 40% 이상의 융자를 받아야만 살 수 있는 물건

④ 10년 이내 살고 싶은 집 : 지금은 소위 영끌(영혼까지 끌어모으는 대출)로도 살 수 없지만, 현재의 직장 상태 등을 감안해서 10년 이내에 구매하고 싶은 집

5단계 : 매도 부동산 세금 분석

현재 보유 중인 집을 매도 시 부과되는 양도세를 분석하는 단계이다. 1가구 실거주 1 주택자라면 12억까지 비과세인데 이 12억이야말로 대한민국이 정부가 허용한 주택을 이용해서 얻을 수 있는 최고의 재테크 전략이다. 1가구 실거주 1주택자가 아니거나 12억 이상의 실거래가 되는 아파트를 보유하고 있다면 현재 아파트를 팔고 얼마를 손에 쥘 수 있는지 사전에 확인해야 한다. 주택 양도세 부분은 양포 세무사라는 신조어까지 탄생시킨 역대 가장 복잡한 시기다. 돈 아끼지 말고 유능한 세무사에게 문의하는 것이 정신건강에 좋다.

6단계 : 필요자금 분석

상기 4단계와 5단계를 실시한 후, 원하는 부동산을 사기 위해서 나의 가용자산 대비 추가 필요 자금이 얼마인지 확인하는 단계이다.

7단계 : 재정분석

LTV 및 DTI 분석을 통해 아파트 구매 전과 구매 후 각자의 재정 상태를 확인하는 단계이다. 아무리 좋은 아파트를 구매할 수 있다고 하

더라도 구매 후 DTI가 50% 이상이 된다면 내가 버는 소득의 50% 이상을 만져보지도 못하고 은행으로 뺏기는 셈이다. 물론 집값이 오를 수 있겠지만 집값 오르는 것과 사용할 수 있는 급여는 다른 이야기다. LTV 및 DTI에 대한 명확한 이해는 성공적인 내 집 마련을 위한 필수 요소가 되었다.

8단계 : 중개인 분석

잘 모르는 지역의 부동산을 매입하는 경우 어느 중개인을 만나는지가 매우 중요하다. 가지고 있는 급매 물건 등이 중개인마다 다를 수 있기 때문이다. 임장을 하면서 꾸준히 부동산 중개인과 연락을 하는 것도 좋다.

9단계 : 매입 부동산 세금 분석

부동산 매입 시 부과되는 세금에 대해서 분석하는 단계이다. 구매하는 부동산의 취등록세뿐만 아니라, 다주택자가 된다면 종합부동산세까지 고려해야 한다.

10단계 : 실제 매입 및 대출 실행

상기 1~10단계를 이용해서 끊임없는 발품과 공부를 통해 적절한 대출로 우량 아파트를 사서 나와 가족에게 편안한 삶의 안식처를 마련해 주도록 하자.

과거 트렌드 정리 후,
미래를 준비하자

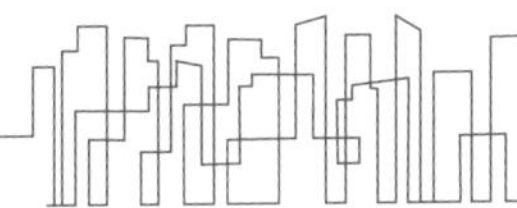

이미 서울 아파트 신축 20평대가 10억 원으로 오른 마당에 오르기 전 과거 데이터를 봐서 무엇하냐는 분들도 있다. 그러나 핵심은 '과거에 얼마였다'가 아니다. 각 아파트 사이의 가격 차이가 어떻게 움직여 왔는지, 내가 사는 아파트의 가격과 가고 싶은 그 아파트의 가격 차이가 예전부터 현재까지 얼마의 차이를 두고 움직이고 있는지를 확인하는 것이다. 과거 3년간 항상 3억 원의 차이를 가지고 두 아파트가 움직이다가 좁혀지는 순간을 잡을 수 있어야 한다.

만약 당신이 실거주 한 채가 이미 있다면 아파트 가격 변동을 확인하는 것이 나의 재테크에 무슨 도움이 될까 생각할 수 있지만, 이는 현재 살고있는 집을 최소의 비용으로 좀 더 좋은 상급지로 바꿔 탈 수 있는 기회가 된다. 서울 핵심지와 비핵심지는 어느 정도의 시차를 두면서 따라간다는 것이 정설이지만, 모든 아파트가 100% 적용되지 않는다. 현재까지 그랬고 앞으로도 그럴 것이다. 실거주 한 채 소유주라면 현재 살고 있는 내 집의 가격과 살고 싶은 곳의 집값을 면밀히 주시하는 습관을 길러야 한다. 내 집을 좀 더 상급지로 갈아탈 수 있는 짧지만 강렬한 찰나의 순간이 언젠가 도래하며, 이 찰나의 순간은 같은 아파트 단지 내에도, 다른 지역의 아파트 간에도 존재한다.

①같은 아파트 단지 내 이동

마포구 공덕 삼성의 경우 25평과 34평형의 차이가 2013년 이후 1.5억 정도였는데 2017년도에 1억 미만으로 떨어진 적이 있다. 만약 당신이 다른 곳으로 이사를 할 생각이 전혀 없더라도, 이때야말로 같은 아파트 단지에서 평수를 넓혀갈 수 있는 찰나의 순간이었다. 그 이후에는 2억 이상으로 차이가 벌어졌다. 현재 공덕 삼성 아파트 25평 소유자고 앞으로도 다른 곳으로 이사 갈 생각이 전혀 없다면 34평과의 차이가 '○○으로 좁혀지면 34평으로 옮기겠다'라고 마음속으로 정해야 한다. 그리고 그 순간을 예의주시해야 한다. 인근 부동산 공인중개사분들과 친해져서 해당 물건이 나오는 경우 전화가 오도록 평소 노력하자.

②다른 지역 아파트 단지로 이동

공덕 삼성 34평을 2017년도 구매를 해서 거주하고 있고 강남 진입의 생각이 있어서 서초구 잠원동의 '잠원 동아'를 눈여겨보고 있었다고 가정해 보자. 2017년도부터 두 아파트는 항상 5억 이상의 갭이 있었고 그

갭은 2018년도 1분기에 7억 3천이 되었다가 2019년도 4억 미만으로 좁혀졌다. 두 아파트의 매매가 차이가 7억 정도로 유지되고 있었다는 것을 알고 있었다면, 2019년도 4억 미만으로 좁혀졌을 때 공덕 삼성을 팔고 잠원 동아로 옮겼으면 어떻게 되었을까? 공덕 삼성 34평 소유자고 앞으로 이사 갈 생각이 있다면 '○○으로 두 아파트 가격이 좁혀지면 잠원 동아 32평으로 옮겨가겠다'라고 확실히 정해야 한다. 그리고 그 순간을 주시해야 한다. 그래야 아파트 업그레이드를 통한 재테크가 완성되는 것이다. 마찬가지로 해당 아파트 급매가 나오는 경우 나에게 바로 전화가 올 수 있도록 평소 노력하는 것도 중요하다.

노후에 빚을 지는 것만큼 무서운 것은 없다

신용 대출을 받아서 재테크를 하는 행위야말로 가장 위험한 재테크 방법인데, 특히 나이가 들수록 일반 시중은행이 아닌, 캐피탈·현금서비스·리볼빙·저축은행 및 대부업과 같은 비은행권 대출을 '무조건' 멀리해야 한다. 이자율이 10%가 넘는 대출을 사용한다면 재테크 성공과 안락한 노후는 불가능하다. 그러나 피치 못한 사정으로 대출을 받아야 할 때가 있는 법, 기왕 대출을 받는다면 최대한 유리하게 받자. 어차피 담보대출은 큰 차이가 없으니, 신용대출과 마이너스 통장에 대해 살펴보도록 하자.

신용 대출의 한도와 금리는 신용 등급과 소득에 의해서 결정된다. 신용등급과 소득이 낮아질수록 한도는 낮아지고 금리는 올라간다. 만약 소득 금액이 현저히 낮거나, 신용 등급이 매우 낮은 경우에는 일반 시중은행에서 대출받기가 거의 불가능하다. 신용대출 한도와 금리를 결정하는 중요한 요소는 직업이다. 동일한 연봉을 받는 급여 소득자라 하더라도 삼성전자와 같은 대기업에 근무하는 것과 중소기업에 근무하는 것은 금리와 한도에서 많은 차이가 난다. 대기업에 근무한다면 회사와 은행 간 임직원 특별 대출을 받을 수 있는 가능성이 있다.

변호사나 의사와 같은 전문 직업인의 경우에는 더 낮은 금리와 높은 한도를 제공하는데, ①의료(의사·한의사·수의사·약사) ②법률(변호사·법무사·변리사) ③세무/회계(세무사·공인 회계사·관세사) ④기술(건축사·도선사) 전문가라면 신용대출 특별대우를 받을 수 있다.

은행마다 우대 금리와 가산 금리 체계가 다르기 때문에 은행별로 체크해야 한다. 예를 들어 급여 이체를 하거나, 몇 건 이상의 자동 이체(카드 및 통신료 등)를 연결해 놓는다거나, 은행 신용 카드를 매월 얼마 이상 사용한다는 데 동의한다면 금리 할인을 받을 수 있다. 반대로 마이너스 대출이나 리볼빙을 이용한다면 금리가 올라간다. 일정 금액 이상 신용대출을 한동안 써야 하는 경우라면 마이너스 통장보다는 원리금 균등이나 만기 일시상환을 이용하는 것이 유리하다. 마이너스 대출을 받는 경우 특히 주의해야 하는 것은 연체 이자와 1년마다 돌아오는 만기 연장이다. 만약 마이너스 한도가 1천만 원인데 990만 원을 쓰고 있다가 이번 달 이자가 20만 원이라서 10만 원이 연체되었다면, 10만 원에 대한 연체 금액이 아니라 1,010만 원에 대한 연체 이자를 내야 하기 때문이다.

아주 잠깐 이득을 볼 수는 있겠지만, 결국 손해로 끝나는 게 신용대출을 이용한 재테크다. 5% 이자의 신용대출을 받아서 7% 이익을 내면 된다고 생각한다면 재테크 하수다. 살다 보면 신용대출을 받아야 할 때가 있다. 이 경우 1금융권을 알아보지 않고 캐피탈·현금서비스·리볼빙·저축은행과 대부업 대출을 먼저 알아보는 것은 재테크는 물론 인생 실패를 위한 지름길이다. 특히 당신이 50세가 넘었다면 지금부터 은퇴 전까지 부지런히 모든 빚을 정리하기 위한 노후 준비 절차에 들어가야 한다. 만약 60이 넘었는데도 일정한 소득이 없이 빚이 있다면 당신의 남은 노후는 그야말로 참담할 것이다.

집을 팔기 어려운 시대는 언제든 반복된다

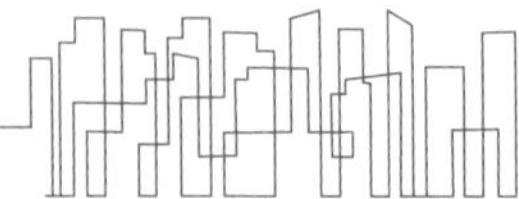

2010년 1월, 당시 살고 있던 집을 팔고 싶었지만, 오랫동안 안 팔리고 있었다. 장사가 잘되는 고깃집 가위를 현관 입구에 거꾸로 걸어 놓으면 집이 바로 팔린다는 말을 듣고 와이프와 함께 사람이 많은 고깃집에서 밥을 먹은 후 가위를 몰래 가져와 현관문에 걸어 놓은 적도 있었다. 또한, 10원짜리 동전을 집 모퉁이마다 붙여 놓으면 금방 팔린다고 해서 그렇게도 해 봤는데 집을 사겠다는 사람은 감감무소식이었다. 그 집을 비싸게 내놓은 것도 아니었다. 그때는 집을 사면 하우스푸어가 된다고 온 방송에서 떠들어 댔던 그런 시기였으니까.

집을 내놓은 지 거의 1년 만에 드디어 집을 보러 오겠다는 전화가 왔다. 궁금증을 참지 못한 우리는 결국 용하다는 점쟁이를 찾아 나섰다. 이번에 집을 보러 오는 그분은 과연 우리 집을 살까요?

"그 사람 집 안 사, 기대하지 마. 집 보러 와서 당장 살 것 같이 이야기하겠지만 집 안 사."

청천벽력 같은 소리였다. 집이 안 팔린다니…….

"그런데, 다음 달 2월 마지막 주에 집 보러 또 누가 올 거야. 그 사람은 안 살 것 같지만 살 거야, 걱정하지 마."

거짓말처럼 그 주에 집을 보러 온 사람은 현관문을 들어오자마자 집이 예쁘다고 난리를 쳤다. 구석구석 1시간 정도 샅샅이 훑어본 후 얼마를 깎아줄 거냐 하면서 나와 와이프의 가슴에 희망을 잔뜩 부풀어 넣고 나갔다. 그러고는 연락 두절이 되었다. 그럼 그렇지.

시간이 흘러 점쟁이가 이야기 한 2월 마지막 주 일요일이 되었다. 우리는 아침부터 온 집 안을 청소하고 경건한 마음으로 구원자가 나타나기를 기다렸다. 그러나 오후 5시가 되도록 전화벨은 울리지 않았다. 그럼 그렇지. 우리는 포기하고 소주와 삼겹살을 사러 마트나 가기로 했다. 마트에 거의 도착하자마자 전화벨이 울렸다.

"지금 집 보러 가도 될까요?"

점쟁이의 말이 생각난 우리는 마트고 뭐고 일단 U턴을 했다. 그리고는 차를 끓였다. 허겁지겁 맞이한 그 사람은 차를 마시면서 집을 5분 정도 보는 둥 마는 둥 하더니, "차 향기가 참 좋네요. 차 잘 마시고 갑니다."라고 말하면서 나가버렸다. 같이 온 부동산 사장님도 적잖이 당황한 듯해 보였다. 그럼 그렇지. 잔뜩 짜증이 난 상태에서 라면을 끓이기 위한 물을 올리고 있었다. 그때 전화가 왔다.

"방금 보신 분이 계약하겠다고 하시네요. 가계약금 보내드린다고 하니 계좌번호 좀 불러주세요."

어느덧 10년 이상의 시간이 흘렀고, 그동안 서울 부동산 가격은 폭등한 후, 다시 집이 생각처럼 팔리지 않는 시대가 도래하였다. 많은 분은 아직 내 집 하나 없어서 괴로운 분들도 있을 것이고, 반대로 집을 팔고 싶은데 팔리지 않는 분들도 있을 것이다. 가격이 비싸서 못 사거나 안 팔리는 경우가 대부분이 일 것이다. 모든 가격은 수요와 공급의 원칙에 의해서 움직이는 거니까. 만약 집이 안 팔려서 고민이라면 아래와 같은 방법을 추천한다.

①집을 항상 깨끗하고 청결하게 관리한다.

현재와 같은 부동산 시장에서 아파트 매수자는 갑의 위치에 있다. 소중한 시간을 내서 집을 보러 다닌다는 것은 조건만 맞으면 집을 사겠다고 하는 사람들이다. 집에 들어오는 순간 눈살이 찌푸려지고 코를 막을 정도의 집 상태라면 과연 우리 집에 대한 인상이 좋게 남겨질까? 집을 빠르게 팔아야 하는 상황이라면 1시간 이내에 깨끗하게 정리될 수 있는 집 상태를 유지하는 것이 중요하다.

②팔고자 하는 아파트 실거래가를 확인한다.

호갱노노나 국토해양부 실거래 사이트(http://rt.molit.go.kr)를 확인해서 내가 살고 있는 아파트의 현재 시세를 직시해야 한다. 만약 내 집을 6억 원에 급매물로 내놓았는데, 최근 실거래가가 5억 원이라면 거래될 가능성은 쉽지 않을 것이다.

③ 부동산 중개소와 친밀한 관계를 유지한다.

믿을 만하고 실력 있는 부동산 업자를 고른 후 자주 방문해 이런저런 이야기를 하면서 주변과 시장의 상황을 파악해야 한다.

④ 집 보여주기 가장 좋은 시간을 파악한다.

24시간 내내 전망이 뛰어나고 낮 시간 내내 햇살이 따뜻한 좋은 집이 아닌 이상, 내 집을 보여주기 가장 좋은 시간대가 있다. 집을 팔고 싶다면 이 시간을 알고 있어야 한다.

⑤ 집 보러 오는 분들의 관점에서 생각한다.

역지사지의 관점에서 집을 팔고 갈 동네의 집을 미리 방문해 보는 것이다. 집을 팔겠다고 내놓은 집들을 방문해 보면 입구에서부터 눈살이 찌푸려지는 집이 있을 것이고 반대로 별 기대를 안 했는데 느낌이 좋은 집이 있을 것이다. 방문한 집 향기가 좋아서 기분이 좋았을 수도 있을 것이고, 가구 위치가 너무 절묘해서 생각보다 집이 커 보이는 경우도 있을 것이다. 그렇지만 지금은 나와 내 가족이 몸담고 있고 오늘 저녁에도 나의 지친 몸을 뉘어야 하는 나만의 이 거주 공간을, 부엌 어딘가 굴러다니는 티백을 이용해서 향긋한 차 향기로 가득 채워보는 것은 어떨까?

10년 전 그날, 점쟁이가 아닌 향긋한 차 향기가 그분의 마음을 움직였다고 생각하니까.

<부록>

서울시 주요 분양 예정 재개발·재건축 50개 리스트

다음은 2023년 8월 이후 분양 예정인 서울시 주요 분양 예정 재개발·재건축 중에서 일반분양 공급 규모가 100가구 이상으로 예상되는 50개 단지이다. 아래의 주의사항을 먼저 읽어보자.

① 앞에서 살펴보지 않은 곳이라고 해서 중요성이 떨어지거나, 투자 가치가 없다는 것이 아니고, 무조건 다음의 단지를 청약하라는 것도 아니다. 이러한 공부를 통해서 부동산에 대한 눈을 넓히라는 의미로 이해하자.

② 부동산 투자에는 정답이 없다. 우리가 잘 알고 있는 부동산 전문가를 보면 누구는 재건축·재개발을, 누구는 청약을, 누구는 구축 아파트 갭투자를, 누구는 아파트 외 부동산을 이용해서 성공했다. 부동산 투자 초보자라면, 어느 한 가지 방법을 고정해서 시야를 좁히지 말자.

③ 시대는 변하고 부동산의 트렌드도 변한다. 재건축 투자가 빛을 볼 때가 있고, 청약이 유망할 때가 있고, 상가 투자가 빛을 볼 때도 있고, 지금은 죽 쑤고 있는 오피스텔이 빛을 발할 수도 있다.

④ 청약 당첨이 안 된다고 해서 부동산 투자 실패하는 게 아니다. 청약은 약간의 노력과 큰 운이 작용하는 곳이다. 도저히 청약이 안 된다고 생각이 들면 시야를 넓혀서 유망 지역의 재건축이나 재개발단지로 관심사를 변경하는 것도 좋은 방법이다.

⑤ 청약을 준비한다면 구축 아파트나 재건축·재개발에 대한 관심을 놓지

말자. 또한 구축 아파트나 재건축이나 재개발에 대한 관심이 크다 해도, 청약통장 하나 정도는 미리 마련해 두고, 한 쪽 귀를 열어놓자.

아파트명	상세 주소	건설사	전체 세대	공급 규모	분양 예정
래미안레벤투스	강남구 도곡동 540	삼성물산	308	133	2023.11
성내5구역	강동구 성내동 15	DL이앤씨	408	324	미정
천호3구역	강동구 천호동 423-76	DL이앤씨	535	310	미정
등촌1주택재건축	강서구 등촌동 366-24	현대건설	517	270	2023.09
강서센트럴아이파크	강서구 방화동 608-97	HDC	557	미정	2023.09
신림3구역재개발	관악구 신림동 316-55번지	대우건설	571	218	2023.09
신림2구역재개발	관악구 신림동 324-25번지	대우건설	1,487	809	미정
신림1구역재개발 (4구역포함)	관악구 신림동 808-495번지 일대	GS/DL/현대엔지니어링	4,101	2,140	미정
개봉해피트리N루브르	구로구 개봉동 369-1,312-38	신일건설	295	115	미정
개봉5주택재건축	구로구 개봉동 68-64	호반건설	317	270	미정
이문3구역 아이파크자이	동대문구 이문동 149-8	GS/HDC	4,321	1,641	2023.09
래미안라그란데	동대문구 이문동 257-42	삼성물산	3,069	921	2023년 하반기
답십리17구역재개발	동대문구 답십리동 12-298	DL이앤씨	326	122	미정
제기4구역재개발	동대문구 제기동 288	현대건설	909	362	미정
경동미주재건축	동대문구 제기동 892-68	HDC	351	미정	미정

청량리7구역재개발	동대문구 청량리동 61-647	롯데건설	761	173	미정
노량진2구역재개발	동작구 노량진동 312-75	SK건설	421	미정	2023년 하반기
노량진6구역재개발	동작구 노량진동 294-220	GS건설	1,499	380	미정
흑석11구역	동작구 흑석동 304	대우건설	1,509	422	미정
흑석9재개발	동작구 흑석동 93-136	현대건설	1,536	589	미정
마포로3-3지구	마포구 아현동 613-1	대우건설	239	126	2023.09
공덕1구역재건축	마포구 공덕동 105-84	GS/현대	1,101	847	2023.11
연희1구역재개발	서대문구 연희동 519-39	SK건설	1,002	322	2023년 하반기
북가좌6구역재건축	서대문구 북가좌동 372-1	DL이앤씨	1,970	645	2025년
서대문 센트럴아이파크	서대문구 홍은동 11-111	HDC	827	409	미정
아크로리츠카운티	서초구 방배동 1018-1	DL이앤씨	721	166	2023.11
래미안원페를라	서초구 방배동 818-1	삼성물산	1,097	497	2023년 하반기
래미안원펜타스	서초구 반포동 12	삼성물산	641	292	2023년 하반기
신반포메이플자이	서초구 잠원동 60-3	GS건설	3,307	236	2023년 하반기
방배7재건축	서초구 방배동 891-3	미정	276	미정	2024년
신반포21차재건축	서초구 잠원동 59-10	포스코건설	275	108	2024년
프레스티지바이래미안(반포주공3주구)	서초구 반포동 110	삼성물산	2,091	537	2025년
반포디에이치클래스트(반포주공1,2,4주구)	서초구 반포동 810	현대건설	5,002	미정	미정

디에이치방배	서초구 방배동 946-5	현대건설	3,080	1,686	미정
아크로드서초	서초구 서초동 1333	DL이앤씨	1,340	236	미정
청계천리버뷰자이	성동구 용답동 108-1	GS건설	1,670	797	미정
라체르보푸르지오 써밋 (행당7구역)	성동구 행당동 128-1	대우건설	958	135	미정
신길음1구역 재개발정비사업	성북구 길음동 31-1	DL/고려	444	304	2024.01
동선2구역재개발	성북구 동선동4가 304-2	계룡건설	334	116	미정
삼선제5구역 주택재개발	성북구 삼선동2가 296	롯데건설	1,223	522	미정
라디우스파크 푸르지오	성북구 장위동 25-55	대우건설	1,637	760	미정
장위10구역재개발	성북구 장위동 68-37	대우건설	2,004	1,175	미정
신월곡1구역재개발	성북구 하월곡동 88-165	롯데건설	2,244	미정	미정
잠실래미안아이파크	송파구 신천동 20-4	삼성/HDC	2,678	578	2023년 하반기
신천동 잠실르엘	송파구 신천동 17-6	롯데건설	1,910	241	미정
영등포1-13구역 재개발	영등포구 영등포동5가32-8	대우/두산	659	216	2023.09
영등포1-2구역재개발	영등포구 영등포동7가76-5	계룡건설	290	미정	미정
아세아아파트	용산구 한강로3가 65-584	부영건설	969	819	미정
힐스테이트메디알레 (대조1구역)	은평구 대조동 88	현대건설	2,083	483	2023년 하반기
사직2구역 도시환경정비	종로구 사직동 311-10	롯데건설	486	미정	미정

우리는 이미 답을 알고 있습니다

얼마 전까지만 해도 우리의 자산을 늘리는 여러 방법 중에서 가장 인기가 있었던 방법은 어느 정도의 돈을 모은 후, 대출을 끼고 아파트를 구매하는 것이었습니다. 그리고 그 아파트가 오르기를 기다리는 것이지요. 많은 분들이 주택 가격이 지속적으로 상승할 것으로 예상하고 부동산에 집중적으로 투자해서 노후를 준비하고 있었습니다. 서울 아파트 중위 가격이 6억 원을 훌쩍 뛰어넘은 상황에서 지금 구입하는 그 6억 원짜리 아파트가 20~30년 뒤, 우리가 은퇴할 시점에 10배 정도의 높은 가격에 매도할 수 있을까요? 6억 원의 10배이면 60억 원인데, 그렇게 된다면 서울 중위 가격 이상의 아파트를 소유한 분들은 내일 출근할 필요가 없겠습니다. 그때 지방이나 소형 아파트로 이사해서 차익으로 노후를 편안하게 보내겠다고 하는 사람이 의외로 많습니다. 많은 재테크 서적에서도 이 방법이 가장 확실한 재테크 방법이라고 소개하곤 했습니다.

미래는 어떻게 될까요? 지금 한창 일하는 30대와 40대가 은퇴하는 20년 후를 상상해 보면 거리에 있는 10명 중 4명이 60세 이상의 노인들로 북적대고, 다들 용돈이라도 벌어보기 위해서 소일거리를 찾고 있을 것입니다. 노후 대비를 위한 자산 포트폴리오를 부동산 위주로 구성한 사람들이 은퇴를 하는 2040년 이후까지 그 포트폴리오 구성을 유지한다면 경제적으로 힘든 노인들은 주택연금을 신청하고, 살고 있는 집을 줄이거나 전세로 옮겨서 현금을 확보하려고 할 것입니다. 이때 쏟아져 나올 것으로 예상되는 집들의 수는 만만치 않을 것 같습니다. 수요와 공급 법칙에 따라서 이때 과연 우리가 원하는 가격에 부동산을 처분할 수 있을까요? 물론 예외는 있습니다. 의외로 서울 강남과 같은 핵심지역에 아파트를 보유한 많은 분들은 아파트를 팔 생각이 별로 없습니다. 그 외에도 더 많은 재산이 있으니까요. 강남의 매물이 적고 가격이 이상하게 잘 떨어지지 않는 이유이기도 합니다. 그렇다면 우리는 앞으로 무엇을 준비해야 할까요?

가장 중요한 것은 투자를 위한 종잣돈을 확보하는 한편 좋은 자산을 불리기 위한 노력을 해야 합니다. 눈을 넓히는 것도 무엇보다 중요합니다. 좁은 시야와 협소한 경험은 우리 흙수저들이 보유한 DNA입니다. 그 DNA를 개조해야 합니다. 돈이 많다면 부동산·주식·채권·상가를 동시다발적으로 산후 자산이 증가하기 기다리면 되지만, 대부분 시도조차 할 수 없는 방법입니다.

저는 타슈켄트에서 강의하게 되면서 살고 있던 새 아파트를 포함한 모든 보유 아파트를 월세 놓고 나왔습니다. 오래전에 투자한 비상장주식이 상장 시기를 저울질하고 있습니다. 이 외에도 일반 주식에다가 펀드도 하고 조그만 상가도 있고 예·적금도 들고 혹시 몰라 주택청약도 있습니다. 국민연금 말고 종신보험과 개인연금은 진작 다 불입이 끝나서 55세가 되면 개인연금을 받을 수 있게 설계를 해 놓기는 했는데, 그렇다고 해서 가입했던 종신보험과 개인연금 가입을 후회하지는 않습니다. 인생은 모르는 거니까요.

해외 주식투자는 안 하냐고요? 합니다. 머리가 안 좋은데 쓸데없이 관리해야 할 리스트만 늘어나고, 환율에 세금에 세계 경제 및 정세까지 머리가 아파서 단순하게 세계 1위 기업과 같은 초우량 기업 정도만 투자합니다. 저는 복잡한 것보다 심플한 걸 더 좋아합니다. 그래도 깔고 앉은 내 집 하나는 거주하기 편하고 연봉 많이 주는 회사에서 가깝고 남들 오르는 것만큼은 올라야 기분이 나쁘지 않을 거 같습니다.

부모 찬스 없이 이제 막 재테크를 시작하는 분들에게 저는 이런 당부를 드리고 싶습니다.

①나의 몸값과 월 소득을 높이는 것이 가장 중요합니다. 이미 안정적이고 급여가 센 좋은 회사에 다니고 있다면 상관이 없지만, 그렇지 않다면 내 몸값과 월 소득을 높이는 전략을 재테크와 같이 진행하시기

를 바랍니다. 흙수저 재테크의 가장 효율적인 것 중 하나는 나의 몸값과 월 소득, 그리고 직장의 안정성을 높이는 것입니다.

② 영끌을 함부로 하지 마시기를 바랍니다. 언젠가 경제위기가 닥쳐서 대출이자율이 20~30% 이상이 되어도 상환에 문제가 없어야 한다는 것을 항상 염두하고 재테크를 해야 합니다. 혹시 안정적인 직장이 아니라면 언제든 잘리고 당장 다음 달부터 급여가 안 들어올 수도 있습니다. 흙수저 재테크의 두 번째 포인트는 '항상 최악을 염두에 두어야 한다'입니다. 흙수저일수록 재정적으로 무너지면 도와줄 사람 아무도 없습니다. 세상은 생각보다 더 냉정합니다.

③ 시중은행 이외의 다른 대출은 가급적 사용하지 말아야 합니다. 저축은행, 캐피탈, 신용카드 현금서비스나 카드론, 심지어 주식담보 대출까지 지금은 돈 빌려주는 데가 많습니다. 그러나, 은행 이외의 다른 대출을 받게 된다면 우리 흙수저들은 대출 갚다가 인생 종치게 됩니다. 1금융권에서 빌려주는 이상의 대출을 받지 마시기를 바랍니다. 혹시 이미 시중은행 이외의 다른 대출이 있으시다면 재테크 전략이고 뭐고 일단 갚으시기를 바랍니다. 흙수저 재테크의 세 번째 포인트는 '대출은 가급적 1금융권에서만'입니다.

④ 부동산 투자를 통해서 일확천금을 벌겠다가 아닌, 나와 내 가족이

안정적이고 편안하게 살아갈 수 있는 보금자리를 찾겠다는 생각으로 천천히 나의 눈을 넓히면서 부동산 임장을 하시기를 바랍니다. 강남에서 태어나서 강남 아파트를 받고 시작하는 그들과 나의 처지를 비교 할 필요도 없습니다. 나에게 주어진 환경을 받아들이고, 그 상황에서 최선의 선택을 할 수 있어야 합니다. 우리 흙수저가 서울 핵심 아파트를 고통 없이 바로 사는 방법은 없습니다.

⑤주식투자를 한다면 주식에 대해서 잘 알기 전까지는 세계 1등 글로벌 주식과 EFT*를 월급날마다 적립식으로 꾸준하게 사서 모으시면서 매년 양도소득세를 내지 않는 250만 원씩 수익 실현을 하는 전략을 추천합니다. 또한, 현금의 중요성은 백 번 이야기해도 부족합니다. 최소 월 생활비의 2배 이상을 언제든 뺄 수 있는 파킹통장에 넣어두시기를 바랍니다. 그 비상금은 언젠가 경제위기가 오면 그때 폭락한 글로벌 주식을 주워 담으세요. 이때야말로 우리 흙수저가 마이너스 통장을 사용해야 할 때입니다.

마지막으로 가끔 여행도 가고, 하고 싶은 것을 조금이라도 하면서 사시기 바랍니다. 가뜩이나 물려받은 거 하나 없이 흙수저로 태어나 맨몸으로 이 험난한 세상을 헤쳐 나가고 있는데, 평생 대출만 갚다가 하고

EFT : Exchange Traded Fund, 주식처럼 거래가 가능하고, 특정 주가지수의 움직임에 따라 수익률이 결정되는 펀드.

싶은 거 하나 못하고 인생 종치면 억울하지 않겠습니까? 가족들과 좋은 추억을 만드는 여행도 하시고, 맛있는 것도 먹고 사시고 건강도 챙기시기 바랍니다. 생각보다 인생 짧습니다.

이런저런 이유로 저는 오늘도 타슈켄트에서 낮에는 강의를 하고 저녁에는 재테크와 부동산 글을 씁니다. 이곳 타슈켄트는 매일매일 거대한 변화가 일어나고 있습니다. 물가와 부동산은 나날이 폭등하고 사람들은 변화에서 살아남기 위해서 투잡에 쓰리잡까지 하면서 부단히 노력하고 있습니다. 저 역시 경제 흐름을 놓치지 않기 위해서 밤낮으로 열심히 공부하는 중입니다. 그렇지만 돌아오는 주말에는 간만에 손에서 글을 놓고 카페에 가서 와이프와 느긋하게 주말 오후를 즐길 생각입니다. 너무 돈과 재테크에만 열중하다가 갑자기 죽으면 삶이 억울하지 않을까요?

보유한 부동산 가격이 오르고 자산가치가 올라도 행복하지 않다면 그 이유는 무엇일까요? 왜 우리는 재테크를 하고 돈을 벌려고 하는 걸까요? 우리 모두는 이미 답을 알고 있습니다. 다들 사랑하는 가족과 함께 여유롭고 즐거운 한 주 되시기를 바랍니다.

문학소년 드림

자네는 딱 노력한 만큼 받을 팔자야

초판 1쇄 발행 2023년 8월 18일

지은이 강성범
펴낸곳 글라이더 **펴낸이** 박정화
편집 이고운 **디자인** 디자인뷰 **마케팅** 임호

등록 2012년 3월 28일 (제2012-000066호)
주소 경기도 고양시 덕양구 화중로 130번길 14 (아성프라자)
전화 070) 4685-5799 **팩스** 0303) 0949-5799
전자우편 gliderbooks@hanmail.net
블로그 https://blog.naver.com/gliderbook
ISBN 979-11-7041-128-4 (03320)

본 도서는 카카오임팩트의 출간 지원금을 받아 만들어졌습니다.